belle vue

人生風景 · 全球視野 · 獨到觀點 · 深度探索

擁抱害羞

化性格缺點為優勢稟賦，探究羞怯迷人的祕密世界

作　　者　喬・莫蘭（Joe Moran）
譯　　者　呂玉嬋
執 行 長　陳蕙慧
總 編 輯　曹　慧
主　　編　曹　慧
封面設計　三人制創
行銷企畫　李逸文、尹子麟
社　　長　郭重興
發行人兼出版總監　曾大福
編輯出版　奇光出版／遠足文化事業股份有限公司
E-mail: lumieres@bookrep.com.tw
部落格：http://lumieresino.pixnet.net/blog
粉絲團：https://www.facebook.com/lumierespublishing
發　　行　遠足文化事業股份有限公司
http://www.bookrep.com.tw
23141新北市新店區民權路108-4號8樓
電　　話：(02) 22181417
客服專線：0800-221029　傳真：(02) 86671065
郵撥帳號：19504465　戶名：遠足文化事業股份有限公司
法律顧問　華洋法律事務所　蘇文生律師
印　　製　成陽印刷股份有限公司
排　　版　極翔企業有限公司
初版一刷　2019年11月
定　　價　400元

歡迎團體訂購，另有優惠，請洽業務部（02）22181417分機1124、1135

國家圖書館出版品預行編目資料

擁抱害羞：化性格缺點為優勢稟賦，探究羞怯迷人的祕密世界 / 喬・莫蘭（Joe Moran）著；呂玉嬋譯. -- 初版. -- 新北市：奇光出版：遠足文化發行, 2019.11
面；　公分
譯自：Shrinking violets : a field guide to shyness

ISBN 978-986-98226-0-2（平裝）

1.害羞　2.社交技巧　3.人際關係

176.526　　108016828

線上讀者回函

Shrinking Violets

A Field Guide to Shyness

擁抱害羞

化性格缺點為優勢稟賦, 探究羞怯迷人的祕密世界

喬・莫蘭 Joe Moran 著　呂玉嬋 譯

紀念我的外祖母

Ellen Evaskitas（原姓 Roberts，1917–1958）

Contents

推薦序

害羞者的使用手冊

張瀞仁──《安靜是種超能力》作者

某次出差的長途飛行中，我看了電影「托爾金傳」。那是個我極為不熟悉的世界：英國、純男性寄宿學校、一次世界大戰。托爾金和幾個要好的同學們加入茶社，巴洛會社（Tea Club, Barrovian Society，簡稱 TCBS），他們會在茶館裡討論文學、創作、藝術、音樂、國家大事。

但那又是我極為熟悉的世界：只有少數摯友，在熟悉的地方固定聚會，討論所有深入和不深入的話題。那是舒適圈。

但離開這樣的舒適圈之外的我，就像被釣上岸的魚，呼吸急促、全身肌肉緊繃，甚至會有生死交關之感。我不喜歡這樣的自己，我也想像其他人一樣在這種場合從容自信、游刃有餘；可以在被介紹認識新朋友時，展現得落落大方、優雅幽默。但事情總是往反方向發展。我只要知道要到人多的場合就開始焦慮，有時甚至好幾天前就開始緊張；我面對陌生人總是血壓飆高，沒辦法優雅就算了，更多時候都是中途脫逃，回家後驚魂未定之外，還要面對內心無止盡的自我質問「剛剛那句話說得太不是時候了，人家會不會誤解」、「如果那個動作可以自然一點就好了」、「當時明明可以幽默地化解啊」……這種反省小劇場有時甚至會維持…嗯，好幾週。

直到看到這本書，我才開始釋懷一點。在所有我看過有關內向、高敏感、社交恐懼的書裡面，大部分寫的是關於大腦皮質的層面（也就是後天影響、如何訓練等）；但這本書第一章從生物演化觀點解釋害羞這件事，反而最能讓我徹底安心，也些許擺脫了那種走到哪裡都有的困窘感和罪惡感。我知道了自己並不特別奇怪；就算有點奇怪，也是龐大自然韻律中的一部分。雖然不見得是最大多數、或在現階段生存機率最高那種，但我們這種人的存在代表某種機會、某種風險分散策略、某種萬一事態迥異時的希望。講的酷一點，像X戰警裡面的變種人一樣。那些我們覺得讓自己在社會中格格不入、覺得羞赧，甚至欲除之而後快的特質，或許就是某種超能力。只是我們一直沒發現找到對的使用手冊。

「赤手登峰」（Free Solo）是我很喜歡的一部紀錄片，拍攝徒手攀登極限運動者霍諾德（Alex Honnold）以無繩獨攀的方式成功攀登了高達九一四公尺「酋長岩」（El Cap）的歷程。有懼高症的我，又是在四萬英呎高空看到這部電影，看到心驚膽顫。挑戰的過程中，他摸黑出發，從頭到尾只靠著手和腳抓住岩壁，只要一個滑掉就是粉身碎骨。我明明安穩地坐著，卻不禁冷汗直流、全身痠痛。面對極限挑戰大無畏的Alex，卻害怕面對陌生人，害怕演講，只想一個人獨處；對於目標，他也有一般人難以理解的執著。所以當他好不容易有個穩定的交往對象時，女友問他「你可以為我延長壽命嗎（指不要再挑戰極限）」，他竟毫不考慮就說「沒辦法」、「人生不是要追求快樂」、「我在意的事就不會妥協」！《紐約時報》盛讚「霍諾德的徒手攀登，應該是運動史上最偉大的壯舉之一」。

不管是托爾金或是霍諾德，他們知道自己的戰場不在觥籌交錯的晚宴中，或瞬息萬變的金錢遊戲裡。他們順著自己的特質，找到使用手冊了！

如果你覺得這兩個故事有稍微讓你安心一點，那你一定會喜歡這本書，因為書裡面充滿這種讓內向者安心的小故事：文學界、運動界、各行各業的人。他們的經歷引人入勝、方法聰明又有遠見。看完這本書的我，的確覺得自己好像又變得更有策略了一點。

01

害羞史初探

A Tentative History

一九三九年十月，新學期伊始，戰火漫及了牛津大學，校舍被徵用為醫院、空襲預警中心和自倫敦撤離的孕婦的避難所。拱門、方院、庭院都漆上了白色線條，方便師生在燈火管制期間看清道路。在學校草坪上，沙包和帆布草草搭蓋成了防空洞。

但奧里爾學院有名大一新生卻幾乎沒去想戰爭的事。這位來自南非的年輕人叫萊特（David Wright），個性十分害羞，只要是清醒時，害羞就會占滿他的思緒，甚至快讓他變成了隱士。日子一天天過去了，他仍舊沒有跟任何人說過話。由於女學生被迫離開女子學院，原本男學生專用的餐廳和公共休息室現在都得與她們共用。萊特日後寫過一件事，有人介紹他認識一個女同學，他「握了握手，什麼也說不出來，臉上慢慢但明顯地浮現出晚霞的色澤，人呆立在原地，思緒亂成一片，直到那個女孩神經崩潰，逃之夭夭」。[1]

萊特很幸運，厭煩的心理終究戰勝了靦腆的個性，他決心迎頭解決這個問題，方法是在火車上找人搭訕。當時，火車隔成一小間一小間的封閉包廂，坐在裡面時，如果有陌生人來攀談，你很難躲得掉。這場高風險的遊戲有時讓他尷尬不已，想像被他逮住的陌生人不由自主朝緊急煞車索移動雙手。不過不要緊，他已經開始努力了，他會終生盡力讓自己習慣社交的緊張心情。他認為划船是無用的活動，但提供了與人接觸的管道，所以聰明地加入大學的划船社團。基於相同的理由，他打起了他認為同樣沒有意義的橋牌，但果然猜對了，要加入對話非常容易，因為話題永遠繞著橋牌打轉。

萊特在一九四二年畢業，立志成為詩人。他進入蘇活大學繼續進修，導師中有音樂家、藝術家、作家與巴黎蒙帕納斯區來的流亡人士，他們經常在狄恩街、老康普頓街和拉斯波恩廣場的酒吧碰面。這群因為對於藝術、文字和飲酒的興趣而結合的朋友同好，每到晚上就聚在一塊，一下就從點頭之交變成密友知己。萊特還發現，就像史上無數怕羞的人，他可以靠一種約上萬年前調配出來的液體減緩害羞症狀，這東西當初說不定正是為了這個目的而發明的。那個液體就是啤酒。

萊特從來沒有擺脫掉羞怯，只是巧妙地迴避它。他成為那票蘇活人的中堅份子，憑藉聰明才智過日子，老拿酒吧菸灰缸裡的菸頭捲成菸抽。他還會轟地發出喇叭般的古怪笑聲，聽到的人都要嚇一大跳。他是個大塊頭，身高一米八八，亂蓬蓬的頭髮近乎全白，儘管如此，也有一定的個人魅力。一九六〇年代中葉，他是利茲大學的駐校詩人，在校園附近的芬頓酒吧舉辦即興專題研討時，總吸引一大群學生。

他的詩歌裡有諷刺，有對話，而且從容自信——都是他嚮往但自身欠缺的特質。他的詩詞集成了一本本的薄冊，如果放在一般的書架上，足以占去半層的位置，但他過於謙遜客氣，反而未能廣為人知。他不像大多數比較大膽的作家，不過還是寫出了一部改變讀者生活的作品：他與愛爾蘭藝術家史威夫特（Patrick Swift）合寫了一本介紹葡萄牙阿爾加維地區的

1　「握了握手……逃之夭夭」：David Wright, *Deafness: A Personal Account* (London: Faber, 1990), p. 88.

指南，讓英國中產階級認識了該地區，也掀起在那裡購置第二棟房子的熱潮。萊特和史威夫特經常被撞見一塊上蘇活區的酒吧，兩人不出聲地交談，互相打著手勢，熱烈地點著頭，無視酒吧其他客人投來的迷惑目光。

因為萊特有個更嚴重的問題加劇了他的害羞。他七歲時，一場猩紅熱導致他重度失聰，他始終沒有弄清楚，究竟是耳聾導致了害羞，或者耳聾只不過是加重了害羞，但他知道耳聾和害羞都像是被世界放逐了。由於只能讀唇語，他與人交談時分辨不出微妙之處，也不能有隨興的插話或是隨口的岔題，使得他看上去似乎不注重社交禮儀。而在牛津大學就學期間，他始終堅持著男大學生要互稱「先生」的怪念頭。他發現耳聾帶來一個令人格外苦惱的問題，那就是會讓其他害羞者感到尷尬，因為他們與他交談時必須誇大嘴型，即使如此，也仍舊存在著被誤解的風險，讓每一次偶遇都多了一層危險。

耳聾不只讓他聽不見，也讓他無法聽見旁人的談話，所以他無法判斷聚會的氣氛，注意力一次只能集中在一個說話者身上。而且，他必須設法占據背光的座位，才能夠看清楚說話者的臉。正常交談中的標點符號——暗示我們與交談對象有所共鳴的點頭、揚眉或表示贊許的低語——都超出了他的能力。對萊特來說，口頭語言永遠不是歡快的聲音，只是枯燥傳達字面意義的工具。

*

我並非那種凡事只想到自己的人，不會把自己的羞怯想像成與失聰不相上下的不幸。但是，我確實認為，對於我要書寫的主題，萊特的困境以一種極端形式提出若干的基本問題。我想討論的遠遠不只是膽怯或恐懼而已，害羞也算得上是某種社交失聰——聽不清非語言暗示，感覺抓不到維持住公共生活的那條隱形線。就好像是赴宴遲到了，而別人已經差不多三杯啤酒下肚，彷彿進入一種被施了魔法的狀態，可以暢談某些事先約定好的話題。

我和萊特一樣，一生都在努力，想要破解別人似乎覺得很自然的事。打一組新的電話號碼前，我仍得先寫下對方接起時我要說的話，就像拿著公司腳本的客服中心員工。（對害羞的人來說，接電話的人看不見他，應該是一種解脫，就像《綠野仙蹤》裡的奧茲巫師從屏幕後方發出聲音一樣。但不知怎麼回事，事實並非如此。）我有一本筆記，上頭抄著閒聊的話題，以免找不到話聊。不過，不管本子抄得多滿，我好像還是會詞窮。現在參加聚會時，我不再像過去那樣死盯著書架或冰箱磁鐵，而是學會了露出神祕的笑容，希望這個微笑讓人認為我覺得眼前上演的人間喜劇非常有趣，我並沒有因為自己置身事外而慌張失措。

但真正問題其實發生在不拘禮節的情況下，也就是偶遇時應當要能憑空想出幾句話，自然而然交談起來。在工作場合中，此類情況發生在影印機旁一類的地方。在辦公室生活中，影印機相當於教區的汲水器，大家在此交換八卦，鞏固聯盟。走廊也是一樣，它照理是通往他處的直接途徑，卻成了偶遇與徘徊的非正式地點。在這種中介空間，我就會失靈，始終不知該不該停下腳步打招呼，也不知道該逗留多久。我可能經過了兩個正在深入交談的同事，停下腳步想問候一句，但他們繼續談話，我不知何時插嘴才好。最後，我只是簡單微笑點個頭就溜走了，就讓他們繼續聊吧。

演化人類學家鄧巴（Robin Dunbar）研究發現，交談規模有一個自然的極限，也就是四個人。如果人數多於四個，沒有人能對參與交談的所有人保持注意力，這一夥人會分成人數更少的群體。[2]多年下來，我發現鄧巴規則相當可靠，但知道問題的關鍵並不會讓問題更容易解決。當交談的人群三三兩兩分散開來後，我設法加入其中一組，腦中卻又會聽到另一組，無法置若罔聞。到了最終，我哪一組也沒加入，而是晾在兩組人之間，他們無視對方，也無視我的存在。常常，當我置身一群人中間時，小圈子會突然像在橄欖球場上並列爭球一樣閉合起來，留下我呆立在外頭，因為圈內的成員忘了我的存在，心不在焉地將我輕輕推了出來。

想出適當的話語，或者起碼表面上還行的話語，並非易事。但是，正如萊特的發現，語言根本不是**智人**的第一語言。人類的個別臉部肌肉比其他動物都來得多，即使在上顎和喉頭尚未充分發育，頂多只能像其他猿類咕噥、尖叫和嗚咽之時，我們也可以動動嘴唇、臉頰和眉毛，向旁人傳達我們的想法。我們開始將微笑時眼角浮出的魚尾紋看成愉快滿足的符號，我們學會發出笑聲，這種有撫慰作用的音樂是其他動物無法發出的，也是害羞者覺得難以偽裝的。

除了手勢、表情和咕噥聲這些無聲語言以外，人類也發展出一套複雜且不斷演化的觸感禮儀。成年後，我很緊張地觀察到，擁抱已經從邊緣之道變為社交生活日常，各種變化版本也快速增加，比如法式吻頰禮，比如那種「兄弟擁抱」——雙手垂直交握，接著往前一拉，兩人用肩膀互撞。我總認為擁抱是一種自然和人為的奇怪混合物，說它自然，因為身體接觸是我們在嬰兒階段第一個學會的語言，而且它會釋放腦內啡，其他猿類也會做。說它人為，因為雙方必須默默同步進行——跟握手不同，擁抱的主動者和接受者無需同步。

對於真正不擅長交際的人來說，握手也可能是很累人的。我年輕時握手總是笨手笨腳，不是伸錯了手（身為左撇子也於事無補），就是沒握到對方的手掌，只抓住了手指頭。後來，等到度過漫長握手藝術的實習階段，才發現握手已經開始停止通用，我必須趕緊再學習擁抱這個新技能，或者起碼允許他人來擁抱自己，而我則勉強做出某種「熊掌抱」——雙臂軟綿綿垂在對方的背後。擁抱我就像要抱住一個稻草人一樣。

社會學家史考特（Susie Scott）說，害羞者在進行「一項無心的破壞性實驗」。[3] 破壞性實驗是一種民族誌練習，觀察人對於破壞一般視為理所當然的社會規範的反應。比方說，研

---

2 — 演化人類學家鄧巴……Robin Dunbar, *Grooming, Gossip and the Evolution of Language* (London: Faber, 1996), p. 121.

3 — 「一項無心的破壞性實驗」：Susie Scott, 'The shell, the stranger and the competent others: towards a sociology of shyness', *Sociology* 38, 1 (2004), 128.

究人員可能在未加解釋的情況下就插隊，或在擁擠的火車上走向隨機選擇的陌生人，無緣無故叫他們讓出座位。（總體來說，這位研究人員不會害羞那就更好了。）史考特認為，害羞者的舉止同樣也會令人覺得不愉快，他們的肢體語言嚷著不舒服，緘口不言時也令人緊張。一般人在熱絡交談時，會像音樂家一樣即興演奏，而害羞者缺少瞬間抓住時機的能力，反而在腦中依序思索可能使對話失敗的所有不同方法，接著就錯失了時機，討論已經切入其他主題。因此，害羞者很少插嘴，就算插話也很古怪，內容不是過於沉重，就是破壞了對話的節奏。害羞的人讓旁人不安，是因為他們動搖了社交生活的默契慣例。

一定就是對於這些慣例的困惑，激發我對日常生活中被視為理所當然的習慣的興趣，再進一步從事相關學術研究與寫作。害羞使人成為旁觀者，細細解讀社交世界中的暗號和奇觀。我最後也開始明白，在一旁觀察也是緩和伴隨害羞的過度自我專注的最好方法。我可以將個人對於此一現象的興趣轉變為人類學方面的好奇，以「參與觀察者」的角度開始探索，做一個研究害羞者的田野生物學家。我發現害羞有許多面貌，有人起初看起來左右逢源，但換個角度一看，原來毫無社交技巧，也有最不可能會害羞的人向我坦承自己其實很害羞。我過去以為身邊圍繞著把玩社交規則的藝術大師，他們演出時臺詞倒背如流，只有我一人會說錯。但是，我逐漸意識到，人人都在竭力學習這些從未寫成白紙黑字的規則，只是我們之中有幾個笨學生比多數人更遲鈍，更不情願學會這些規則。

*

害羞並非一個罕見的突變，將不幸的少數人與具集團意識的多數人分隔開來。有些形式的害羞似乎很普遍，除了人類以外，其他動物也會表現出來。很多動物感受到威脅或恐懼時，會進入省能或植物狀態以自保，可如此一來也可能少了自衛能力。維吉尼亞負鼠（opossum）喜歡裝死（即所謂的「假死狀態」），play possum（裝傻）的片語就是這麼來的。鳥類和齧齒動物會採取切斷聯繫的姿勢，比方把頭撇開或假寐。當蟾蜍意識到危險時，牠們不是跳開——雖然跳開才是更明智的做法——而是收縮身體閉上眼睛，用後腿挖開鬆軟的土壤躲進去。尷尬的人同樣會畏縮不前，蜷縮身體，為的是在世界上少占一些空間。

有些動物看上去高深莫測，使得我們站在人類觀點以為原因在於害羞。長久以來，海上沉默的孤鳥信天翁給人一種神祕的印象，有一種因此被英國博物學家顧爾德（John Gould）命名為害羞信天翁（*Diomedea cauta*）。一八四一年，顧爾德見到一頭信天翁飛離塔斯馬尼亞州南海岸，令他費解的是，牠不像其他信天翁尾隨船隻飛行，所以很難射中牠。

探索北方更加冰冷海域的船員都知道海豹很害羞，牠們看起來十分聰穎，難以捉摸，一對大眼和長著髯鬚的臉挑逗似地探出海面。一八五六年，在《昔德蘭群島素描和故事》（*Sketches and Tales of the Shetland Islands*）中，艾德蒙斯頓（Eliza Edmonston）提到昔德蘭漁夫很欽佩當地的海豹，因為牠們的「羞怯、強大的力量及外表所展現的獨特智慧」，讓牠們彷彿是「轉世中的墮落靈魂，以海豹的外型承受著寬減的刑罰」。這個神話有一個版本是這樣說的：海豹是支持撒旦的天使，與撒旦一同被逐出天堂，墜入大海。因此漁夫獵殺海豹剝取海豹皮時會有疑慮，認為牠們「具有強大的傷害力，將會惡意報復」。[4]海豹莫測高深的形象很可能激發了蘇格蘭北方群島的「海豹人」傳說：海豹上岸後，褪下外皮，化為人形，但以企盼的目光凝視大海，牠們有朝一日會返回大海，連一聲再見也沒有對心碎的人類戀人說。

一八八〇年代初期，挪威科學家兼探險家南森（Fridtjof Nansen）在奧斯陸大學攻讀動物學時，接觸到了達爾文的理論，後來對海豹的害羞提出一個更有系統的解釋。一八八八年，他第一次橫越格陵蘭海時，發現他所看到的囊狀鼻海豹，比起他幾年前學生時代首度參加挪威獵海豹探險隊所見到的海豹，還要害羞許多。先前海豹獵人可以直接在海豹躺地的地方用棒棍打到海豹，如今他們必須改用步槍，因為海豹發現有桅上瞭望臺的大船與圍繞牠們成群移動的船隻會帶來危險，牠們要麼跳下水，要麼撤退到冰封的內陸。南森覺得非常困惑的是，小海豹和老海豹同樣害羞，這如果不是意味著海豹爸爸媽媽教海豹寶寶害羞，那就是在不到十年的時間，「僅僅透過淘汰群體中比較懶惰和粗心的個體」，遺傳已經讓下一代都有了害羞的個性。[5]

關於動物這種演化而得的害羞，嚴謹的科學研究始於家犬，馬胡特（Helen Mahut）是其中一位先驅。她是波蘭猶太人，逃過了大屠殺，但目睹父母兄弟在一棟村莊校舍被活活燒死，也看見一個德國士兵將一名嬰兒的頭撞碎在牆上。目睹這種難以言喻的行徑後，她對性格中無法改變的方面起了興趣，研究逐漸轉向行為科學。一九五〇年代中葉，在加拿大麥基爾大學，她開始用狗做實驗，在狗的面前給氣球充氣，撐開雨傘，用滑動的機器蛇和萬聖節面具嚇唬牠們。最膽小的是工作犬，例如柯基犬、牧羊犬和亞爾薩斯狼犬；最大膽的是拳師狗和小獵犬。[6]

達爾文發現到，養鴿人用同樣常見的野鴿，能夠繁殖出多樣的變種，創造一種加速演化的形式，馬胡特也認為，犬類繁殖明顯證明了害羞一類的特質也可以遺傳。在過去的一個半世紀，由於英美的育犬協會強制規定嚴格的育犬標準，這種情況發生得更有系統，藉由人工繁殖，育犬專家應該能夠連同其他不合需求的特徵（例如窄小的胸膛或嚴重彎曲的腳趾），把害羞的個性一併消除。動物行為學家則可能反其道而行，刻意把狗培育出害羞的個性，以證明遺傳在個性方面的重要。一九六〇年代初期，在阿肯色大學的實驗室裡，戴克曼

4｜「羞怯……惡意報復」：Eliza Edmonston, *Sketches and Tales of the Shetland Islands* (Edinburgh: Sutherland & Knox, 1856), p. 79.

5｜「僅僅透過……個體」：Fridtjof Nansen, *The First Crossing of Greenland*, vol. 1, trans. Hubert Majendie Gepp (Cambridge: Cambridge University Press, 2011), p. 188.

6｜「最膽小的是工作犬……」：Helen Mahut, 'Breed differences in the dog's emotional behaviour', *Canadian Journal of Psychology* 12, 1 (1958), 37, 39.

（Roscoe Dykman）和莫非（Oddist Murphree）領導一群科學家，用一對極為害羞的獵犬培育出緊張兮兮的阿肯色系獵犬。只要一有人靠近，這群惶悚不安的獵犬就會瞪大眼睛，拱起背部，變得非常呆滯，側腹肌肉顫顫巍巍。這群科學家相信巴甫洛夫（Ivan Pavlov）所提出的古典制約理論，以為可以把狗訓練得不那麼惶恐，結果卻是失敗了。不管如何頻繁地撫摸寵溺這群獵犬，牠們始終無法習慣與人靠近，後來還長出與壓力有關的嚴重疥癬。

其實，大約四萬年前，人類把灰狼馴化成家犬，這種人為擇選過程就開始了。人類之所以選擇狼，可能是因為狼的膽子大到可以與人為友，也小到足以知道自己在人狗階層結構中應有的位置。如果你吼一條狗，牠會畏縮，那不是出於畏懼或懊悔，而是數千年來狗演化出來迴避人類敵意的技能。馬胡特就發現到，工作犬尤其服從聽話。儘管傑克・倫敦（Jack London）一九〇三年的小說《野性的呼喚》（*The Call of the Wild*）散播了西伯利亞哈士奇赳赳雄風、自封為狼的神話，牠們其實又順服又害羞。

*

動物個性研究一度被視為擬人化的偽科學，所以沒有獲得重視，如今倒成了一個繁榮的領域，先鋒研究者包括了加州大學戴維斯分校的薛（Andy Sih）。一九九〇年代初，他開始研究溪流蠑螈幼蟲的行為，發現有些蠑螈幼蟲相當勇敢，比害羞的幼體吃得更多，長得更快，這對牠們生存有利，因為小溪流在夏末可能會乾涸，而比較害羞的幼體由於浮游生物吃得不夠，還沒長成改用肺呼吸的成體。但大膽的蠑螈到處亂竄，被捕食者（藍綠鱗鰓太陽魚）吃下肚的機會也更大。害羞的幼蟲和大膽的幼蟲在不同條件下各自茁壯成長，演化生物學家稱這種現象為「波動選擇」，這或許也能解釋「天擇」為何更喜歡讓同一物種保留各種不同的特性。

在動物個性研究中，這種現象後來稱為「害羞—大膽連續體」。連續體一端的動物好鬥、愛冒險，願意承擔風險；另一端則膽小，不愛冒險，永遠閃避風險。我們在超過百種的物種中發現這種「害羞—大膽連續體」，既然關係遙遠的動物都能表現出這個特性，它很可能存在於所有的動物，包括人類在內。對大多數的動物來說，生命就是在吃與被吃之間、尋找配偶與逃離危險之間取得平衡，牠們以各種別出心裁的方式應對成功和生存之間的權衡。譬如，在雄性蟋蟀中，叫聲比較響亮持久的容易吸引雌性，但同樣也會吸引天敵，所以鳴叫聲最悠長的蟋蟀會比較慢跳出藏身處，用比較害羞的個性抵銷歌聲持久所招致的較大風險。

動物科學家運用了巧妙的研究方法來測量「害羞—大膽連續體」。在南印度洋杳無人跡的波塞申島上，如果你模仿海鳥生態學家派翠克（Samantha Patrick），匍匐在冰凍的苔原上，利用碳纖維長竿，把一個充氣塑膠乳牛推向一隻正在築巢的信天翁，大膽的信天翁會張嘴咯咯叫，害羞的信天翁會假裝沒有看見。事實證明，大膽的信天翁比較善於覓食，害羞的信天翁則是更關心子女、更疼愛配偶。

人類在特定情境會變得害羞或大膽，地方的環境似乎同樣也能轉動動物的害羞及大膽之軸。在加拿大亞伯達省的落磯山脈，有個觀光小鎮班夫，那裡的麋鹿變得異常大膽。可能是為了躲避狼群，這群麋鹿從一九九〇年代開始遷移到班夫，當地人如今稱這些麋鹿「同鎮的」。鎮上到處豎立著看板，警告民眾麋鹿很危險，特別是在發情季節，已知的災情包括弄癟汽車輪胎，在散熱器上打孔，敲碎擋風玻璃。亞伯達大學博士生方德（Rob Found）用一種基本的「逃跑反應」來判別班夫麋鹿是害羞還是大膽。他在曲棍球球棍上綁了一個沙沙作響的垃圾袋，拿著球棍追趕每一頭麋鹿十分鐘，看牠們多快跑掉。他又把照相機固定在舊自行車車架、交通三角號誌和其他從垃圾堆撿來的廢物上，觀察麋鹿是否會放膽靠近這些物體，觸動照相機按鈕，在膠帶上留下毛髮樣本。方德所得出的結論是，麋鹿行為與大多數人的認知相反，牠們的反應並不一致，表現出程度不一的大膽和害羞，少數幾頭大膽的更會引導害羞的走上歧途。

動物跟人類一樣，有的大膽，有的害羞，有些特定動物似乎也有可以辨識的社會性格。直到最近迷你標記和GPS裝置發明了，我們才能觀察到這類動物在群體中的行徑。在阿得雷德東北部靠近摩根的桉樹林裡，福林德斯大學的布爾（Michael Bull）研究松果蜥，將GPS軌跡記錄器綁在牠們的背上，以追蹤牠們的活動。他發現松果蜥有個複雜的網絡，有些是獨行俠，有些留在布爾稱為「蜥蜴圈子」的範圍中徘徊。[7]

在普利茅斯海洋生物協會實驗室中，研究人員為了測量小斑點貓鯊的社交活動，把不到一歲的貓鯊放到大水族缸中，觀察牠們面對體型更大的魚所帶來的風險時，會為了安全做出什麼選擇。大膽的貓鯊會一個個疊起來，組成鯊魚兄弟會；害羞的貓鯊會盡量偽裝自己，藏身在水缸底與表皮顏色相同的沙礫中。在巴哈馬群島比米尼鯊魚實驗室實驗池中，研究人員發現檸檬鯊也有類似程度的交際能力。跟貓鯊一樣，檸檬鯊要被歸為喜愛交際，只需達到一個相當低的標準就行，也就是尾隨另一隻鯊魚幾秒鐘，這一點連我都能做到。但是，這些微小的差別卻有著重大的意義，比較友善的檸檬鯊較不易被捕殺，但更容易從鯊魚朋友那裡感染到寄生蟲和疾病。如此看來，在「害羞—大膽連續體」中的位置，其實攸關著生死。

一個態度強硬的演化生物學家會堅稱，人類的害羞是相似的適應特徵，是史前時代遺留下來的「化石級」行為。心理學家卡恩（Jeffrey Kahn）主張，我們的老祖先也玩著同樣「大膽和膽怯的機率遊戲」，而害羞正是從這個遊戲演化而來的，特別是源於一個人類需求：社會階層系統必須存在，讓權勢較低的男女安於部落底層，以降低衝突的機會。[8]

確實有若干證據指出，比較高級的靈長類會遺傳害羞個性。早在一九七〇年代，馬里蘭州普爾斯維爾動物中心的美國動物行為學家史渥米（Stephen Suomi）就觀察到，大約有百分之十五的恆河猴很害羞，緊張時心跳會加快，血液中的皮質醇（一種腎上腺分泌的壓力

7　「蜥蜴圈子」：Lesley Evans Ogden, 'Do animals have personality?', *Bioscience* 62, 6 (2012), 536. See also 533–4.

8　卡恩主張……：Jeffrey P. Kahn, *Angst: Origins of Anxiety and Depression* (New York: Oxford University Press, 2012), p. 51.

賀爾蒙）濃度會提高。透過檢查血液，史渥米發現把害羞寶寶重新分配給外向猴媽媽照顧也沒有用，證明了害羞特性是會遺傳的。差不多在同一時期，哈佛大學心理學家凱根（Jerome Kagan）所主持的實驗證明，有相同比例的人類嬰兒天性害羞，面對會造成壓力的事件（比如氣球爆炸，或遇到打扮成小丑的男人），他們會開始擔心，也會出現血液皮質醇濃度提高與心跳加快的反應。

凱根的性情研究顯示，人類有固定的情緒範圍，即使是在嬰兒時期，也有一些無法更改的基本核心人格。許多父母出於直覺意識到這一點，自孩子來到世上的那一天起，就堅持孩子是隨和外向或焦慮內向的。如果害羞會遺傳，那麼很有可能就具有演化的益處，我們大腦中某個古老部分牢牢記著害羞所帶來的好處。

*

可是……我得承認，我內心深處仍舊遲疑，不願把我的害羞與蠑螈幼蟲畫上等號，也不認為我的害羞等同於洛磯山脈那些拿棍子一追就跑開的麋鹿。許多科學家認為，動物比人類更適合做探索個性的對象，因為牠們讓我們可以有效運用絕對無法在人體身上使用的巧妙實驗手法，而這些手法有助於我們在社會與文化影響滲入弄髒畫面前清楚辨識出性格特徵。但是，弄髒的畫面不是更加真實嗎？本質，尤其是人類本質，是許多亂糟糟的面向所組成的。

人類不只有恐懼與本能，我們的害羞是獨特的，因為只有我們具備既是天賦亦是負擔的自我意識。我們是能夠創造意義的動物，我們被迫反省生活，我們會描述與生命有關的故事。我們的害羞與我們的思考方式、談論害羞的方式、以及我們賦予害羞的意涵密切連結在一起。

歸根結柢，這正是不害羞且較缺乏想像力者無法理解害羞的原因——因為害羞看似不可理喻。思索害羞會讓人更加害羞，正如意識到自己臉紅了，臉就會紅得更加厲害一樣。害羞是一種與他人建立聯繫的渴望，而人類所擅長的自我應驗循環思想又會挫敗那個渴望，動物之中，只有人類能建構出這種自我推進的後設思想——一種以自身為食又能滋養自身的感受。

十七世紀醫師作家布朗爵士（Sir Thomas Browne）博學多聞，經常思考害羞這非理性的一面。他本身飽受害羞之苦，曾以不同方式形容害羞，好比靦腆或「質樸的羞愧」，[9]就算他的科學邏輯和自我剖析的本領再強大，似乎也無法消除害羞。他的朋友懷特福（John Whitefoot）是諾里奇附近海翰教區的牧師，描述他的羞怯表現在無顯著原因的「自然臉紅的習慣」。根據懷特福的說法，那些先從「他活潑文字」認識他的人，面對「他與健談相去甚遠的嚴肅持重外表和對話」，都要大吃一驚。[10]布朗與妻子育有十一名子女，卻認為性行為

9 「質樸的羞愧」：Reid Barbour, *Sir Thomas Browne: A Life* (Oxford: Oxford University Press, 2013), p. 114.

10 「自然臉紅……持重外表和對話」：J. T. F., 'Biographical sketch of the author', in Sir Thomas Browne, *Religio Medici, A Letter to a Friend, Christian Morals, Urn-Burial and Other Papers* (Boston, MA: Ticknor and Fields, 1862), pp. xiii–xiv.

愚蠢可笑，有失身分，但願「有他法可以延續世界，無須性交這等輕浮粗鄙的行徑」。[11]

但是，就像害羞本身一樣，布朗的害羞個性是無規律可言的。他終生自認憂鬱孤僻，卻又刻意尋求同伴緩和這些傾向。他性情和藹安靜，富有同情心，又樂於傾聽，朋友與患者都非常喜歡他。有一幅畫像描繪他一六七一年受封為騎士的情景，當代某位學者這麼評述：畫像表現出他「最和藹可親的一面，嚴肅而不呆板，深思而不乖僻，面容充滿最迷人的赧色」。[12]謙遜和莊嚴是他害羞迷人的一面，這兩點也充斥於他的作品，就連《粗俗的錯誤》（*Pseudodoxia Epidemica*，1646）也不例外，在這部無所不包的百科全書中，他用溫和理性及冷笑話戳破那個時代大眾所輕信的信仰。

在布朗出版的第一本著作《一個醫師的信仰》（*Religio Medici*，1643）中，他宣布自己抱持著複雜的基督教信仰，反駁當時醫師經常被指為無神論者的譴責。布朗坦承，對於成為一具死屍，他有種具有邪教潛力的害羞感。「我天生靦腆；無管是與人交談、年齡增長還是旅遊，都未能增加我的信心或膽量，」他這麼描述，「但我還有一些謙遜，我很少在他人身上發現這樣的個性……與其說我怕死，不如說是我覺得死亡讓我感到羞愧。」死亡會嚴重損毀一個人的外表，讓心愛的人突然「見到我們，嚇得往後驚退……這個幻想彷彿風暴一樣，讓我甘願被吞沒到水淵深處，在其中腐朽，無人目睹，無人同情，無人露出驚奇的眼神」。[13]

想到變成屍體就覺得羞愧——這個思想在布朗的文字中反覆出現。在《甕葬》（*Hydriotaphia, or Urne-Buriall*，1658）中，他寫著：「從墳墓中被挖掘出來，拿我們的頭骨當水碗，用我們的骨頭做菸斗，以取悅我們的敵人，這是一件悲慘又令人痛恨的事，如果火葬就能躲得過。」[14]布朗肯定明白，當我們的意識（或他所相信的靈魂）離開身體之後，就沒有合理理由再去關切身體之後的遭遇，沒有危險能降臨在死屍上，也沒有任何社會屈辱會比屈辱本身更糟糕。可是，自我意識是非常強韌的特質，所以我們違反邏輯地相信，當我們轉換到不存在的狀態時，自我意識仍舊殘存。也許正如現代生物學家所提出的，害羞的某個要素具有演化意義，但害羞最人性的特質絕對是——它往往根本就沒有意義。

*

歷史學家澤爾丁（Theodore Zeldin）曾提出一個有趣的思想實驗。他想知道，描述人類歷史時，如果不透過重大公共事件或諸如對糧食、土地和財富等資源的原始競爭，而是透過

11 「有他法可以……輕浮粗鄙的行徑」：'Religio Medici', in *ThomasBrowne: 21st-Century Oxford Authors*, ed. Kevin Killeen (Oxford: Oxford University Press, 2014), p. 73.

12 「最和藹可親的一面……赧色」：Barbour, *Sir Thomas Browne*, p. 411.

13 「我天生靦腆……露出驚奇的眼神」：Browne, 'Religio Medici', in *Thomas Browne*, ed. Killeen, pp. 42–3.

14 「從墳墓中被挖掘出來……火葬就能躲得過」：Thomas Browne, 'Hydriotaphia or Urne-Buriall', in *Thomas Browne*, ed. Killeen, p. 533.

像是愛、恐懼、挫折或厭煩等感受來講述，人類歷史會有怎樣的不同呢？他尋思：「其中一個處理的方法，也許是寫一部害羞的歷史。國家間也許難免互相對抗，因為神話和妄想隔離了各個國家；而害羞就是人際層面上的壁壘之一。」[15]

根據澤爾丁自己的說法，他是一個用功的害羞男孩，「人生一聲不響地展開」。[16]後來他開闢了一個他命名為「親密史」的次學門，論述普通人的擔憂和欲望，以及他們的恐懼、喜悅或寂寞等感受。以牛津大學聖安東尼學院為根據地，他推廣交談藝術，讓人與人之間不再疏遠。他請客招待成群的陌生人，借助特地設計的「對話菜單」，幫助客人克服拘束感，分享他們的想法和感情。他的「牛津繆斯」計畫鼓勵人用文字詳盡描述自己，好幫助別人更深入、也更快速地了解自己。

澤爾丁畢生努力戰勝自己的害羞，也以幫助他人做同樣的事為樂，但他那部害羞史卻沒有寫成。這不足以為奇，害羞是一種低強度、平凡、持續、模糊又難以界定的狀態，不像精神錯亂或憂鬱症那些飽受痛苦的折磨，也不如愛情、失戀、喪親和悲傷等重要人生經驗那般充滿了激情。害羞在檔案中留下極少的證據供歷史學家查閱，因為害羞者不願說出或寫下有關害羞的事，關於害羞對自己的影響，他們往往悶不吭聲，一帶而過。在現實生活中，害羞的人不少，在書籍電影裡反而很少出現，也許因為他們不是天生的主角，無法推動情節發展。一部害羞史只能停在適度探究的階段，如同拼湊紙莎草來研究遠古世界的學者，從吉光片羽中收集資料，清楚記載遺漏在歷史中未曾留下蛛絲的害羞文字與情感。

「我們這幫害羞的人無法逃脫沉默寡言的命運，就連彼此之間也很少推心置腹。」[17] 利斯（W. Compton Leith）在《羞怯辯解文》（*Apologia Diffidentis*，1908）中寫下這句話，而這部小書是目前最接近害羞史的一本書。「利斯」其實是大英博物館館長道爾頓（Ormonde Maddock Dalton）的化名，道爾頓是傑出的學者，所編纂的早期基督教文物目錄和巨著《拜占庭藝術與考古學》（*Byzantine Art and Archaeology*，1911）都是權威著作，但後世對他所知甚少，只知他終身未娶，與人相處時經常在沉默之中煎熬。據他一位同事說，他插話時同樣叫人尷尬，比如「這片草地真是最令人愉快的遮蔭地吧？」[18] 他唯一為人所知的照片，是攝影家史東曼（Walter Stoneman）一九二五年替英國國家肖像館拍攝的溴化銀照片，當時他五十九歲，再兩年就退休了。他嘴唇薄，鷹鉤鼻，但仍舊微瞇起眼，用溫和的表情看著這個世界。道爾頓以三件式深色西裝和整潔的手帕角作為專業盔甲，但並未完全消除給人無助文弱的印象。

「在他們的內心深處，有著脆弱的葉藻，染著晚霞輝光的貝殼，」道爾頓描述他所屬的

15 「其中一個處理的方法……人際層面上的壁壘之一」：Theodore Zeldin, 'Personal history and the history of the emotions', *Journal of Social History* 15, 3 (1982), 345.

16 「人生一聲不響地展開」：Vicky allan, 'It's good to talk', *Scotland on Sunday*, 22 August 1999.

17 「我們這幫害羞……推心置腹」：W. Compton Leith, *Apologia Diffidentis* (London: Bodley Head, 1917), p. 2

18 「這片草地……遮蔭地吧？」：Thomas Kendrick, 'In the 1920s', *The British Museum Quarterly* 35, 1/4 (1971), 6.

害羞一族，「但是，要看清他們，你必須俯身靠近水面，一絲的呼吸就會掀起漣漪，景象也隨之消逝。」他善感的散文有種過去稱為「油燈味」的風格（這個形容源自挑燈夜戰），讀來彷彿作者就要永遠垂淚似的。「人被創造出來，不是要成為伊甸園土壤中偷偷爬行的蟲子，而是成為園中最高貴的生物，」他這樣宣稱，「頭上頂著光圈，風揚起他的髮絲。」[19]

不過，你如果能順利通過肅穆的無韻詩韻律，會發現道爾頓有個有趣的論點，那就是害羞是現代的發明。在古希臘，身心「在優雅的動作中是一致的」，沒有可供害羞茁壯的棲身地。到了古羅馬，情況緩緩起了變化，掩閉的門扉與庭院營造出神祕感，財力和階級的高下給公共生活帶來了不安。儘管如此，道爾頓還是認為這並未創造出我們認知中的害羞，因為在義大利這片土地上，陽光明媚，空氣清新，養育出強健的大腦，不會受迫於「外在迷霧與黑暗的襲擊，在內心顧守著搖曳的閃光」。[20]

無論道爾頓是怎麼想的，古老世界還是知道些許近似害羞的個性。「靦腆的人會成為可憐的乞丐。」在荷馬的《奧德賽》中，潘妮洛普這樣形容不肯來見她的流浪漢。潘妮洛普認為，餓肚子的男人是禁不起害羞的，暗指男人肚子飽了才害羞得起來。也許害羞的出現並非我們動物性恐懼與直覺的結果，而是人類文明發展的必然結果，在我們尋找下一頓或成為他人盤中飧的原始恐懼消失的那一刻，害羞就出現了，只有原始恐懼消失後，我們才有時間空間操心他人對我們的看法。伯頓（Robert Burton）在《解剖憂鬱》（*Anatomy of Melancholy*，1621）中翻譯了一段仿效希波克拉底（Hippocrates）的文字，描述公元前四世紀的一名雅典病患，

「由於靦腆、多疑且易受驚嚇，無法在屋外被人看見，『愛黑暗如命，無法忍受光線』……他不敢與人同行，害怕遭受虐待、羞辱，或自己的言行過分，或生病。」[21]

史上第一個被稱為害羞的人，是哲學家西提姆的芝諾（Zeno of Citium，約西元前三三五–二六三）。根據拉爾修（Diogenes Laertius）的《哲人言行錄》（*Lives and Opinions of Eminent Philosophers*），他不喜歡接近人，所以總是坐在長榻邊上，「因此起碼讓他免了一半這種麻煩」。他講學時會讓乞丐團團圍住，以便阻擋人群。芝諾的老師克拉特斯（Crates）想治療他的害羞，曾經採用厭惡療法的雛形，請他端一鍋扁豆湯，穿過雅典陶工區凱拉米克斯。芝諾想把鍋子藏在斗篷中，克拉特斯就舉起枴杖敲破鍋子，芝諾急忙一個閃身，湯汁沿著大腿淌流而下，克拉特斯大喊：「親愛的腓尼基年輕人，何必逃走呢？又沒有可怕的事降臨在你頭上！」

芝諾後來建立了斯多葛學派，主張自恃獨行、疏離世界的人生哲學，平靜面對地位名聲等公眾認可的浮華。道爾頓在《羞怯辯解文》中寫道：「斯多葛學派的特質似乎注定支持害羞的靈魂，好像建立學派嚴峻規則的人早預知了我們的弱點。這門哲學提倡獨自堅持，如同

19－「在他們的內心深處……風揚起他的髮絲」：Compton Leith, *Apologia*, pp. 2, 73.
20－「在優雅的動作中是一致的……搖曳的閃光」：Compton Leith, *Apologia*, pp. 60, 62.
21－「由於靦腆……或生病」：Robert Burton, *The Anatomy of Melancholy* (Philadelphia, Pa: J. W. Moore, 1857), p. 235.

害羞的人絕對總是在對抗——對抗一個他不喜歡但也許不會全然迴避的世界。」[22]

*

古代人非常清楚害羞無意義的特質與害羞獨特的消長方式，所以那些害羞的人偶爾也是自信的，甚至是勇敢無畏的。在古代世界劇院與法庭上滔滔雄辯的演說家，也是有人為怯場所苦。在西元前三四六年，偉大的雅典演說家狄摩西尼（Demosthenes）首次在佩拉晉見馬其頓國王菲利普，至少根據他的辯論對手伊斯金尼斯（Aeschines）所言，他緊張得瑟瑟顫抖。「大家專心聆聽，而這傢伙用嚇得要死的聲音來了一段討厭的開場白，簡短描述稍早發生的事之後，就頓時陷入沉默，茫然不知要說什麼，最後放棄了演說的打算。」古羅馬時代最偉大的演說家西塞羅由於太害羞，不敢面對政治家魯克烏斯（Lucius Lucceius），只好寫信給他，因為「信不會臉紅」。根據西塞羅的文章〈論演說家〉（'On the Orator'），他的導師羅馬執政官克拉蘇（Lucius Licinius Crassus）承認演說前會「因恐懼而心煩昏厥」。一世紀羅馬人斯多葛學派哲學家塞內卡（Seneca）寫道：「就算是某些非常沉穩的人，在眾目睽睽下也要冒出一身汗……我聽說有人牙齒打顫，有人舌頭打結，有人嘴唇抖個不停。」

老普林尼（Pliny the Elder）把臉頰形容為「羞愧的座位」，羅馬人對這個說法非常熟悉，所以發音相仿的羞愧（*pudor*）與紅色（*rubor*）經常在詩歌中並列。奧維德在《戀情集》

（*Amores*）中描述一個被丈夫凝視的新娘，說「紫色羞愧出現在她內疚的臉龐」。臉紅總是無預警出現，義大利語羞愧（*pudor*）的本意是「襲擊」，臉紅等於觸犯了羅馬人對自我克制的重視。不過，由於臉紅是不由自主的，不可能像道歉一樣虛心假意，所以臉紅亦是*signum pudoris*，也就是社會在臉龐蓋印的記號，代表它的主人知恥，所以值得信賴，神志正常。[23]

自亞里斯多德以來，古代哲學家就抱持一種信念：適度的羞愧非常好，因為毫無羞恥心的人會做出可憎的行為，但是羞愧永遠有跌入過度羞怯的危險。一世紀希臘歷史學家普魯塔克（Plutarch）有篇文章通常被譯為〈論害羞〉（'On Shyness'），但他其實用了一個自創的字：*dusôpia*，意思是難堪狀態——當必須擺出與私人欲望不吻合的社交面孔時所感受到的羞愧。普魯塔克同意亞里斯多德的看法，些微的害羞是好的，但若是不加以約束，害羞會造成不良的自我迷戀，丟棄「高貴的膽量」。因此，他寫道：「想逃離惡名濃煙之際，反而讓自己投入惡名的火焰中——這是靦腆的命運。」

身為古典學者，道爾頓有一件事很奇怪，那就是他忽略了古代世界對害羞的深思內省的所有證據。他推測，在阿爾卑斯山北部，羅馬人的端莊有禮遇上了野蠻人的粗魯行事，「所

22　「斯多葛學派……迴避的世界」：Compton Leith, *Apologia*, p. 72.

23　「羞愧的座位……*signum pudoris*」：Carlin a. Barton, *Roman Honor: The Fire in the Bones* (Berkeley, Ca: University of California Press, 2001), pp. 224, 226.

有害羞人的第一位祖先——這個膽怯的亞當——誕生了」。隨著基督教的出現，害羞開始生根，基督教推崇謙遜，重視在修道院閉關修行。接著，現代禮儀制度出現了，例如普羅旺斯的禮教習俗就創造出苛刻的社交期待，摧垮了膽怯的人。道爾頓寫道，「這種恆久的文雅舉止……這種完美的幻想科學，驚嚇了」害羞的性情。如今，現代社交生活的繁複技巧成了害羞的主因，而且主要罪人顯而易見——「女人，以外在行為的傳統限制約束殘暴的男人，讓人際往來平順有禮，卻迫使人戴上不自然的面具」。[24]

對於害羞的演化，道爾頓有個非常英國式的最終解釋，那就是氣候。既然動物學家認為物種有分布區域，他推論所有南歐、東方和「野蠻世界」罕有害羞的概念，主要在歐洲北部我們才會發現到「羞怯者的棲地」。那裡空氣濕冷，人多在室內活動，因而創造出一種文雅的文化，只有透過努力才能表現出從容風度，就像葡萄在那裡只能種在溫室中。道爾頓在自己的同胞中找到最無助的案例，注意到英國人「不是用以冷漠超然的態度掩藏自己的仁心善意，就是冒冒失失衝口表達自己的親切」。[25]

*

與道爾頓同時代的特里維廉（George Macaulay Trevelyan），就是一個這樣的英國人。他是二十世紀前半葉最著名也最受歡迎的英國歷史學家，他在劍橋大學的同事學生絕對不會認為他害羞；事實上，他看起來一點也不在乎別人怎麼看他，經常忘了刮鬍子，跟人講話講到一半，就把假牙摘下來擦一擦。他很少笑，但笑的時候，據說笑聲會從三一學院的巨庭傳到附近學院的方苑。他的聲望、粗暴態度和令人恐懼的沉默，讓大學生與年輕的同事感到畏懼。

特里維廉的暢銷書充滿敘事力量，抒發人生無常，撼動了全校學生。一九三二年，考古學家、電視名人丹尼爾（Glyn Daniel）進入聖約翰學院就學，他還記得和其他新生興奮聚在一起聽特里維廉上第一堂課的情景。[26]在開學第一週，特里維廉站在藝術學院最大講堂前方，駝著高大的身子，戴著簡單的鋼框眼鏡，頂著一頭粗硬蓬亂的白髮，兩撇鬍子往下垂——用他的同事、歷史學家克拉克（George Kitson Clark）的話來說，貌似「氣度不凡卻有點破落的猛禽」。特里維廉一開始沒有歡迎大一新生，而是宣布了一些雜事，表示他隔週會在B教室上課，之後又會改成G教室。丹尼爾以為這是因為聽眾人數會如滾雪球般越來越大，結果恰好相反，當學生發現他只會盯著自己的書，用刺耳單調的語氣朗誦之後，觀眾一

24 「所有害羞人的第一位祖先……不自然的面具」：Compton Leith, *Apologia*, pp. 62, 65, 64.

25 「野蠻世界……表達自己的親切」：Compton Leith, *Apologia*, pp. 52, 55.

26 考古學家、電視名人……：Glyn Daniel, *Some Small Harvest: The Memoirs of Glyn Daniel* (London: Thames & Hudson, 1986), p. 238.

個個跑掉了。到了學期末，留下來的學生寥寥無幾，丹尼爾是其中一個。[27]特里維廉對自己講課能力不足的反應既絕妙又淒涼——他深信是因為大學教室時間表的緣故。

在劍橋大學講堂與偉人相遇的經驗讓丹尼爾大失所望。一年後，畢業於文法學校與萊斯特大學學院的工人階級子弟普拉姆（Jack Plumb）被喚去劍橋西路，到一間醜陋的愛德華時代房子與特里維廉首次會面。特里維廉勉為其難同意指導他撰寫博士論文，研究英國一六八九年的非常國會。特里維廉領他進入一間沒有開燈的書房，自己坐在牆角，人幾乎都快不見了，而且什麼話也不說。當沉默變得難以忍受時，普拉姆隨口講起自己的研究，亂七八糟講了十分鐘之後，特里維廉仍舊沉默以對。到最後，特里維廉才說：「好，很好，好。」[28]

過了幾年，普拉姆才明白導師與自己同樣覺得拘束，感覺在劍橋像是個局外人。特里維廉不屑社交閒談，從不談論自己，害羞到甚至無法承認自己很害羞。到了生命盡頭，這種自謙的個性以銷毀所有私人文件告終。他在遺囑中註明不許替他書寫傳記，彷彿他所有的溫情都成了寫作的燃料，燃燒殆盡，只留下一副皮囊，他對歷史中俗男凡女的惻隱之心，從中世紀的農民到都鐸時代的自耕農，如今都籍籍無名，為後世所遺忘。普拉姆加入大學的歷史學會後發現，特里維廉主持會議時同樣是一副「狂吠羞怯的古怪態度」。[29]

「狂吠羞怯」是一個精采的逆喻，簡練描繪出害羞者的自我矛盾性格。我們喜歡將害羞視為一種畏縮或撤退，所以往往用軟體動物和甲殼動物當成害羞的隱喻：像牡蠣一樣嘴緊，像蛤蜊般，躲在自己的殼裡。寄居蟹以害羞著稱，總是急急忙忙，把易受攻擊的滾圓身軀藏到擅自借用的玉黍螺或蛾螺的殼中。但許多寄居蟹才不害羞，還非常大膽呢，當牠們找到更大、更中意的住所時，會把其他寄居蟹趕出來，而且驅趕過程十分粗暴，入侵者揪住對方，像發情的雄鹿，不停用自己的殼去撞對方的殼。海洋生物學家布里法（Mark Briffa）在德文郡和康瓦耳郡沿岸研究潮池，發現寄居蟹也是「害羞—大膽連續體」的例證。他把寄居蟹翻過來戳弄，直到牠們把腹部縮回殼內，然後計算牠們多久後會放膽探出身子來。結果發現在德文郡抓到的寄居蟹比康瓦耳郡的寄居蟹更害羞，很可能是因為兩地捕食者數量與浪潮大小的差異。

大自然永遠比我們賦予它的人性隱喻複雜，而人類的害羞則更有甚者。並非所有寄居蟹都會羞答答躲在殼裡，這個隱喻也不是推敲害羞特別適當的方式。的確，害羞使我們退避他人，張口結舌，羞赧臉紅，沉默寡言。但害羞也會讓我們成為這些的相反：貌似超然，善於戴上社交面具，笨拙地朗聲講話，喋喋不休——這的確就是狂吠的羞怯啊。

---

27 — 「氣度不凡……猛禽」：David Cannadine, *G. M. Trevelyan: A Life in History* (London: HarperCollins, 1992), p. 50.

28 — 「好……好」：J. H. Plumb, *The Making of an Historian: The Collected Essays of J. H. Plumb*, vol. 1 (Brighton: Harvester Wheatsheaf, 1988), p. 5.

29 — 「狂吠羞怯……古怪態度」：Plumb, *Making of an Historian*, p. 7.

*

一八二〇年，在詩人洪特（Leigh Hunt）的雜誌《變向燈》（*The Indicator*）中，這位評論家兼浪漫主義運動靈魂人物首度使用了「羞答答的紫羅蘭」（shrinking violet）一語。不過，在那之前，紫羅蘭就是害羞的同義字，因為它的長莖容易彎折，只有在三、四月會短暫開出小花，花香濃郁，但轉瞬即逝，有一部分是由「紫羅蘭酮」所產生的，這種化學物質可以暫時麻痺我們鼻腔裡的神經末梢。浪漫主義者給紫羅蘭冠上「羞答答的春天報信者」的稱號，在一八一七年的東方羅曼史《蒙兀兒公主》（*Lalla Rookh*）中，愛爾蘭詩人摩爾（Thomas Moore）描述一名少女「怯生生溜走，／宛如夏日陽光下的紫羅蘭那樣萎謝」。一八一八年，在一首十四行詩中，濟慈稱紫羅蘭是「祕密女王」。一八二四年，貴格會教徒詩人巴頓（Bernard Barton）描述紫羅蘭「默默綻放……在一己的隱密處暗喜」。

其實，紫羅蘭並不怎麼害羞。愛德華時代的植物收藏家法勒爾（Reginald Farrer）走遍世界各地，尋找植物樣本，對紫羅蘭的認識肯定超過任何一位浪漫派詩人。法勒爾認為紫羅蘭「蠻橫」，因為它們朝氣蓬勃，四處蔓生，「在任何地方都能茂密生長，只要是涼爽的沃土，就在不引人注意之際，一大片又一大片地長出來」。[30] 十九世紀初，偉大的博物學家兼探險家馮．洪保德（Alexander von Humboldt）在拉丁美洲旅行，從亞馬遜河谷到安地斯山脈斜坡，他都能收集到紫羅蘭。紫羅蘭長在灌木叢、林地、大草原、濕地和沼澤中，在郊區花園中像野草一樣頑強。

一朵一朵的紫羅蘭也許是害羞的，但集體來看，它們搶眼，惹人注意，在樹叢中，像大塊的紫水晶冒出來。古希臘抒情詩人品達（Pindar）形容雅典「帶著紫羅蘭皇冠」，即使到了今日，這句話也能巧妙描述雅典附近伊米托斯山日落時分的淡紫霞光。歌德在威瑪散步時，口袋經常放著紫羅蘭種子，邊走邊撒播出去，這是他對世界之美的貢獻。英國花販最愛紫羅蘭，在街角經常可以聽到他們在叫賣「可愛甜美的紫羅蘭」。市府園藝科想讓公園花圃和圓環多點顏色，也是最常選擇紫羅蘭。

那麼，以害羞來說，也許紫羅蘭終究還是一個不錯的比喻——害羞不僅只有退縮這一點。紫羅蘭的「退縮」，不是退出世界的一種方式，只是天賦的一部分，以應對無止無盡的變化，在變化無常的環境中維持生機。害羞同樣也可以在許多不同的氣候和土壤上滋生勃發，以諸多方式表達自己。它可以像紫羅蘭一樣附帶驚人的適應能力，甚至可能還會故意與人作對。從個體的角度來看，它的影響力或許不顯著，但就整體來說，它就像是伊米托斯山的紫霞，是一股貫穿許多人類奮進努力的氣質——從藝術、音樂與寫作的昇華，貫穿到社交生活的偽裝。

30　「蠻橫……長出來」：Reginald John Farrer, *Alpines and Bog-Plants* (London: Edward Arnold, 1908), p. 252.

本書嘗試以這個方向來思考害羞，把它視為人類共同經驗的一部分。這是一本關於害羞者的野外指南、集體傳記及簡扼史書。我或許會在行李箱的內襯夾帶奇怪的自傳金塊通過海關，但這不代表我在替自己的**害羞辯解**，而是想看看我能否躲在害羞方面比我更有趣、更奇特的人盾之後，拐彎抹角寫一寫我的害羞。因為，在我們這個過度分享的時代，害羞的個性使我覺得有點迷失，不信任現代人喜好透過宣洩情感式告解來過濾敘事的方式。但我也明白，在一本書中滔滔不絕談論自己的害羞，不管再怎麼迂迴，似乎也是相當……矛盾。但話說回來，害羞經常就是如此。

本書包括了一些害羞者的經驗和反思，有的人以堅忍態度克服害羞，有的發揮創造力，有的自憐，也有人以不露痕跡的社交技巧應對，完全看不出來他個性害臊。害羞孕育出隱士、自戀狂、沉思者、因循苟且者、懷疑論者、置身事外者、做白日夢者、思想家、藝術家、表演家、沉默的英雄、受迫者的捍衛者、將埋沒的社交人力投入公眾事務的人道主義者。我逐漸明白到一件事：害羞無法一概而論，它是一個千層百疊的狀況，構成人生永恆不停的反拍節奏，我們以其為背景，即席創作了自己獨特的重複樂段與副歌。

由於天性害羞，我很難加入啦啦隊，就算這樣的個性允許我為某一樣東西助威，我也很難幫害羞這種難以定位的狀態吶喊助陣。但是，我希望我也能避開道爾頓那種乏味憂鬱的觀點，為害羞者提供一些慰藉。我想告訴他們，我們的狀況有時能讓我們看到他人可能會錯過的新鮮觀點，把潛伏的社交推動力導入新的創意領域。法國精神科醫師杜加斯（Ludovic

Dugas）把害羞的人稱為「偉大的羞怯者」，在一九二二年以這幾個字為書名出了一本書，說害羞的人過著「繁複粉飾、迂迴曲折與充滿微妙之處」的生活。[31]不管是出於本能，或是基於預設機制，人類都是社會動物，因此害羞只是讓我們以獨特迂迴的方式過著社會生活。與其說是從世界退縮，不如說是把精力移至他處或重新導向。害羞提供了我們意想不到的補償，督促我們從事如果我們覺得日常交會更加愉快就可能不會去做的事。害羞封住了主要道路後，帶領我們走上會激發熱情和靈感的小徑，讓我們搭乘計畫之外的切線和括號起飛。

大多數時候，我不把害羞看成恩賜，也不視為負擔，更完全不計較它所造成的得失，而是將它視為身為人類無可避免的怪事之一。這麼一想，害羞反而成了一片沃土，讓我們在上面探索一個更大的問題：活生生且會呼吸思考的自我，意識到自身與無數這樣的自我共享一個星球，這意味著什麼？害羞有許多古怪之處，最怪的或許是，它不像恐懼、羞愧，甚至尷尬一類的焦慮狀態，絕對不會在我們獨處時發作。無論它存在了多久，絕對一定大幅添增了人類孤獨的總和。但是，它也揭露了我們之間的聯繫關係，以及我們之於彼此有多麼的重要。

---

31 「偉大的羞怯者……微妙之處」：Robert A. Nye, *Masculinity and Male Codes of Honor in Modern France* (Berkeley, Ca: University of California Press, 1998), p. 223.

02

這奇怪的心理狀態

This Odd State of Mind

在長女安妮一歲時，達爾文注意到，女兒會眨也不眨地盯著陌生人的臉龐，好像對方是一個沒有生命的物體。[1]她還不能明白，這些面孔屬於其他人的，他們可能會注視她、留心她。而在長子威廉兩歲三個月大時，達爾文在他身上第一次發現到這種意識的暗示。達爾文外出十天，返家後注意到兒子在他的身旁很緊張，一直避免與他四目相交。小男孩低垂的目光——局促不安的典型徵兆——透露出一件事：如今他與他人的四目相對是兩個意識的相會，各自擔心著對方對自己的看法。

對達爾文來說，這「奇怪的心理狀態」——害羞——是他演化論中的一大謎題，因為它對人類沒有明顯的好處。[2]它似乎是一個意料之外的副產品，出自人類的複雜意識，出自我們掌握想像其他意識如何想像我們的能力，但卻無法確定它究竟是怎麼回事（感謝上帝！我們大多數人都會這麼說）。

身為演化生物學家，達爾文認為害羞是人類普遍現象，他的同胞提供了幾個格外有意思的研究案例，而且這麼想的並不只有他一人。他那些維多利亞時代單身漢的科學界熟識，尤其給了他豐富的研究機會，讓他可以實地調查這難以捉摸的人類亞種——羞怯人。一八三一年，還是小夥子的達爾文，在考察艦「小獵犬號」啟航前夕，去了大英博物館一趟，拜訪知名植物學家布朗（Robert Brown）。三十年前，在達爾文這個年紀時，布朗也走過類似的旅程。他跟著福林達斯（Matthew Flinders）率領的知名探險隊，航向南半球，繞行澳大利亞，帶回了四千種植物樣本。他告訴達爾文該買什麼樣的顯微鏡，達爾文為了答謝他，表示會從南美巴塔哥尼亞地區為他帶回一些蘭科植物。[3]

美國植物學家格雷（Asa Gray）認為，布朗「除了植物學，在其他方面是個怪人……可以想像出的水泵中最枯竭的一座」。[4]他一身黑衣，老低著頭，寬厚的下巴消失在脖子裡。他是傑出的科學家，發現了「布朗運動」，從顯微鏡觀察到水中懸浮的花粉會快速隨機移動，原因是撞見了看不見的分子。如果不是把這個發現藏在私印的小冊子中，他的名氣會因為這個發現傳播到植物學領域以外，但他小心呵護自己的研究發現，就像《小氣財神》中的史顧己私藏著半便士。所以，格雷寫道，當難得發表研究時，布朗會選擇「掩藏，而不解釋他的意思」，「除非你遵從所羅門的指令，像挖寶似地挖掘其中智慧，否則在你自己通通找出來以前，可能很難理解」。[5]

---

1 在長女……：see Randal Keynes, 'Anne Elizabeth Darwin', *Oxford Dictionary of National Biography* (online edition); and Charles Darwin, 'a biographical sketch of an infant', in Marston Bates and Philip S. Humphrey (eds), *Charles Darwin: An Anthology* (New Brunswick, NJ: Transaction, 2009), pp. 409–10.

2 「奇怪的心理狀態」：Charles Darwin, *The Expression of the Emotions in Man and Animals* (London: John Murray, 1872), p. 330.

3 他告訴達爾文該買什麼樣的顯微鏡……：Adrian Desmond and James Moore, *Darwin* (London: Penguin, 1992), p. 110.

4 「除了植物學……想像出的水泵中最枯竭的一座」：Duane Isely, *One Hundred and One Botanists* (Ames, IA: Iowa State University Press, 1994), p. 133.

5 「掩藏，而不解釋……很難理解」：Asa Gray, 'notice', *The American Naturalist* 8, 8 (1874), 477.

一八三六年，達爾文結束小獵犬號的航行返國後，布朗相當粗暴地問他，他打算怎麼處理他藏匿的那一批乾燥植物。達爾文不大情願把東西交給以貪婪守護私人收藏聞名的人，但為了表示友好，還是給布朗些許在安地斯山脈發現的木化石，平息了布朗的怒氣。「我想，我的矽化木頭息滅了布朗先生的心頭火」，達爾文這樣揶揄。[6]他開始在週日早晨拜訪布朗，與他共進早餐，主人「滔滔不絕說了許多有趣的見解與尖銳的批評，但幾乎總是與瑣事有關」。[7]達爾文的妻子艾瑪覺得，在晚宴上跟布朗交談非常費勁，形容他和同席客人、偉大的地理學家萊爾（Charles Lyell）是「兩個重擔」，用餐期間只會自顧自地低語呢喃。她說，布朗「似乎渴望縮小，徹底消失」。[8]

達爾文比較能夠忍受與這些喃喃自語的人共處，因為他也必須容忍自己的「奇怪的心理狀態」。他一生在獨自工作時成績最好，他討厭衝突，有胃痙攣、嘔吐和皮膚病等身心病。跟布朗一樣，他的發表工作一拖再拖，而這也正是他要感謝這位年長朋友不愛出風頭的最後一個原因。一八五八年七月一日，在林奈學會會議中，達爾文宣讀了他尚未發表的研究成果，也就是以自然選擇為機制的演化論。在發表之前，達爾文收到生物學家華萊士（Alfred Russel Wallace）寄來的論文，驚覺華萊士也正要提出同樣的論點，於是趕緊倉促安排了這一場會議。林奈學會的會議需要提前幾個月安排，但他非常幸運，恰好就有一場會議臨時取消了，因為原本公告的講者布朗在六月十日去世，他的死可真是太體貼了。

*

其實，達爾文的幸運是雙重的，因為在提出一套進化理論的這件事上，他的對手也是害羞的人。在自傳中，華萊士提到自己到青春期變得很害臊，開始迅速抽高，長到了一米八五，在維多利亞時代算是個大個子。此外，他出身在教養良好卻貧困的家庭，家中有九個孩子，他不得不穿著通常太小又褲襠太緊的破衣。一八四四年一月，他滿二十一歲，坦率地清點自己的缺點：「我害羞，笨拙，缺乏自信。我不懂社交技巧……我是糟糕透頂的演講者……我沒有智慧，也沒有幽默感……我能從別人身上看到機智，就證明了我有能力在無趣的自己身上培養出機智。」[9]

三十多歲時，他夢見自己成年了卻還得去上學。他掀起課桌桌面，在裡面翻來翻去，企圖遮住自己的臉，「再一次遭受比童年時代更嚴重的害羞與恥辱感的折磨」。然而，華萊士

6—「我想……心頭火」：Desmond and Moore, *Darwin*, p. 227.

7—「滔滔不絕……瑣事有關」：Charles Darwin, *Selected Letters on Evolution and Origin of Species with an Autobiographical Chapter*, ed. Francis Darwin (New York: Dover, 1958), p. 33.

8—「兩個重擔……徹底消失」：Desmond and Moore,*Darwin*, p. 284.

9—「我害羞……培養出機智」：William Bryant, *The Birds of Paradise: Alfred Russel Wallace: A Life* (Lincoln, ne: iUniverse, 2006), pp. 32–3.

後來開始感謝他所謂的「害羞體質」，覺得這個性給予了他長時間獨自研究的機會。[10]由於下筆猶豫不定，他也避開了毀掉許多學術著作的缺點——冗長。（在布朗身上，這說不定造成了相反的效果。）

不過，華萊士的忸怩使他耽擱了發表研究的時機。在另一方面，達爾文對於《物種起源》最具爭議的論點也是缺乏信心，因此結尾段落僅有一句話涉及了人類：「人類的起源及歷史將得以闡明。」出書之後，達爾文還是非常擔心讀者的反應，甚至神經過敏，導致全身發了疹子，還受到頭痛和嘔吐的折磨。他近乎成了隱士，蓄起濃密的鬍鬚，完全變了一個模樣，當他一八六六年返回公共生活時，連朋友都認不出他來。《物種起源》的第六版、也是最後一版在一八七二年發行，達爾文膽子變大了一點，在那句已然著名關乎人類的句子中添了兩個字——「許多」。

在《人及動物之表情》（*The Expression of the Emotions in Man and Animals*，1872）中，達爾文探討人類和其他動物如何表現情感。他觀察到，人類所有的情緒在其他動物身上也都有對應的表達方式，唯獨少了他形容為「最獨特、最具人性的」情感，也就是臉紅。[11]達爾文時代對於臉紅的共識是，它揭示了區別人獸的道德與精神。德國哲學家黑格爾認為，人的皮膚是透明的，不像其他動物有「無生命的保護套」，使別人看得見我們的血液流動和靈魂運作，因此「在這種外露的表現形式上，我們可說是顯露出生命的真正泉源」。[12]

伯吉斯（Thomas Burgess）在倫敦貝倫布魯街上的診療所執業，主治專長是痤瘡，他在著作《臉紅的生理或機制》（*The Physiology or Mechanism of Blushing*，1839）開始關注這種「美麗又有趣的現象」，把臉紅形容為「內心的火山熔漿」。[13]他一開頭就駁斥了殖民主義的偏見——野蠻人不會臉紅，因此不具羞恥心。從他黑人僕人身上，他觀察到一件事：只要他訓斥她，她臉上的瘡痍就會變紅。在巴黎展示的非洲白化症者身上，他也發現他們會滿面紅脹，不僅只有臉龐，連耳朵、脖子和胸口也都會變紅。他推斷臉紅是人類共通的特徵，除了非常年幼的孩子和先天傻子以外，人人都會臉紅。

伯吉斯認為，既然臉紅是普遍現象，它是我們造物者的智慧設計的證據。上帝發明了臉紅，這麼一來，我們的靈魂可以在臉頰上展露我們的道德過失。他特別提到，謀殺法國革命家馬拉（Jean-Paul Marat）的柯黛（Charlotte Corday）上斷頭臺之後，據說落地的人頭還會臉紅，沒有人知道是對刺殺馬拉一事不安，還是因為被斬首而覺得尷尬。伯吉斯好奇這是否

---

10 ｜「再一次遭受……害羞體質」：Alfred Russel Wallace, *My Life: A Record of Events and Opinions* (London: Chapman & Hall, 1905), pp. 59, 258.

11 ｜「最獨特、最具人性的」：Charles Darwin, *Expression of the Emotions*, p. 310.

12 ｜「無生命的保護套……真正泉源」：G. W. F. Hegel, *The Philosophy of Fine Art*, vol. 1, trans. F. P. B. Osmaston (London: G. Bell and Sons, 1920), p. 200.

13 ｜「美麗又有趣……熔漿」：Thomas H. Burgess, *The Physiology or Mechanism of Blushing* (London: John Churchill, 1839), pp. 7, 173.

意味「比起屬於動物或本能情感的起源，引發臉紅的刺激因素的起源更高尚或更重要」。[14]伯吉斯也自認他的論點有缺陷，無法解釋羞怯的人為何常常莫名其妙就臉紅。年輕人往往不過是走進一個房間，或是被問到一個普通的問題，似乎就會感到尷尬。為了迴避這個問題，伯吉斯創造一個新類別，叫「假臉紅」，這種臉紅扭曲了臉紅的原始意圖，沒有原因，只是「病態敏感的極端狀態」。[15]

達爾文知道這是無稽之談。他寫道，臉紅「讓當事人痛苦，令旁觀者不安，對誰來說都沒有什麼用處」，也沒有道德或其他的目的。他注意到，有些年輕女子迫不得已在醫師面前寬衣時，臉會一直紅到大腿為止。他覺得很不尋常的是，只是臆斷他人的看法，就能夠引發這樣的情緒，影響到血液循環這種沒有定規的事。他判斷，臉紅只有一個原因，那就是人類「自我關注」的奇怪能力。[16]

人類自我意識這種怪異的演化追加物，令達爾文始終感到深深的著迷，這表示除了臉紅這個不自主的行為以外，人類學會了壓抑最極端的情緒表現。他觀察到，嬰兒往往一哭就會哭很久，成人卻被教導要壓抑這些本能，只是在世界不同地區壓抑的程度有所不同。有些土著人會為了微不足道的理由嚎啕痛哭，達爾文讀過幾個故事，紐西蘭有一個酋長，因為幾個水手把麵粉撒到他心愛的斗篷上，就哭得像個小孩似的。還有，毛利族女人很得意能夠自如控制眼淚，她們相聚哀悼死者時，可以哭得死去活來。在歐洲大陸，男人也能相當自在地掉淚，但英國男人「很少哭泣，除非是在悲痛欲絕的情況」。[17]達爾文將自己歸於英國男人這一類，餘生中也只有一樣東西真的能使他垂淚，那就是一張寶貝女兒安妮的照片。安妮十歲就夭折，照片中的她大膽地看著鏡頭，眼睛眨也不眨。

*

十八世紀末期，到英國的外籍旅客開始注意到，英國人患了一種古怪的不治之症。在倫敦酒館和咖啡廳，曾經以儒雅的談吐受到欽佩的主顧，如今靜靜坐著讀報，偶爾壓著嗓子跟鄰座咕噥兩聲。法國主教德塔列朗（Archbishop Talleyrand）形容這是「絕對英式的沉默」。英式矜持被視為害羞、不安全感和自負的奇怪混合體，在一八二〇年代，法國旅行家德・蒙杜雷（Édouard de Montulé）評論說，英國人這種冷漠「結合了那不勒斯人誇張的自大和普魯士人嚴厲的自負」。[18]

14—「比起屬於動物或本能情感……更重要」：Burgess, *Physiology or Mechanism of Blushing*, p. 156.

15—「病態敏感的極端狀態」：Burgess, *Physiology or Mechanism of Blushing*, p.48.

16—「讓當事人痛苦……自我關注」：Darwin, *Expression of the Emotions*, pp. 338, 345.

17—「很少哭泣……悲痛欲絕的情況」：Darwin, *Expression of the Emotions*, p. 155.

18—「絕對英式……普魯士人嚴厲的自負」：Paul Langford, *Englishness Identified: Manners and Character, 1650–1850* (Oxford: Oxford University Press, 2000), pp. 180, 226.

英國的公共空間靜悄悄，這些旅行家感到緊張不安。於是，在歐洲大陸，「用英語交談」（une conversation à l'angloise）成了「漫長沉默」的委婉說法。一八三三年，德國遊客沃爾夫（Ludwig Wolff）從約克前往里茲，非常驚訝地發現，在擁擠的公共馬車上，整段行程他所聽到的話不超過一百個字。就連英國的馬車夫，也很少像歐陸的馬車夫那樣對他們的馬說話。法國烹飪被視為一種完全的餐桌藝術，美食只是交談和歡樂交際的點綴，英國人則是在無伴奏的餐具刮擦聲中用餐。他們有省話的社會習俗，比如在杯子中放一根茶匙，表示不用再添茶了。連客廳的家具也阻礙交談，法國政治家鐸賽（Baron d'Haussez）在一八三三年就觀察發現到，「巨大笨重的扶手椅，看上去是為了方便睡覺，而不是為了展開對話而設計」。[19]

外國訪客也察覺英國人在保護隱私與修築園牆的天分。房屋藏在鐵柵欄和濃密的樹籬之後，火車車廂分隔成小包廂，酒館在黃銅欄杆掛上綠粗呢布劃分出雅座。泰晤士河沿岸有「納涼處」，在金融界工作的男子下班後，在木板隔出的狹小座席獨自飲酒沉思，從來不跟藏在暗處的鄰座說話。在《居家英國人》（*The English at Home*，1861）中，法國作家埃斯基荷（Alphonse Esquiros）將這種現象稱為「集體分開——英國人的生活方式」。[20]

很多人覺得這些奇行怪舉都是同一疾病的症候：對社會階層的焦慮。英國小說家鮑沃爾-利頓（Edward Bulwer-Lytton）於一八三三年寫道：「在我們的民族性中，最值得注意的特質是我們的矜持，那種驕氣……對歐陸的訪客來說，是令人不悅的，是讓人驚愕的，也是眾所周知的。」他把這歸諸於英國社會中微妙的社會等級，階層界線持續改變，社會地位難以判斷，而貴族的傲慢仍舊與昔日一樣屹立不搖。他認為英國人的害羞是虛榮與焦慮的混合物，他們不願說出任何可能會使自己遭受群體鄙夷的話，有相同特質的人遍布全英，因此慢慢地「風俗源泉的涓滴中結出了民族個性的僵化水垢」。[21]

*

一八三四年，不愛交際的二十五歲英國人金雷克（Alexander Kinglake）啟程，展開一段跨越歐洲和鄂圖曼帝國的旅程。他具有鮑沃爾-利頓所指出的那種特質，既害羞又冷漠，對於在英國公立中學與大學接受教育的人來說，這種性格似乎格外叫人痛苦。由於視力不良，他無法從軍，於是邁出勇敢的一步——前往瘟疫爆發、大多數歐洲人避之唯恐不及的東方。在君士坦丁堡險些染上瘟疫後，他前往聖地巴勒斯坦，自加薩開始旅程中最艱辛的一段路：歷時八天的跋涉，橫渡西奈沙漠，只有幾個英國僕人與貝都因人嚮導同行。

19｜「以英語交談……對話而設計」：Langford, *Englishness Identified*, pp. 188, 176. See also pp. 177, 185.

20｜「集體分開……英國人的生活方式」：Langford, *Englishness Identified*, p. 103. See also pp. 106, 104, 102.

21｜「在我們的民族性中……水垢」：Edward Bulwer-Lytton, *England and the English* (New York: J. & J. Harper, 1833), pp. 28–9.

英文solitude（獨處）源自拉丁語*sōlitūdo*，金雷克研究古典文學，必然知道這個拉丁字也有「沙漠」的意思。在《聖經》中，西奈沙漠是荒無人煙的不毛之地，上帝曾在這裡用「良心的呼喚」對先知以利亞說話。以色列人在這裡漂泊了四十年，摩西也是在這裡領受了十誡。金雷克坦承，驅策他腳步的是在傳說中僻靜之地獨處的欲望，也承認想成為那種以四海為家的英國人，對這種人來說，受傷的自尊心「讓孤獨之處比舞廳更容易忍受」[22]。

金雷克等一小行人連續數日在沙丘與乾河床上艱難前進，半個人影也沒有遇見。從早到晚，他們高高坐在駱駝上，一搖三晃的行進讓他們肩膀疼痛不已。為了抵抗炙熱的太陽，他們的腦袋裹得嚴嚴實實。接著，隔著熱霾，金雷克注意地平線上有一個閃爍的亮點，有三頭駱駝朝他們走來，兩頭上面坐著人。最後他看清楚了，是個穿著獵裝的英國紳士，同行的是他的僕人與兩個貝都因人嚮導。當他們走近時，金雷克意識到自己「害羞發懶」，一點也不想「停下腳步，在這無邊無際的孤獨中，向清晨的訪客攀談幾句」。他的同胞顯然也有同樣的感受，雙方只是碰了碰自己的帽子，然後準備繼續前行，「就彷彿我們在龐德街擦肩而過」。不料，他們忽視彼此的計畫被僕人阻撓了，僕人堅持要停下腳步。原來那陌生人是名軍人，正從印度要循陸路返回英國。他顯然深怕給人停下腳步是因為「像老百姓一樣熱愛閒扯淡」的印象，就主動向金雷克說明了開羅的疫情。金雷克繼續上路，心想這個傢伙「真有男子氣概，而且好聰明」。[23]

托克維爾（Alexis de Tocqueville）在《民主在美國》（*Democracy in America*，1840）中

提到，如果兩個英國人在地球另一端偶遇，即使四周圍繞著陌生人，兩人也不懂陌生人的語言和禮儀，他們也還是會「先非常好奇地相望，偷偷懷著某種不安的情緒」，若其中一人堅持向對方搭訕，「他們會小心翼翼，只露出一種拘謹且心不在焉的神態，談論無關緊要的瑣事」。[24]托克維爾簡直就像是在西奈沙漠目睹了金雷克和軍人那場尷尬偶遇。金雷克始終不知那個軍人的大名，但很高興發現對方反映出自己最好的優點。

一八三五年，金雷克回到英國，開始動筆將旅遊見聞寫成書。結果證實，他是個羞怯的人，也是羞怯的作家。他花了數年工夫寫這本書，其間兩度輟筆，好不容易完成之後，卻找不到人願意出版。最後，到了一八四四年，他走進奧利維（John Ollivier）在倫敦帕摩爾街經營的出版社把稿子交給他，不只免費奉送，甚至還補貼他五十英鎊。書在隔年出版，沒有署名，題為《日昇之處》（*Eothen: or Traces of Travel Brought Home from the East*）。作者的害羞性情甚至反映在卷首摺頁插圖上，那是一幅金雷克和旅行隨從的團體畫像，由他親筆所繪，遠遠地描畫所有人，所以看不清哪一個是金雷克。在另一張彩色全頁插圖中——套用他的傳

22　「讓孤獨之處……容易忍受」：Alexander Kinglake, *Eothen: or Traces of Travel from the East* (London: John Ollivier, 1844), p. 264.
23　「害羞發顫……好聰明」：Kinglake, *Eothen*, pp. 266–8.
24　「先……無關緊要的瑣事」：Alexis de Tocqueville, *Democracy in America, Part the Second, The Social Influence of Democracy*, trans. Henry Reeve (New York: J. & H. G. Langley, 1840), p. 178.

記作家、維多利亞時代牧師塔克維爾（William Tuckwell）的說法——只能看到「金雷克穿著靴子的腿，他謙虛地把身子藏在樹後，但露出引以為豪的腳」。[25]

文字則就一點也不謙虛，流露出作者本人完全欠缺的活力和神氣。書中有幾個略帶詼諧（也帶有幾分種族主義）的巧妙比喻，其中一個是，金雷克想獨處的願望，不時讓他遇到的那些易興奮的當地人給阻撓了。他是這樣描述貝都因人：「他平常講話是一連串刺耳的尖聲吶喊，比最折磨人的恐怖音樂還要難聽。」要成為阿拉伯人，讀者只需要「住進一間梅菲爾區那種破爛的小房子，跟四五十個尖聲尖氣的表兄弟姊妹一起，在七月天關上幾週」。[26]實際上，金雷克並沒有拿出阿拉伯人很吵鬧的證據，只提及他們用陌生語言熱烈交談時，聽起來往往很嘈雜。但他的奇思妙想重新創作了旅遊文學與帝國文學中常有的比喻，也就是成熟自律的白種英國人與其幼稚易變的殖民地臣民形成了對照。

金雷克在《日昇之處》中堅稱自己在尋找簡樸克己的自我隱遁，但書中那個嘰嘰呱呱閒談的個性也是他自己的。他是那種常見的人物——身處異鄉的英國人，在身旁築起一道「傲慢」的高牆，允許自嘲的幽默光束透進去。他也是非常現代的旅行作家，志在細膩描述一己的思想和感受，而非介紹看到的風景或古蹟。他承認，對他來說，重要的不是寂靜的西奈沙漠或神聖聖地的景色，而是「我（永恆的自我！）——我活到見到的那一天，我見到它們了。」[27]

*

《日昇之處》非常暢銷，奧利維幾乎無法應付再刷需求。作家史密斯（Sydney Smith）寫信給金雷克，說他的書「才華洋溢，將使他下個社交季節有喝之不盡的湯羹」。[28]但金雷克並沒有如同史密斯所預料的成了吃香的座上賓，他並無意利用自己的文學成就，甚至不想讓人知道他就是作者。在他四十五、六歲時，大家發現原來《日昇之處》就是他寫的，他開始受邀到倫敦豪宅參加舞會晚宴，只是那些期待客人表現得像書中那樣熱情洋溢的人很快就醒悟了。他個子矮小，近視又害羞，也覺得這類活動如酷刑一般。他非常討厭司儀在他進入舞廳時宣布他的名字，覺得「金雷克先生」聽起來不如「閣下」或「大人」響亮，而且女人會敷衍地舉起扇子來拒絕他。[29]

---

25 「金雷克穿著靴子的腿……引以為豪的腳」：rev. W. Tuckwell, *A.W. Kinglake: A Biographical and Literary Study* (London: George Bell and Sons, 1902), p. 21.

26 「他平常講話……關上幾週」：Kinglake, *Eothen*, pp. 248, 251.

27 「我……我見到它們了」：Kinglake, *Eothen*, p. 276.

28 「才華洋溢……喝之不盡的湯羹」：Gerald de Gaury, *Travelling Gent: The Life of Alexander Kinglake (1809–1891)* (London: Routledge & Kegan Paul, 1972), p. 48.

29 他非常討厭……：Gaury, *Travelling Gent*, p. 129.

他開始提早抵達，這樣就沒有人會聽見司儀宣布他的名字。有一回，他是第一個抵達歌劇演唱家肯布勒（Adelaide Kemble）的客人，結果碰上了肯布勒的丈夫沙托利（John Sartoris）。男主人與金雷克同樣少話，兩人鞠躬後，在火爐旁坐了下來，悶不作聲互看了十分鐘，直到肯布勒來解救他們為止。金雷克也不再接受週末到鄉間別墅的邀請，因為他沒有貼身男僕能幫他向其他僕人打聽，所以搞不清楚賓客的服裝規定，也不知道主人會在迷宮般的大宅何處接待客人。[30]

他仍是怯懦和逞勇的奇怪混合體。他與禮貌的人相處時呆若木雞，但竟會覺得以下的行為沒什麼大不了：潛入阿爾及利亞，協助法國聖亞諾將軍（Armand-Jacques Leroy de Saint-Arnaud）鎮壓阿拉伯人叛亂；以私人客人身分，陪伴獵狐的朋友拉格倫男爵（Lord Raglan）參加克里米亞戰爭，近距離清楚旁觀輕騎兵衝鋒陷陣。金雷克向來擔心會丟臉，哪怕是最輕微的輕蔑，也總是迅速保護自己，這樣的他後來漸漸受到非法決鬥的吸引。不管是地點和武器的選擇，開槍前要走開幾步，還是助手所擔當的角色，決鬥都有嚴格的禮儀，所以這個儀式一定能吸引一個對模稜的社交規則感到不知所措的人。一八三七年十二月，他寫信交代同胞兄弟，如果他死於即將來臨的決鬥上，他希望可以穿著決鬥時的衣服埋葬，「因為我不希望下葬前讓醜老太婆來打扮我」。[31]

一八四六年二月，金克萊又一次下了戰帖，此次對象是一個叫菲茲傑羅（Edward FitzGerald）的人，他覺得菲茲傑羅介紹自己認識他的情婦是侮辱他。他把手寫的挑戰書送給菲茲傑羅，約他在法國加萊碰面，好逃避英國的司法，因為前一年英國修改了法律，男人若在決鬥時殺死對手，可能會因為謀殺罪而遭受審判。金雷克渡過英吉利海峽，在法國海岸等了八天，才總算接受對手不會現身的事實，打道回府。

一八五七年，金雷克當選索美塞特郡布里奇沃特的自由黨議員。初次發表演講時，面對的只是幾十個議員，他卻情緒失控，不得已中止了演講。在日後少數幾次發表談話的場合上，他微弱的聲音收效甚微。前首相之子、皮爾爵士（Robert Peel）有一回發表演講，抨擊法國皇帝拿破崙三世，獲得了熱烈的迴響。他承認，該演講抄襲了金雷克先前的演講。金雷克演講時，他也在議席上，所以聽到了，但在議會新聞席的記者團卻沒有聽到。金雷克時常寫信到《泰晤士報》請他們更正報導，因為記者聽錯了他在下議院的發言，那凶狠的語氣他從未在議院中展現過。「我沒有說『法國皇帝像一頭不會說話的畜生彎腰向前』，」他在其中一封信中寫道，「我說的是，她（法國）就像一頭不會說話的畜生，被人牽著向前走，被教會了扣動扳機發射火槍，卻不知道原因或理由，只知要遵從主人的命令。」[32]

美國思想家艾默森（Ralph Waldo Emerson）認為，口齒不清與聽不見的演講是英國的優

---

30 — 金雷克也不再接受……Gaury, *Travelling Gent*, p. 92.

31 — 「因為我不希望……來打扮我」：Gaury, *Travelling Gent*, p. 81.

32 — 「我沒有說……主人的命令」：A. W. Kinglake, letter, *The Times*, 14 July 1860.

良傳統。在《英國人特性》（*English Traits*，1856）中，他主張這個沉默寡言的民族聲譽可以追溯到七百年前，並觀察到下議院的拙劣公開演說有種變態的傲慢，議院似乎都是喃喃自語的人，聲音卡在喉嚨，而他們身旁沒有一個人敢站出來要求他們說話大聲一點。他如此描述這群可敬的議員：「彷彿他們積極要證明自己不是靠舌頭過活，或是以為語氣斯文有禮，就算是講得很好了。」[33]

歷史學家文森（David Vincent）宣稱，英式矜持的觀念是在十九世紀中葉形成的，旨在解釋英國政府的辦事方法。菁英公立學校和大學讓學子養出一種習慣，說的是一回事，感受或會意的則又是另一回事，於是培養出一種「值得尊敬的保密能力」，這種文化隨著官僚政治的發展，也滲入了政府組織。重要訊息不會在激奮人心的演講中透露，而是在權力機構的長廊或密室中低聲交換。文森認為，這種「可敬的保密能力」概念，成了公務機關吝於公開訊息和政府權力擴大的便利託辭，因為它能暗示這些情況只是反映出「對任何不必要之雜音的客氣反感」。[34]

一九八〇年代末期，《泰晤士報》記者麥卡錫（Michael McCarthy）祕密調查環境部，發現公僕仍舊沿用這種深奧的慣例。他覺得此慣例的關鍵特性是「動態性的保守陳述」，如果你有充分的紳士教養，就能解讀外行人覺得枯燥的語言。因此，最高的讚許是說某個東西「給人留下相當深刻的印象」，而官員的貢獻如果被認為是「無益」或「不當」，那他就要倒楣了——在少有的罪大惡極情況下，則是「極為不當」。[35]直至今日，高級公務員還在運用大同小異的規避詞藻，暗示過分的熱情或坦率不夠圓滑世故，有失體統。「我很不願意支持」、「我還沒形成一個觀點」、「我樂意討論」——一概表示「不同意」，而「我對這種思路抱持開放態度」則是「贊同」。[36]

但是，這個關於英式矜持的解釋，無法完全解釋金雷克這個變化無方的人物。他內斂少話，但也是末期的浪漫主義者，熱愛拜倫，厭惡英國生活那種死氣沉沉的體面。擔任後座議員[37]時，他總是特立獨行，無意擔任要職，也不想保守公務的祕密，他的矜持暗示著比權力機構的狡詐作風更加奇怪、更加矛盾的東西。一八六〇年夏天，法國哲學家泰納（Hippolyte Taine）訪問英國，注意到英國公民的害羞在情感結構上似乎有類似的細微之處，如同他在《英國筆記》（*Notes sur l'Angleterre*，1872）中提到的觀察，這一點導致了反覆無常的古怪性情。「有人受過良好的教育，甚至博學多聞，遊遍四方，能說數種語言，在他人面前卻局促

33｜「彷彿他們積極……講得很好了」：Ralph Waldo Emerson, 'English traits', in *The Portable Emerson*, ed. Mark Van Doren (London: Penguin, 1977), p. 415.

34｜「值得尊敬……反感」：David Vincent, *The Culture of Secrecy: Britain, 1832–1998* (Oxford: Oxford University Press, 1998), pp. 34, 48–9.

35｜「動態性的……極為不當」：Michael McCarthy, *Say Goodbye to the Cuckoo* (London: John Murray, 2009), pp. 141–2.

36｜「我很不願意……贊同」：R. A. W. Rhodes, *Everyday Life in British Government* (Oxford: Oxford University Press, 2011), pp. 198–9.

37｜譯註：坐在英國議會後座的普通議員，通常非內閣成員，也非黨內重要成員，因此影響力不高。

不安，」他寫道，「我就認識一個這樣的人，在客廳裡結結巴巴，隔天在八場會議上脣槍舌劍。」

泰納的許多同胞認為，英國人過度注重讓他們情感生活變得遲鈍的階級和地位，因此造就了這樣的矜持行為。泰納則抱持不同看法，反而認為英國人感情洋溢，只是很少會浮到表面打攪平靜死寂的水域，因此也就更加令人感動。粗心的人看不到英國人表達強烈情感的方法，但細心觀察就會發現「情感掠過這些人的面色，就像草地也有顏色變化」。[38]

有一次，金雷克告訴幾個密友他幾年前做過的一個夢。當時，他已經是劍橋大學的大學生，卻夢到他在母校伊頓公學某間低年級教室上解剖課。他坐在最高一排椅子上，過了一會才發現教授正在解剖的是他的身體。他非常生氣，因為他離前面太遠了，看不清楚，也聽不清楚。金雷克覺得古怪的是，在夢中「一個人可能以為完全擁有自己的身分，同時又與自己的身體隔著幾英尺的距離」。[39]金雷克的潛意識看來提供他的社交恐懼一個宣洩的出口，他在夢中對世界呈現的自我遭受別人無情的肢解，而祕密的自我覺得遭到遺忘和忽略，無助地旁觀著這一幕。

在人生最後的三十年，金雷克過得幾乎就跟隱士一樣，完成一套多卷但少有人拜讀的克里米亞戰爭史。一八八四年，當他的生命即將抵達終點時，他拒絕一個藝術家替他畫肖像的請求。他回答：「我這一輩子都在承受害羞體質的折磨，到目前為止可說是都還不能克服，至多只能做到否決它。」[40]

*

維多利亞時代的人是這樣看待害羞的：一種難以動搖的脾性，一般人們永遠無法打敗的力量，就像容易痛風或是痔瘡的體質，是改變不了的小毛病。我們今日相信無休無止的治療實驗可以重塑自我，在這樣的時代，我們很難理解這種集體心態——把害羞視為不過是基因樂透的一部分，永遠不用克服，害羞被認為與「體質」有關，不可能療癒，就算它堅持帶領你走上最怪異的行徑大道也是如此。

今天，你如果沿著羅賓漢道穿過雪伍德森林，就會找到這類行為可以古怪到什麼地步的確鑿證據。在維爾貝克莊園中間有一條馬道，沿著廣場地面中央一列偉大的土壘防禦工事陳跡前進，這種舊痕差不多每隔幾公尺就有一個，看上去像是迷你溫室，它以厚玻璃建成，上頭雜草叢生，英國地形測量局的地圖稱之為「地道天窗」。天窗底下是一個維多利亞時代的

---

38 「情感掠過……顏色變化」：Hippolyte Taine, *Notes on England*, trans. W. F. Rae (New York: Holt & Williams, 1872), pp. 66, 161.

39 「一個人可能……幾英尺的距離」：Tuckwell, *A. W. Kinglake*, p. 125.

40 「我這一輩子……否決它」：Gaury, *Travelling Gent*, pp. 128–9.

宏偉設計——一座害羞體質的神殿。

卡文迪許-斯科特-本廷克勳爵（William Cavendish-Scott-Bentinck）的社交恐懼症不知因何而起。他二十多歲時，擔任過陸軍中尉與下院議員，他熱衷騎馬，以英俊迷人著稱。但歌劇家肯布勒在一八三四年拒絕他的求婚後——早偷偷嫁給了沙托利，也就是不肯跟金雷克談話的沉默主人——他從此退出了公共生活。他照樣去聽歌劇，但霸占三個前座座位，讓自己四周有足夠的空間。

在一八五四年五十四歲時，他成了第五代波特蘭公爵，繼承了廣闊的維爾貝克莊園，接著在其中完成了他自世界消失的計畫。貴族不願向僕人打招呼，要求他們在走廊上經過自己身邊時把臉轉向牆壁，都是很常見的事。但是，公爵寧願被人忽視的是自己，而不是他們。他對所有工作人員下了一道命令：經過他的身邊時，就當他是一棵樹。在他自己居住使用的五間房間的門上，他挖了兩個信箱，一個用來收信，一個用來發信，方便他和僕人互傳字條。他的醫師只能透過貼身男僕路易斯（William Lewis）問他問題，而也只有路易斯可以測量他的脈搏。

繼承爵位三年之後，他開始了宏偉的工程。超過六百名愛爾蘭挖土工（其中許多人才完成了倫敦地鐵的修建工作）開始用蒸氣犁挖掘堅固的泥土，於接下來的二十年，在莊園地底下打造出一個近二十五公里長、由地道和房間組成的迷宮。公爵和莊園工人分別使用不同的地道，所以公爵絕對不會有機會碰上他們。這個地底世界包括數間會客室，一間撞球間，以及全英第一大舞廳。舞廳藉由巨大的圓形天窗取光，晚上由數千盞煤氣燈照亮，足以容納兩千人，液壓升降機一次可以送二十個人下去。不過，公爵從不與人打撞球，更沒有舉辦過一場舞會。

公爵前往倫敦時，從馬車房走一英里半長的地道到莊園邊界，每隔一段距離，天窗就會投下幽靈般的光芒。這條隧道深埋在一座湖的下方，快到沃克索普路時，隧道開始往上升。抵達沃克索普路後，公爵就拉下馬車的綢緞窗簾，在路面走上近五公里半。到了沃克索普車站，公爵還是繼續坐在馬車內，輕巧的馬車則直接抬上火車。到了倫敦國王十字車站，一名馬車夫帶了更多的馬來迎接他，送他前往卡文迪西廣場的排屋。在那裡，公爵用近二十五公尺高的毛玻璃與鑄鐵圍住庭院和後花園，所以廣場的其他居民看不到裡面的情形。這種神經質的神祕作風引來了謠言，說他在庭院舉辦馬戲團演出或是狂歡聚會。鄰居信誓旦旦，宣稱聽見了馬鳴與馬在碎石路上小跑的聲音。

對喜歡獨處的人來說，在四周築起高牆至少還算是合理的行為。而公爵決定也要挖掘地道，原因則就不太清楚了，因為維爾貝克莊園曠蕩遼闊，想躲在某個僻靜的側廳很容易，修築地道不僅吵雜，又會搞得一團混亂，他根本就是在向全世界宣布他很害羞。有一個相當感性的推測是，他修築地道是為了緩和鄉村的失業狀況。另一個說法是，他想要擴建，但不願破壞建築的外觀；佩夫斯納（Nikolaus Pevsner）編纂的建築指南徹底駁回這個解釋，因為「維爾貝克莊園的正面非常醜陋」。[41]

最好的解釋是，這就是公爵們的行事作風。他們的工作規範包括了自我放縱和怪癖，許多公爵患有*aedificandi libidinem*，也就是建築狂熱，有人利用這份狂熱助長氣度狹窄的觀察者可能認為接近反社會傲慢的害羞。第六代索美塞特公爵有「傲慢公爵」之稱，在位於索塞克斯的莊園蓋了長達二十一公里的牆垣，騎馬時還僱用侍從開道，清空當地小路上的平民百姓。而且，他只靠手勢與僕人溝通。與波特蘭公爵同時代的第八代貝德福公爵，很少離開自己在倫敦的家，出門一定只坐窗簾拉下的馬車。第十一代貝德福公爵在自己的土地四周布署瞭望員，以提醒那些在沃本修道院裝電線的電工他快到了，快躲到櫥櫃裡頭去吧。

上述行徑大概與英國人特有的矜持關係不大，而是各地有錢有閒階層的「職業傷害」。飽受害羞之苦的人，如果擁有幾乎無限的財富可以滿足一己狂念的話，似乎就會面臨著在寂靜憂鬱的遁隱中度完人生的特別風險。在波特蘭公爵挖掘地道的同時，害羞的巴伐利亞國王路德維希二世（Ludwig II of Bavaria），用更大的規模來保護自己的隱私，在僻靜山區修築一系列童話般的宮殿，有樹屋，有狩獵小屋，城堡處處還有設有密門的人工洞室，讓他可以從世界消失得更徹底。路德維希本來就很害羞，但初入中年時開始發福，牙齒脫落，外表不再符合自己嚴格的審美標準，於是他不再出席國宴，不再參加閱兵。在他名下的兩座城堡，他安裝了「許願桌」，桌子從餐廳地板暗門降到廚房，擺滿了食物、飲料和餐具後，又回到他的面前，他不必讓人看見。受到法國路易十四「太陽王」的啟發，他自稱是「月亮王」，白天拒絕出門，使得大臣找來精神病醫師，宣布他瘋了。廢黜之後，他溺水而亡，死因成謎。

但了解波特蘭公爵的人不認為他瘋了，他對工人是出了名的好，給每個人一頭驢子和一把絲綢傘，還為大家蓋了溜冰場——雖然這些事也很反常。根據一八七八年《德比郡時報》（*Derbyshire Times*）一篇報導，他喜愛「從一系列的地洞潛入他遼闊的領土，再從地底深處赫然現身，讓侍從嚇一跳」。[42]他若是碰到女傭正在打掃，會命令她出去溜冰，不管她喜不喜歡。

公爵去世後，他三個姊妹莊重地展出遺體，邀請世人來看，就為了證明那些瘋狂至極的傳言——他的皮膚因為痲瘋病或梅毒潰爛了——是假的。新公爵與同父異母的妹妹莫瑞爾夫人（Ottoline Morrell）第一次到維爾貝克莊園時，發現前方車道長滿了雜草，鋪著粗石瓦礫，樹木被砍去了頭部，莊園每個臥房角落都有個暴露無遺的抽水馬桶。莫瑞爾夫人穿過其中一個地底隧道的地板門，進入一個有許多鏡子的大房間，天花板漆成了落日的顏色。「突發的喜悅讓他把這間房裝飾成舞廳，而那份心情必然很快就消退了，」她寫道，「留下仿製的晚霞照耀著在鏡面映現出無數身影的孤單人兒。」[43]

41｜「維爾貝克莊園……非常醜陋」：Nikolaus Pevsner, *The Buildings of England: Nottinghamshire*, rev. Elizabeth Williamson (London: Penguin, 1997), p. 370.

42｜「從一系列……嚇一跳」：'The Duke of Portland at Welbeck abbey', *Derbyshire Times and Chesterfield Herald*, 13 July 1878.

＊

公爵的隱形人生引起大眾的著迷，在他死後，這份好奇仍然沒有消退，而用常見的害羞症狀來解釋他的行為讓人覺得不夠刺激。有個流傳多時的故事，說他以德魯斯（Thomas Druce）的身分過著雙重生活。德魯斯本來籍籍無名，後來竄起成了倫敦早期的百貨公司「貝克街市集」的有錢老闆。一九〇八年，瑪莉勒本與克勒肯維爾兩地的治安法庭審理了一個案子，原告及其律師聲稱德魯斯就是第五代波特蘭公爵，公爵其實到了一八七九年才去世，而在那十五年之前，他假裝去世，辦了一場假葬禮，棺材裡面裝滿了鉛塊和石頭。如此一來，公爵才能放棄他厭倦的雙重生活。德魯斯位於海格特公墓的家族墓園被挖開，棺材打開之後，出現了法官所說的「來自敞開之墳那沉默卻依舊雄辯的聲音」——德魯斯穿著壽衣的腐爛屍體。[44]

對於德魯斯一案，第六代波特蘭公爵理當表示不屑，沒空理會那些光怪陸離的推測。他用華萊士和金萊德解釋自己的同一個說法，堅持他的前任的行為「只是因為害羞體質」。[45]當然，大多數具有害羞體質的人，既沒有那股熱誠，也沒有必要的資金，用水泥石塊把自己的狀況變成永恆。在一個公爵富可敵國，幾乎能夠無所限制放縱一己怪僻的時代，這名公爵打造了一個地下世界，未來的考古學家也許能夠從中挖掘出證據，證明維多利亞時代超級富豪的奇思異想。

在二十世紀的頭幾十年，死亡人數增加，房地產稅提高，公爵一擲千金的年代結束了。許多龐大的地產被出售或分割，上頭的豪宅尊邸也拆毀了。第二次世界大戰之後，國防部接管維爾貝克莊園，將它改成軍事訓練學院，地下舞廳變成健身房，新兵在地道舉辦午夜宴會。公爵們的口袋已經不夠深，無能為力在地底之下建構第二人生。他們把房產賣給英國國民信託組織，藏在以繩索隔開的邊房側廳，豪邸其他的廳房則在週末開放參觀，一個人收費兩先令六便士。

我們今日的「波特蘭公爵」是那些國際超級大富豪，在倫敦騎士橋、貝爾格萊維亞和諾丁丘最高級的地區，他們建造無序擴展的地下巢穴。在這些地區，一千萬英鎊的臨街豪宅只是冰山一角，多層地下室構成一個龐大的地底世界，包括了健身房、保齡球道、三溫暖房、游泳池與人能進出的雪茄保存室。你可以分辨哪裡正在建造這樣的地下世界，因為街道廣場上會有傾斜的輸送帶，把泥土碎石從地底深處送至倒卸車，再運去郊區鋪墊通往高爾夫球場

---

43 — 「突發的喜悅……孤單人兒」：*Ottoline: The Early Memoirs of Lady Ottoline Morrell*, ed. Robert Gathorne-Hardy (London: Faber, 1963), p. 73.

44 — 「來自敞開之墳……雄辯的聲音」：'Death of Mr. Herbert Druce', *The Times*, 15 April 1913.

45 — 「只是因為害羞體質」：Duke of Portland, *Men, Women and Things: Memories of the Duke of Portland* (London: Faber, 1937), p. 32.

的高速公路。

這不過是富豪一直以來的行為模式，利用所有可行的合法手段，盡可能提高房地產的價值，滿足一己的欲望。沒有空間往外蓋，沒有建築許可往上建，那麼唯一的方法就是向下發展。不出所料，必須忍受多年建築工程噪音的鄰居，將這種建築狂熱看成是對世界比出勝利手勢，一種除了炫耀以外毫無意義的肆意揮霍。然而，雖然我知道鄰居的想法沒錯，有一部分的我想到這種地底世界就會不禁莫名感到可悲。隱藏於視野之外的豪宅提醒我們，再多的財富也無法讓我們逃離自身，逃離我們的不安全感。一想到那個挖掘地洞的公爵，我的腦海就會浮現一個畫面：害羞的對沖基金經理與私募基金騙子獨坐在家庭電影院中，或是躺在按摩房裡，卻沒有人來替他們按摩。

這種向地性的本能或許有某種東西背離了內省的本性，畢竟尷尬不已的人的確會說恨不得大地將他們吞沒，就像倒頭鑽入土中的鼴鼠，身後只留下一堆泥土。或許波特蘭公爵罹患的是**對泥土的鄉愁**（nostalgie de la boue），這個短語的意義已經變成對未開化生活的嚮往，但字面意義其實是思念人類開端的泥土、所有生物起源的原始沼澤。波特蘭公爵其實是以回歸大地來逃離世界。

＊

這正是英式矜持自相矛盾的地方。它誇張的禮儀與冷漠的情感似乎是為了讓實踐者遠離更加野蠻的自我，或許同時也要遠離他們認為在自己之下更具野性的階層種族。但它也證明了一個基本的動物本能：蹲伏下來，躲離一切。在英國兒童文學經典中，這個主題反覆出現，比如《彼得潘》的夢幻島上的「地下之家」，《地板下的小矮人》（*The Borrowers*）中住屋地板底下的空間，溫布頓公地尖鼻環保精靈的地洞住屋，都顯示出這是一個共同的願望。害羞或許根源於人類的自我意識，但它讓我們聽任動物性的情緒的擺布，使我們在心驚膽戰的危急關頭，逃離躲藏起來。

對維多利亞時代的人，有一種動物似乎以非常有趣的人形展現出這種害羞。一八三〇年代晚期，第一批紅毛猩猩抵達攝政公園的倫敦動物園，包括達爾文在內的許多民眾都為之著迷。這些動物看起來那麼像人類，但又難以理解，似人的無毛臉龐老是掛著憂傷的表情，看起來像是比較抑鬱寡歡的人類。一八五四年，華萊士前往婆羅洲砂勞越旅行時遇到了紅毛猩猩，射死了一頭母猩猩之後，居然想要收養牠的寶寶。華萊士覺得猩猩和人類出奇地相似，猩猩加強了他的想法：人猿和人類有共同的祖先。

在野外紅毛猩猩很少被人撞見，成群出現的情況甚至更少。牠們可能三三兩兩一塊去摘一株結實纍纍的果樹，但彼此完全不會友善地問候，也沒有比較愛好交際的人猿互相幫忙梳理毛髮的習慣。牠們會各自返回孤獨中，既不告別，也沒有流露遺憾的徵兆。公紅毛猩猩就像拘謹的英國紳士，完全不懂社交技巧，經常引起牠們試圖吸引的母猩猩的畏懼和厭惡。除了交配期間，紅毛猩猩過著孤獨的生活，大多數時間用來折斷樹枝，幫自己在樹木高處搭建平臺。

紅毛猩猩的害羞其實有充分的演化理由。在紅毛猩猩居住的婆羅洲和蘇門答臘的雨林中，主要的樹種是一種叫「龍腦香科」的高大硬木，它的果實不能食用，紅毛猩猩只好分散開來，獨自去找散落四方的果樹覓食，果樹一次也只能承受一頭龐大猩猩的重量。但居住在樹林邊緣的部落，就像維多利亞時代英國人一樣，往往把紅毛猩猩的獨來獨往賦予人性。有個創世神話是這樣說的：紅毛猩猩都是同一個部落成員的後裔，這個先民因自己某個小過錯而感到羞愧，從村子逃進森林，從此再也沒有回來。[46]

到動物園看過紅毛猩猩的人，也都會評論牠們的害羞個性，這種性情似乎是與古怪共存的英國人所擁有的。一八八〇年代，倫敦西敏市皇家水族館展出一頭紅毛猩猩，據說牠：

喜歡隱居，一有機會，就把自己從頭到腳包在毛毯裡，若有人想拿開毯子，牠會迅速閃避這個冒犯牠的人……雖然有點害羞，牠並沒有完全閃躲大眾的目光，但通常會直視前方，視線越過群眾的頭頂，彷彿在尋找自己熟悉的某個目標。[47]

黑猩猩則與紅毛猩猩大不相同。黑猩猩大約也在同一時間來到倫敦動物園，看上去模仿了人類比較聒噪的一面。一般認為黑猩猩是我們猿類親戚中最擅長交際的，所以牠們成了動物園最熱門活動「黑猩猩茶會」的大明星。牠們盛裝打扮，粗略表演餐桌禮儀，但這不過是假象。黑猩猩其實反覆無常，尤其是母黑猩猩，而且牠們有時也會像紅毛猩猩那樣害羞陰鬱。近百年來，對黑猩猩的研究一直想要破解牠們的咕噥聲和尖叫聲，或是教導牠們打手語，但我們最親近的演化表親跟我們之間的距離，仍舊幾乎與紅毛猩猩一樣遙遠。

*

一九一四年七月，在第一次世界大戰爆發前的一個月，某個週四午後如果你也恰好在倫敦動物園閒逛，可能會見到害羞人猿和害羞英國人這兩個物種正在互送秋波，因為年輕詩人薩松（Siegfried Sassoon）正在猴園，心灰意懶地盯著柵欄後方的黑猩猩與紅毛猩猩。他後來寫道，其中一頭看著他，彷彿要述說什麼，後來卻「嘆了口氣，別過頭去」，其他猩猩則以「靜止的悒鬱」眼光回視他。[48]

也許這一群表情憂鬱的人猿正在想，這陌生人的模樣也像籠中動物一樣可憐。薩松具

46—有個創世神話是這樣說的……：John MacKinnon, *In Search of the Red Ape* (London: Collins, 1974), p. 16.

47—「喜歡隱居……熟悉的某個目標」：'The orang-outang at Westminster', Dundee Courier & Argus, 7 September 1880.

48—「嘆了口氣，別過頭去……靜止的悒鬱」：Siegfried Sassoon, *The Weald of Youth* (London: Faber, 1942), p. 234.

有泰納所指出的那種英式矜持，也就是情感生活既壓抑又快要溢滿。他的友人經常認為他的害羞帶有些許的野性和獸性，記者兼評論家羅斯（Robbie Ross）把他比擬為「害羞又憤懣的獵鹿犬」。[49]莫雷爾夫人（Ottoline Morrell）認為只有一個法語詞彙可以形容他，那就是farouche，[50]這個字源自拉丁語的forasticus（在戶外），跟野生動物一樣，既「膽怯」又「野蠻」。他戰壕裡的同袍替他取了「袋鼠」的綽號，板球球友把他比成鷺鷥或鶴，形容他懶洋洋撿球時細腿抬高的樣子。

倫敦動物園之行激發薩松創作了十四行詩〈逗弄熟識〉（'Sporting Acquaintances'）——記下他與黑猩猩及紅毛猩猩失敗的交談嘗試，不發一語就能與牠們交換意味深長的目光，這一點令他感到非常奇怪。但這首詩的靈感並非來自與人猿交談失敗，而是另一個人。薩松到動物園生悶氣前，跟比他更有名氣、更具魅力的詩人布魯克（Rupert Brooke）共進了一場氣氛生硬的早餐。

薩松那時籍籍無名，其中一個原因是，他早年出版詩作時，只署名了名字的縮寫。布魯克雖然衣服皺皺巴巴，照樣是一派優雅，皮膚仍留有在大溪地曬黑的痕跡。俊美又自信的布魯克讓薩松又怨恨又羨慕，覺得布魯克好像「又是那種在人群中他人對他的興趣大過他對他人興趣」的人。[51]一個害羞者被一個魅力非凡者的氣場給擊倒了，薩松想像，他們告別後，布魯克鐵定會覺得鬆了一口氣，他自己也回到自然無拘的自我。布魯克看上去溫文爾雅，經常有人愛上他，這也怪不得他。等到薩松委婉下筆諷刺兩人會面情景時，布魯克已經無法回應了，在愛琴海上一艘駛向達達尼爾海峽的船上，因敗血症而死去。

另一方面，薩松的性格據說在皇家威爾斯步兵團擔任軍官期間發生了改變。一九一六年三月，他親愛的戰友湯瑪斯少尉（David Thomas）戰亡，憤怒之下，薩松變成了驍勇殺敵的「瘋狂傑克」。但薩松自己不這麼看，認為害羞從少年時代一直跟隨他到老。儘管在沙場上衝鋒陷陣，他在某些方面仍舊展現出害羞的性情，比如沒有向上級報告，就單槍匹馬去巡查地雷坑，或是剪斷無人區的帶刺鐵絲網。

一九一六年七月，在索姆河戰役期間，薩松於進攻行動開始前一個小時，隻身攻擊馬梅斯森林的德軍戰壕，接二連三投擲手榴彈，炸得數十名德軍四處竄逃。成功攻占戰壕後，他卻坐下來，從口袋拿出詩集讀了起來，只是他所屬的那一排軍隊未能繼續保持優勢。後來，他因此被推薦為維多利亞十字勛章得主候選人，但最後未能獲獎，大概是因為他的英勇行為不夠引人注意吧。後來，在反戰示威中，薩松將軍功十字勳章扔到梅西河裡，對於這件事的描寫，他竟然也非常低調。他寫道：「可憐的小東西，虛弱無力落入水中，漂走了，彷彿知

49｜「害羞又憤懣的獵鹿犬」：Philip Hoare, *Serious Pleasures: The Life of Stephen Tennant* (London: Hamish Hamilton, 1990), p. 91.

50｜「*farouche*」：*Ottoline at Garsington: Memoirs of Lady Ottoline Morrell 1915–1918*, ed. Robert Gathorne-Hardy (new York: Knopf, 1975), p. 121.

51｜「又是那種……他人興趣」：Sassoon, *Weald of Youth*, p. 230.

道自己的無用。」[52]

薩松對戰爭的譴責讓他認識了另一名英式矜持的模範生。薩松的狀況被委婉地診斷為「砲彈休克症」，於是他到愛丁堡附近的奎葛洛卡戰時醫院，接受著名學者兼精神科醫師瑞弗斯（W. H. Rivers）治療。瑞弗斯個性害羞，有口吃，是個糟糕的演講者。同為醫師的友人蘭登-布朗（Walter Langdon-Brown）回憶說，他有一次以「疲憊」為題演講，「還沒講完，演講主題已經昭然寫在聽眾的臉龐上」。[53]

瑞弗斯的害羞並不能以「階級傲慢」簡單帶過。雖然在南印度與托達人一塊生活期間，他成了人類學田野研究的先驅，這個個性也不能看成帝國時代海外英國人在神經質和過度文明中養出的矜持。害羞反倒是引發了他心中對於勢力和社會假象的厭惡，在奎葛洛卡戰時醫院，他很少攜帶象徵軍官階級的輕便手杖，也難得回應他人對他的敬禮。有一次，瑞弗斯撞見薩松拿訪客的帽子當足球踢，也只是露出略帶善意的笑容盯著他，「一個中年男子半帶羞澀的表情，打斷了那個年輕人不合群的娛樂活動」。瑞弗斯的害羞導致了他冷靜寡欲的個性，在他過世很久以後，認識他的人也幾乎沒有人忘掉他這種性情。薩松一生對他有個深刻的印象：他把眼鏡推到頭上，雙手環住膝蓋，專心傾聽病患說話。薩松對這種「善良正直的強大生命力」感到不解，[54]這麼謙遜的人居然在死後還能夠保留住光環。

布魯克能夠立刻展現吸引力，瑞弗斯的魅力則是緩緩持續增加。他使薩松明白，害羞並非總是一種不足，也可以是一種優良品行——它讓你**做自己**，而非阻止你做自己。害羞的能量往往是反動的，傷害是有限的：擔心他人會像我們一樣對自己不滿，我們的目標往往是不要犯錯，避免指責，而非追求讚揚。但如同薩松從瑞弗斯身上發現的，事實也未必永遠如此。如果你以某種方式避免害羞凝結成這種迴避風險的神經質個性，害羞可以幫助你面對世界時多了一份和善和好奇。

*

一九一九年二月，一個在牛津的午後，薩松的友人西特維爾（Osbert Sitwell）帶他去見一個截然不同類型的害羞英國人。弗班克（Ronald Firbank）不適合服兵役，又覺得自己在滿街戎裝男子的倫敦格格不入，所以在一九一五年十一月搬到牛津高街莫德林學院的對街居住，一住就是四年。在薩松單槍匹馬攻占德軍戰壕的期間，弗班克在牛津自費出版一系列短篇喜劇小說，輕薄精緻的刻毒故事充滿了好色的紅衣主教和古代的年老貴婦。西特維爾打聽

52 —「可憐的小東西……自己的無用」：Siegfried Sassoon, *Complete Memoirs of George Sherston* (London: Faber, 1972), p. 509.

53 —「還沒講完……聽眾的臉龐上」：Richard Slobodin, *W. H. R. Rivers: Pioneer Anthropologist, Psychiatrist of The Ghost Road* (Stroud: Sutton, 1997), p. 17.

54 —「一個中年男子……強大生命力」：Sassoon, *Complete Memoirs of George Sherston*, pp. 533–4.

得知，沒有人替弗班克燒菜，他只靠著冷雞肉果腹，兩年之間只跟女清潔工和開往倫敦火車的列車長說過話。[55]西特維爾和薩松來拜訪弗班克時，弗班克緊張不已，如坐針氈，話也沒講幾句，而且還含在嘴裡，客人根本聽不見。薩松卻對弗班克很感興趣，邀請他到自己那裡喝茶。到了薩松的住處，弗班克婉拒了一盤奶油煎餅，但「為了表示禮貌……慢慢吮了一顆葡萄」。[56]他的話很少，還不時讓喘息般的嘆氣和咯咯笑聲打斷。

這次會面後不久，弗班克返回倫敦，再次在他戰前常去的地方現身，勤於出席非公開藝術展覽與戲劇首演。他看來喜歡公開演出他的害羞，把這件事轉化成一件前衛表演藝術作品。他在劇院中實在太痛苦了，反而變得非常引人注目：戲演到一半，他會站起來，或試圖縮進椅子裡消失，結果人幾乎要變成顛倒的姿態。他經常光顧歷史悠久的皇家咖啡館和艾菲爾鐵塔餐廳（都是放浪不羈的藝術家常去的地方），從正午坐到子夜，在筆記本寫下潦草奇怪的對話，喝著可以不停續杯的白蘭地，小口啃著一片抹著魚子醬的薄土司。侍者知道不可以跟他說話，有一回在皇家咖啡館，侍者領班想跟他聊幾句，他竟然躲到了桌子底下。

事後看來，弗班克各式各樣的動作——欣賞自己的手背，撓頭，拉扯領帶——都是陰柔氣質（camp）的本質，camp一字也是在當時剛剛有了今日的意涵。上了指甲油的指甲，抹了胭脂的臉頰，其實都該洩漏了他的祕密，但對於他同時代的人而言，這些怪癖看來只是一種誇張的害羞的標誌。在成為同性戀的同義字很久以前，女性化行為代表了引人注目的閒散與愛美性格，拒絕接受中產階級男子氣的工作和商業價值。宣告弗班克與這個「傳統／非同性戀」的世界分開的，是他引人矚目的害羞，而不是他未公開的同性戀性向。他的小說《腳下的花》（*The Flower beneath the Foot*）隱約以巴爾幹半島某個國家為背景，以通常是同性戀專屬的祕密語調提及害羞，某某夫人描述她的女兒屬於「紫羅蘭教」時，希里安諾西女王憤慨地回答：「在我**統治**的地方，害羞是一種沒有人知道的特質……！」[57]

說也奇怪，薩松這種睥睨索姆河殺戮戰場的人，竟覺得這個軟弱的紈褲子弟很有吸引力。薩松或許是欽佩弗班克炫耀自己害羞的態度，不像他自己那樣閃閃躲躲，雖然努力但終究無法與人保持交談。弗班克斷然拒絕遵從任何社會規則，這點本來就值得欽佩，在索姆河壕溝中他鐵定一無是處，但他具有另一種韌性。在規畫國際旅行還是非常困難的年代，這個表面毫無社交能力的人，總是能夠讓自己在各地移動，與車站腳夫、旅館員工成功交涉。在飛行屬於英豪勇者之領域的年代，他常常搭機自倫敦飛往南歐或北非，然後再飛回來。他還認真地在《泰晤士報》王室活動公報宣布自己的行程：弗班克先生已結束漫長的東方之旅返回倫敦，將在梅菲爾區西教街二號住上幾週。弗班克先生前往義大利過冬，接下來六個月將

---

55 西特維爾打聽得知……：Osbert Sitwell, 'Introduction', in Ronald Firbank, *Five Novels* (new York: new Directions, 1981), p. xii.

56 「為了表示禮貌……吸吮了一顆葡萄」：Siegfried Sassoon, *Siegfried's Journey, 1916–1920* (London: Faber, 1945), p. 137.

57 「在我統治的地方……知道的特質……！」：Firbank, *Five Novels*, p. 12.

待在羅馬奧爾西尼宮酒店。不知這些訊息是要給誰看的，因為不管是在倫敦還是其他地方，弗班克幾乎都不會接待客人。

跟瑞佛斯一樣，弗班克替薩松持續不懈研究有趣的英式矜持現象提供更多原始資料。勞倫斯（T. E. Lawrence）說過，如果有人要求他「把理想的英國人帶去海外的國際展覽會」，他會選擇薩松。[58]薩松在肯特郡森林地帶出生長大，就讀馬爾伯勒寄宿學校和劍橋大學，屬於鄉紳階層，經常獵狐，表面看來是絕對符合這個角色。但他也是同性戀和猶太人，他有波斯血統，而且晚年改信天主教。薩松迫切需要歸屬感，但跟許多害羞的人一樣，從不屬於任何一個群體的事實讓他有某種自虐性的得意。儘管非常關注自己，薩松也有作家那種對他人、對他們裝腔作勢的著迷。儘管在他人眼中，他是英國矜持紳士的象徵，他也謹慎剖析了這個身分的矛盾，分析這個身分如何讓一個有幾分在作戲的離奇人格——比如弗班克那種人——既害羞又自負。

在薩松的社交圈中，許多人承受著這種英式矜持的折磨。跟薩松一樣，他們仍然好像很享受閃閃發亮的社交生活，加入了上流社會與藝術家交會的中上階層世界。藝術家惠斯特勒（Rex Whistler）能設法得到時髦的倫敦女主人的援助，令許多男女愛上他，儘管他幾乎不說話，不回信，也從不回電，許多工作得來的支票不是丟了，就是忘了兌現。也是薩松朋友的作曲家兼藝術家柏納斯（Lord Berners），性情十分拘謹，總是不停眨眼，笑的時候像是噴嚏打不出來，就要窒息了。關於他害羞的故事——八成是虛構的——越來越多：他駕勞斯萊斯出門時，會戴著面具；他假裝有猩紅熱，獨霸一整節火車車廂。另一方面，薩松的朋友勞倫斯則有辦法誇張地孤僻，同時又是奧林匹克級的人際關係好手，柏納斯說他永遠是「倒退走回到聚光燈下」。[59]

薩松彷彿把透過觀察他人學習成為一個英國人變成了畢生事業。「我真希望能夠明白，為什麼我好喜歡採用伊諾克．雅頓那種有點邪惡的社交心態，」他一九二五年在日記中坦承。在丁尼生（Alfred Tennyson）的詩中，伊諾克．雅頓在海上漂泊十年，大家假定他已經死了，而他返鄉之後，始終沒讓妻子知道他還活著，因為他深愛著妻子，不忍破壞她與另一個男子的幸福，他最終是心碎而死。薩松一輩子都把他的「伊諾克．雅頓情結」掛在嘴上，想要往後站開，像鬼魂一樣無人看見，偷偷觀察他人。[60]

*

58 「把理想的英國人……國際展覽會」：Jean Moorcroft Wilson, *Siegfried Sassoon: The Journey from the Trenches, A Biography (1918–1967)* (London: Duckworth, 2003), p. 188.

59 「倒退走回到聚光燈下」：Mark Amory, *Lord Berners: The Last Eccentric* (London: Sinclair-Stevenson, 1998), p. 63.

60 「我真希望能夠明白……伊諾克．雅頓情結」：Moorcroft Wilson, *Siegfried Sassoon*, p. 115.

一九二七年，薩松短暫放棄了邊上旁觀的習慣，做出一件魯莽的事：與俊美的年輕貴族田納特（StephenTennant）開始一段風流韻事。田納特的母親格林康納夫人（Pamela Glenconner）不受世俗陳規束縛，一心想遠離家族靠製造漂白粉賺來的財富，並且認定兒子會在藝術上大放異彩，在自己的作品《童言》（*The Sayings of the Children*）中收錄了兒子十一歲時的言論。田納特十三歲時，在南肯辛頓的藝廊舉辦個展，展出淡彩水彩畫作品，得到巧妙安排的藝術評論家的好評。在二十出頭時，他幫《每日郵報》撰寫傲慢的時尚摘記：「不要喜孜孜的一臉傻樣，不要讓笑容停在臉上，不要像狗伸出舌頭那樣興奮喘氣——這不是姿態問題，是自信問題。」[61]他頭髮捲曲，噴撒了金粉，他擦紫紅色唇膏，戴金耳環。在威爾特郡威爾福德莊園的家中，他與玩世不恭的年輕貴族舉辦睡衣派對，在草地上搬演假面劇，扮成修女和牧羊人。很難想像他竟然是跟薩松很不一樣的人。

不過他們之間並非天壤之別。田納特是斯萊德藝術學院的學生，但因為無法面對同學，而翹了人生這門課，與惠斯特勒發展出一段戀情。在《夢斷白莊》（*Brideshead Revisited*）中，小說家沃（Evelyn Waugh）以田納特和惠斯特勒為原型，分別寫出了害羞的萊德和耀眼的佛萊特兩個角色。佛萊特魅力十足，但逃離了家庭，最終隱居起來，在突尼西亞的修道院以酒澆愁，慢慢死去。

田納特具有同樣的本領，能把怪異的舉止和深沉的拘謹結合。在《邪惡之軀》（*Vile Bodies*）中，沃揭穿了放蕩年輕貴族兩極化的祕密暗語，每件事不是「棒極了」，就是社交屈辱：「太、太丟臉了」，「真是不好意思」或「叫人好害羞」。田納特就按照著這種極端標準過生活，他說過，他生命中最偉大的一刻，是在聖莫里茲時有一整車廂的遊客為他俊美的長相而鼓掌。不過，他因為不敢在朋友抵達前走進常春藤餐廳，所以先會躲在餐廳的廁所中。他熱愛威爾福德莊園，因為莊園藏在威爾特郡丘陵地帶得多霧山谷中，四周栽植著長青紫杉和橡樹，讓他得以與世隔絕。到了一九二九年，田納特臥病在床，薩松簡直成了住在僱主家裡的看護。田納特先是得了肺結核，接著又染了一種不明疾病，醫師診斷為神經衰弱症，這正是二十世紀初期憂鬱症的籠統名稱。

一九三三年，田納特直接拒絕跟薩松見面，結束了兩人的關係。薩松之後就與蓋蒂（Hester Gatty）結婚，在約五十公里外的海茲貝里公館——一幢離沃明斯特不遠的喬治王朝時代宅第——找到了自己的隱居之地。這段婚姻不久就開始動搖，但薩松愛上了此地環境的僻靜和四周森林的隱蔽。一九四〇年代末，尚且年幼的蒙特（Ferdinand Mount）和他的父親受邀登門喝茶，認識了這位「海茲貝里隱士」。父子倆在屋後徘徊，就是找不到門，最後才終於找到進入客廳的路。客廳沒有點燈，像是沒有人一樣，蒙特回憶說：「等我們眼睛看清楚了，才發現慢慢逝去的光線勾勒出那赫赫有名、瘦削如鷹的輪廓。」薩松「把一盤乾巴巴

61 「不要喜孜孜……自信問題。」：Stephen Tennant, 'Be smart, and grace will follow of its own accord', *Daily Mail*, 15 June 1928.

的小黃瓜三明治朝我們推過來，開始用害羞的口吻低聲說話」。[62]

每一個拜訪薩松的故事都如出一轍，他邀請幾乎每個他遇見的人喝茶，卻又會抱怨沒有人來探訪他。客人如果打電話來確認，他就流露出焦急的語氣，懊惱提出邀請，卻又請對方務必前來。到了約定時間，客人發現門房沒有人，敲了敲主屋的大門，也無人回應。他們要繞到屋後才找得到路進去，然後最後在一個房間裡找到了薩松。根據他的修女友人柯立根夫人（Felicitas Corrigan）的說法，在這一類會面的一開始，害羞個性讓薩松只顧著關心自己，「憔悴的面孔宛如葛雷柯（El Greco）畫裡的聖徒，壓抑著氫彈般的能量」。[63]他不問候，也不看著客人，只是望著自己的大腿或朝著客人的頭頂上方，開始談起詩歌、僕人問題、板球或自己，好像他正在對空氣演講，客人恰好撞見了一樣。他的句子扭曲不全，而且伴隨著神經痙攣和臉部抽搐。

再訪的人倒是找到了訣竅：大約一小時之後再去吸引他的注意，接著迅速插話，雙方才有可能出現某種對話。他的朋友霍德森（Haro Hodson）用馴馬和裝馬勒來比喻這種間接做法。形容詞「害羞的」（shy）在十三世紀首度出現在英語，描述容易因為怪聲和快速移動的物體而膽怯、失控或受驚的馬，直到十七世紀初期，這個字才從形容馬轉為形容人，莎士比亞在《一報還一報》（*Measure for Measure*）中用了兩次：「有個害羞的傢伙便是那公爵……像安吉洛一樣害羞、嚴肅、正直、為所欲為。」至少在十九世紀末期，害羞與馬的易驚和難馭之間仍舊存在著關聯，《牛津英語辭典》引用了以下一八九一年的原創例句：「風可以說是害羞的，當它幾乎不許一艘船在它的方向上航行時。」

直到今日，馴馬夫之間還有「頭部害羞」這種說法，「頭部害羞」讓刷馬毛或套馬勒成了一場意志戰爭，一拿起轡繩，害羞的馬就知道你準備要做什麼，不是一圈又一圈地甩頭，就是把頭伸得高高的，離你遠遠的——其實還頗像薩松搖頭晃腦的模樣，彷彿他不希望別人的目光在他臉上任何部位停留太久。精明的馴馬夫會拿著馬勒站在馬的後方，趁著馬低下頭時抓住馬的鼻子，如此一來，馬會因為惱怒或受驚而張開下頷。

到了最後，像一匹戴慣了馬勒的母馬，薩松會平靜下來，減緩晃動，句子開始變得連貫，甚至連口齒也變得令人驚訝地清楚，好像他正在背誦那些默記在心、轉折完美的句子。他渾然不覺房間越來越昏暗，電話響個不停，也忘了半個小時前他加熱的那壺水。唐賽德學校本篤會修士教師范．澤勒（Dom Hubert Van Zeller）有次帶了幾個男孩拜訪薩松，薩松沉迷於自己的長篇獨白，倒茶時，茶已經從杯子滿出來了，還一直倒一直倒。又有一次，他給其中一個男孩簽書，上頭寫著「給西格夫里……西格夫里贈西格夫里」。[64]說也奇怪，他的

62—「等我們眼睛看清楚了……低聲說話」：Ferdinand mount, *Cold Cream: My Early Life and Other Mistakes* (London: Bloomsbury, 2008), pp. 139–40.

63—「憔悴的面孔……氫彈般的能量」：D. Felicitas Corrigan, *Siegfried Sassoon: Poet's Pilgrimage* (London: Victor Gollancz, 1973), p. 192.

64—「給西格夫里……西格夫里贈西格夫里」：Corrigan, *Siegfried Sassoon*, p. 199.

日記顯示，即使處於這種自說自話的激流當中，他還是會注意聆聽每一個他不理睬的問題，用眼角餘光捕捉訪客的一舉一動。

到了晚年，他的社交生活主要是代表海茲貝里村打板球，與他並肩作戰的是莊園工作人員和當地農場工人。靠著打擊順序，他糟糕的打擊技巧被掩飾得很好，但他堅持防守投手附近側面易受攻擊的位置，讓來球重重打中他的脛骨，然後才慢慢地撿起球來。場地是他的，他提供板球俱樂部免費使用，因此沒有人能阻止他離開板球場，斜靠在圍欄上。他若覺得無聊，甚至比賽比到一半就走掉了。

板球強調禮貌，著重不能或無需言明的規矩，可能是特地為矜持英國人所設計的運動。板球比賽的氣氛通常平和安靜，進展緩慢，享受的不是得分或嘗試得分的激動雀躍時刻，而是這項運動的**冗長**，以及在陣陣禮貌掌聲中謹慎奪得優勢時，雙方力量平衡上的微妙改變。在板球場上，與其他外野手隔著滿意的距離，薩松恰好獲得了適度的孤獨。賽後在天使酒館舉辦的茶會中，他可以招架不用費力的對話交流，說說索美塞特郡板球員的擊球得分率，聊聊村子昔日比賽的感傷回憶。如果有人想跟他聊更深入的話題，就會立刻被他打斷。

*

薩松在海茲貝里的頭幾年，田納特零星順道拜訪過他幾次，後來久久不再來探望。他現在陷入與弗班克一樣的害羞個性，起初只是做做姿態，後來卻變成真實的痛苦。他臥病在床，倚靠在枕上，在香水瓶和粉盒的圍繞下，寫出一封封附帶精緻插圖的信，收件人之一史彭德（Stephen Spender）認為他的信「保留了英語精髓——是私人消費物品，是奢華地下刊物」。[65] 一九六一年六月，伊舍伍（Christopher Isherwood）拜訪田納特後，描述地上和所有家具上都是書籍、衣服和珠寶，「有點像是為靜物畫安排的，也有點像是酒醉後從行李拿出的東西」。[66] 田納特不再照鏡子，但會摸摸自己曾經受到崇拜的顴骨，確認它們還在。威爾福德莊園的花園如今一片荒蕪，雜草蔓生，船塢和蕁麻如同路障，隔開了房子和附近的雅芳河。樹木已經枯死，給屋主命令永遠不准修剪的常春藤勒死了。

一九七〇年底，小說家奈波爾（V. S. Naipaul）和妻子佩特租下莊園地產上的小平房「起絨草小屋」。奈波爾的贊助人是克里斯多福．田納特（Christopher Tennant），也就是田納特的哥哥格林克納男爵。男爵曾經替弟弟整修那棟小屋，因為他認為一個沒有收入的單身漢住在威爾福德莊園太浪費了。田納特根本不肯走進那棟小屋，但喜歡有一個作家當鄰居，讓僕人約翰和瑪莉．史顧爾（Mary Skull）送奇怪的畫或詩過去。奈波爾在那裡住了十五年，從

65　「保留了英語精髓……奢華地下刊物」：Philip Hoare, 'Where did the joke end?', *Spectator*, 22 November 2008, 54.

66　「有點像是為靜物畫安排的……醉後從行李拿出的東西」：Christopher Isherwood, *The Sixties: Diaries Volume 2: 1960–1969* (London: Chatto and Windus, 2010), p. 77.

來沒有見過田納特，對他卻有種「無比的同情」，承認其中一個原因是他依舊保有幻想，而且他不必去迎合他那難以伺候的古怪性情。[67]

在奈波爾略帶虛構成分的小說《抵達之謎》（*The Enigma of Arrival*），田納特成為一個在無聲中荒蕪的國家的象徵。故事中不知其名的敘事者與奈波爾一樣來自千里達，就讀牛津大學，然後成了作家，在象徵性的英國環境中定居下來，（同樣無名無姓的）房東住在附近半毀的莊園。在一九四九或五〇年，房東徹底與世隔絕，得了敘事者認為是「類似中世紀修道士會得的那種懶散或疾病」的痼疾。[68]奈波爾的妻子佩特在故事中被抹去，留下房東與敘事者在孤寂中糾纏，兩者都急切希望像對方一樣隱身。房東的財富來自千里達的大農場，敘事者照樣對他抱持著好感，感覺自己透過大英帝國與他有了連結。因為敘事者也很害羞，把害羞的個性歸因於「我殖民地神經的生澀」，[69]隨著青春結束，對於社交笨拙、性壓抑和能力不足的常見焦慮都淡化了，這種生澀卻仍舊留了下來。

《抵達之謎》中的對話很少，敘事充滿自我對話，節奏慢得令人昏昏欲睡。在這片憂鬱空蕩的風景中，敘事者測量出四季與農耕節奏，如同黑暗可以瞬間籠罩這片土地，「大事幾乎是悄悄地發生」。敘事者與房東不曾真正打過照面，問題因此更加混淆，他開始把房東的害羞看成這一個環境背景的象徵，他緩慢的衰敗反映出舊式鄉居生活在農耕機械化與都會生活的新時代消亡了。敘事者只瞥見過房東兩次。一次是房東在花園曬太陽，他的大腿一閃而過。後來有一次，在一輛駛過的車子的乘客座上，他看到一顆毛髮稀疏但精心梳理的禿頭，一個善意的神情，一隻緩緩揮動的手。揮手時，房東的指尖在儀表板上方畫出一道弧線，敘事者看到「伴隨著極大虛榮心的害羞……與其說是不希望被人看見，不如說是希望別人一見到他就立刻鼓掌」。[70]

*

一九六〇年代，BBC廣播電臺有個喜劇節目叫《不僅如此》，我記得看過一個諷刺短劇，庫克（Peter Cook）戴著假髮、貝雷帽和太陽眼鏡，假扮瑞典女演員葛麗泰・嘉寶，坐著敞篷車在倫敦街上飛馳，拿著大聲公大喊：「我想自己靜一靜！」這一景令我想起田納特，即是在他蟄伏期間，他也會難得外出到附近的威爾頓或索爾茲伯里，而且是穿著一身惹人立刻注意的行頭：緊繃的粉紅色短褲配上駝色外套。由於世俗不能配合他的尊榮感，他於是逃離了世俗，自然不禁把害臊轉換成惹眼的表演。

67 ─「無比的同情」：Nicholas Shakespeare, 'Standing back from life', *The Times*, 11 March 1987.
68 ─「類似中世紀……疾病」：V. S. Naipaul, *The Enigma of Arrival* (London: Penguin, 1987), p. 53.
69 ─「我殖民地神經的生澀」：Naipaul, *Enigma of Arrival*, p. 95.
70 ─「伴隨著極大虛榮心……立刻鼓掌」：Naipaul, *Enigma of Arrival*, pp. 70, 191.

就算害羞可能是在表達一種具消極侵略意味的任性，它仍然是真誠坦率的。田納特似乎陷入一種普遍的自我欺騙：他無法停止滋養、加深他的憂傷，因為他認為造就他的正是憂傷。如果他的害羞是一幕戲，那是一幕他相信且投入巨大情感代價並維持了多年的戲。從臺詞到語調，都是無可挑剔的「方法演技」[71]，不管是史坦尼斯拉夫斯基（Konstantin Sergeievich Stanislavski）或史特拉斯堡（Lee Strasberg），都一定都會感到光彩。正如所有英式矜持的藝術大師，他必定覺得受困於自己的害羞，但他擺脫不了，面具已經黏在臉上。

田納特在一九八七年二月過世，就在《抵達之謎》出版的前幾週。他的屋子賣給一個美國商人，屋內所有物品在草坪上的大帳篷中拍賣。蘇富比拍賣的傳單上將他的家形容成「一個英國怪人的夢想家園」，從斑馬皮厚坐墊，到拍賣行主管金（Christopher King）拉扯數小時從樹叢中搶救出來的花園雕像，每一件東西都在拍賣小木槌的錘擊聲中賣出了。在田納特最後幾年擔任他管家兼看護的布蘭德福（Sylvia Blandford）表示寬慰，幸虧他沒有活著目睹這一切，因為「他非常注重隱私，不喜歡任何人碰他的東西」。[72]

並非人人都相信田納特十分保護他的隱私。奈波爾的作家朋友索魯（Paul Theroux）透露，他對這位「閒散、愚蠢的女王」很惱火，他過著沒用的生活，卻讓每個人相信他是「怪人」（eccentric）——英國人向來把這個詞送給「富裕的瘋子」。[73]索魯是美國人，長年住在倫敦，對英式矜持有自己一套有趣的闡釋，認為它混合了「害羞和猜疑……謹慎的好奇與少量的體貼」，[74]在田納特這種嚴重的案例中，可能會成為一系列反覆排練、自我表演的陳腔濫調。索魯認為，田納特的陰晴不定與害羞個性屬於一個正在消失的年代，在那個年代裡，在忠實隨從的縱容之下，這些備受寵溺的中上階層成員都得了精神官能症。

本身也受到英式矜持困擾的我，對於這件事傾向以比較寬厚的心態對待。極度害羞表面上很像在尋求關注，所以總是容易引起不會害羞者的懷疑。對一個不友善的觀察者來說，害羞看上去像是由內而外的自戀，過了頭的表演，以及偽裝成謙遜的自我關注。由於害羞很少會為自己辯解，它反而成了一面「白板」，其他人可以在上頭寫下自己的解讀。心理治療師作家菲利浦斯（Adam Phillips）認為，害羞在「比較能言善道的懷疑者，也就是傾向用心理學思考的人之中」名聲不好，因為「害羞追求與控制關注的方式，總是比它私下對抗的任何東西來得鮮明」。[75]我們能快樂地與我們矛盾人格特質共處，卻覺得難以接受別人的矛盾，即使我們現在應當明白了一致性是罕見的人類特質。

---

71 — 譯註：由史坦尼斯拉夫斯基所開創，一種演員完全融入角色的表演方式。

72 — 「一個英國怪人……碰他的東西」：Sarah Checkland, 'Final glorious days of eccentric's dream house', *The Times*, 8 October 1987.

73 — 「閒散、愚蠢的女王……瘋子」：Paul Theroux, *Sir Vidia's Shadow: A Friendship across Five Continents* (London: Penguin, 1999), pp. 166, 165.

74 — 「害羞和猜疑……少量的體貼」：Paul Theroux, *The Kingdom by the Sea* (London: Penguin, 1984), p. 126.

75 — 「比較能言善道……來得鮮明」：Adam Phillips, '*Mr Phillips*', in *Equals* (new York: Basic Books, 2002), p. 205.

這是一個自白越來越多的時代，狂熱崇拜著真誠和真實，在這樣的年代，我們確實感到一般人更加懷疑那些退縮的人，彷彿羞怯在某方面一定是欺詐，或是因為不可告人的動機而受到貶低。有個同事告訴我，他送給一位朋友杜穆里埃（Daphne du Maurier）的小說《蝴蝶夢》（*Rebecca*），朋友讀了以後告訴他，無名敘事者的害羞讓他覺得生氣，受到冒犯，朋友把敘事者的害羞斥為「穿低跟鞋的傲慢」。同事反思說，害羞如今往往引發這樣的不耐，因為它「在一個和盤托出的年代失去了道德高尚的光芒」。

當然，害羞確實可能與自戀共存，畢竟它建立於感覺與眾不同的基礎上，即使遭受自我懷疑的重重包圍，也能達到一種自我價值的膨脹感——一種穿低跟鞋的傲慢。但意識到這個危險，也從未能夠幫助我避開害羞，我也不認為光把別人的害羞斥為虛假或其實是另一部分的性格，就會使我們對他們有充分的認識。我們很少能夠直接將某人的社會表現與其真實感受分開，尤其當考慮到人類具有無限的自欺能力。

每一個自我都包含了眾多的層面，我們都是公開版本的我與私下版本的我的混合體。公開的自我，就其本身來說，也是真實的，或許甚至比私下的自我更加真實，因為我們付出巨大的努力讓它順利實現。如果我們都必須對每個人敞開心扉，這會成為一個真誠到令人窒息地步的世界。基因庫絕對應該要留下空間，給笨拙或頑固的行為，給以不同方式嘗試做自己的行為，或是給招致虛偽或做作指控的行為——就算是在沙漠中對路人視而不見，在地底下打造舞廳，或是在香水瓶旁臥病三十年。英式矜持有它矯揉造作的一面，對於討厭它的人來說，那絕對像是裝出來的。但是，誰又真正知道表演是從哪裡開始？又從哪裡結束呢？真誠由衷的害羞，這種實在奇怪的心理狀態，有太多太多的偽裝了。

03

太尷尬了

How Embarrassing

第二次世界大戰初期，有個稱作「教授」的男人，大步走在布萊切利園的走廊，流露出深深的不安。與認識的人擦肩而過時，他甚至無法鼓起勇氣看他們一眼，目光始終停留在最近的牆上，他的指頭輕輕撫摸著牆，彷彿想要牢牢抓住什麼。布萊切利園新成立的英國政府電碼與密碼學校，是個工業化的作戰指揮部，猶如忙碌的小鎮，數不清的祕書與破譯員在組合小屋和主建築的電傳打字機之間快步穿梭。「教授」生平頭一次面對這麼多的女性，在附近四號小屋工作的諾頓（Sarah Norton）記得，「我有一次端了杯茶給他，他竟然怕得往後一縮。」她說，他在走廊遇到這些年輕女子的應對之道是：「以一種古怪的側步，搖搖晃晃走向福利社，眼睛直盯著地面。」[1]

社交尷尬是英國中產階層特有的天分，計算機科學家圖靈（Alan Turing）飽受這天分的折磨，而你從照片是看不出這一點的。在照片上，他像電影偶像一樣，頭轉向四十五度角，露出孩子氣的臉龐，頭髮整齊抹著髮膠。但如果遇到他本人，圖靈看上去永遠是一副難為情的模樣。他的衣服沾滿墨漬，指甲咬得禿禿的，領帶打得很糟糕，外套扣子扣錯了扣眼，除了必須撥開以免擋住視線的過長劉海，頭髮七橫八豎。他似乎覺得身體只是累贅，但為了服務他那龐大的大腦，只好使勁繼續拖著，因為儘管這具身體笨拙，叫人難堪，他那聰慧的大腦像他尚未騰出時間發明的機器——電腦——同樣可靠。

根據他母親莎拉的說法，圖靈是個活潑的男孩，在十歲時卻突然孤僻起來，變得不愛說話。她認為轉變的原因是母子痛苦的分離：開學時，他在預備學校下車後，會沿著車道追趕父母駛遠的車子。[2]「他表現得很獨立，喜歡一個人，」圖靈在謝爾本的舍監寫道，「不是因為陰鬱，但我覺得就是害羞的性情。」謝爾本學校想必加劇了他的性格，因為圖靈就學的第一年必須參加一項迎新儀式，他被迫鑽進廢紙簍中，其他男孩在公共休息室把他踢來踢去，這夥人也喜歡把他關在地板底下。謝爾本就像許多英國公立學校，瀰漫著「健碩基督教徒」的維多利亞時代理念，相信擅長交際勝過做一個書呆子，尤其不要做缺乏文化修養的理工科書呆子。在一份成績單中，圖靈的校長指責他缺乏「團隊精神」，還提醒他，「如果他只是要做**科學專家**，讀公立學校是浪費時間」。[3]

在年輕時代，圖靈就能用科學思維剖析自己的笨拙，這個能力讓他成了他適應不良的社交生活的符號學專家，可說是在破解人類的行為。一九三〇年代中期，他在普林斯頓大學就讀期間，就曾經嘗試破解美國人的禮儀。美國人聆聽別人說話時，習慣用「啊哈」回應，因為他們認為沉默可能顯得不禮貌，而這一點讓圖靈很緊張。店主商家令人吃驚的不拘小節，也讓他覺得膽怯，比如洗衣店貨車司機跟他說話時，居然把胳膊搭到他的肩上。「只要你謝

---

1 「我有一次……直盯著地面。」：*I once offered ... to the ground*: B. Jack Copeland, *Turing: Pioneer of the Information Age* (Oxford: Oxford University Press, 2012), p. 64.

2 根據他母親莎拉……：Sara Turing, *Alan M. Turing* (Cambridge: Cambridge University Press, 2012), p. 16.

3 「他表現得很獨立……浪費時間」：Andrew Hodges, *Alan Turing: The Enigma* (London: Vintage, 1992), pp. 23–4, 26.

謝他們，他們就會說『不客氣』（You're welcome），」他寫信告訴母親，「一開始我還很喜歡這句話，以為我很受歡迎（welcome），但現在我明白了，這句話就像是球打到牆壁後彈回來，我感到很不安。」[4]

*

在普林斯頓期間，圖靈發表了經典論文〈論可計算數〉（'On Computable Numbers'），首次嘗試描述電腦的外觀。僅僅十來年後，在一九四八年六月，他在曼徹斯特大學領導的小組讓這樣的機器順利運行。圖靈開始熱心提倡人工智慧，相信這種「機器大腦」有朝一日能與人腦平等競爭。他甚至認為，電腦也寫得出媲美莎士比亞的十四行詩，只是他承認這樣比較有些不公平，因為機器所寫的十四行詩比較容易贏得另一架機器的賞識。[5]

一九五二年，他利用造句算法和《羅傑特詞典》中的同義字，與同事斯特雷奇（Christopher Strachey）合力編出一組寫情書的電腦程式。有一封是這樣寫的：「親愛的甜心，你是我熱烈的共鳴，我的感情奇妙地依戀著你的熱情心願。我的喜愛渴望你的心，你是我留戀的同情：我溫柔的喜愛。你美麗的……」[6]這個異想天開的創作有著心酸的暗流——圖靈自己是絕對寫不出這樣一封情書，不僅因為他害羞，還因為他是同性戀。當時同性戀並不合法，一封情書可能會讓他受到牽連。

電腦密碼仰賴著一種以格式而非意義交換的邏輯，運用這種一板一眼的邏輯，就算我們不懂一組精確的前提是何意思，也不會從它們推斷出錯誤的結論。比方說，我們可以靠它來做代數計算，或是遵循西洋棋不變的規則。就這類的思維方式來說，圖靈證明了機器，就算是一九四〇年代粗糙簡單的機器，也能勝過脆弱的人類大腦。但人類不是機器人，不是靠代數來解決問題，我們繼承了人類演化過程的特殊衍生物，也就是自我意識，所以能夠想像他人對自己的可能想法，憑空幻想甚至不會發生的尷尬情境。電腦是不會感到尷尬的，它非常聰明，但也非常理智，不會在乎一個人，甚至也不關心另一臺電腦對自己的想法。電腦是不會害羞的。

如果有人能夠證明人腦是混亂的，是無法計算的，那一定是圖靈。一九五〇年一個秋天清晨，他同事紐曼（Max Newman）的年幼兒子發現，圖靈穿著慢跑服站在他家門口。圖靈解釋說，他出門跑步，跑到一半，決定邀請紐曼一家吃晚餐。他不想打擾他們，所以想把邀請草草寫在附帶著小樹枝的杜鵑葉片上。[7] 絕對沒有電腦能夠複製出這麼蠢又這麼妙的跳躍

4—「只要你謝謝他們……很不安」：David Leavitt, *The Man Who Knew Too Much: Alan Turing and the Invention of the Computer* (London: Phoenix, 2007), p. 119.

5—比較容易贏得另一架機器的賞識：'The mechanical brain', *The Times*, 11 June 1949.

6—「親愛的甜心……你美麗的……」：Hodges, *Alan Turing*, p. 478.

性直覺。

人和電腦不同，人既聰明又無知，容易出現非理性的思考模式，反而造成自己想避開的情況。圖靈努力逃避關注，反而成功引起關注，令自己更加難堪。他在走廊上彆彆扭扭，避免和人眼神接觸，反而令他更引人注目。他在慢跑中尋求孤獨，卻穿著一條老舊的法蘭絨長褲，腰間繫著繩子，偶爾掛著鬧鐘——這身打扮再顯眼不過了。他搭火車也帶著這個鐘代替手錶，鬧鐘一響，車廂裡的每個人都嚇了一跳，連他自己也不例外。

數學提供了可能的脫險路線。在一九四〇年寫成的《一個數學家的辯白》（*A Mathematician's Apology*）中，劍橋大學數學教授哈代（G. H. Hardy）讚美了數字既孤高又美麗的無用，並且表達了他的心願：但願他的學門永遠「和善純潔」，不要捲入戰爭。[8] 圖靈在劍橋大學聽過哈代講課，在普林斯頓時對他也略有認識，但兩人共有的矜持讓他們一輩子成不了朋友。哈代的害羞同樣也是在不愉快的公立學校生活中養成的——他上的是溫徹斯特中學。在路上與熟人擦肩而過時，他和圖靈一樣不會打招呼，而且討厭拍照。他的房間沒有鏡子，連刮鬍子用的小鏡子也沒有，入住旅館房間，他第一件事就是用毛巾把鏡子遮起來，儘管他的科學家朋友斯諾（C. P. Snow）指出，「他一輩子都很不尋常地好看」。[9]

哈代認為，數學是一個給人安慰的平行世界，充滿抽象關係，是逃離令人困擾、摧毀他與他人的關係之社會習俗的避風港——這個觀點絕對會吸引圖靈。但是，圖靈對真實世界和他人的興趣終究過於濃厚，無法成為哈代的真正門徒。與很多人的害羞一樣，圖靈的害羞是飄忽不定的，他可以又緊張又有自信，又害羞又和藹可親，又嚴肅又風趣詼諧，或者又難堪又不覺得困窘，一切視情境而定。

圖靈的工作反映出這種矛盾性格，它十分抽象，講究理論，卻也向外面對世界。他的興趣在於結合純粹的數學邏輯與解決問題的實務，結果替破解密碼鋪了一條完美的道路。因此——哈代也許覺得懊喪——數學最後畢竟對於戰事有了決定性的影響。在布萊切利園，由數學家、西洋棋冠軍和填字遊戲迷組成的雜牌軍，從旁包抄了納粹的戰爭機器，而低頭看著鞋子大步走過長廊的圖靈，則當上了勉強掛名的統帥。

*

圖靈相信，電腦的機械大腦與人腦沒有太大不同，它靠著滴答滴答的運算，以及像販賣機一樣分配智能，與世界理性地互動。但是，就在他預言電腦有朝一日能像我們一樣思考之

7｜「一九五〇年一個秋天清晨……」：William Newman, 'Viewpoint: Alan Turing Remembered', *Communications of the ACM* 55, 12 (December 2012), 40.

8｜「和善純潔」：G. H. Hardy, *A Mathematician's Apology* (Cambridge: Cambridge University Press, 1967), p. 121.

9｜「他一輩子……好看」：C. P. Snow, 'Foreword', in Hardy, *A Mathematician's Apology*, p. 16.

際，另一個充滿創意想法的人，以截然不同的方法，開始探測人類自我意識無法仿效的奇特性。一九四九年耶誕節前的幾天，年輕的博士生高夫曼（Erving Goffman）乘船抵達屬於昔德蘭群島的安斯特島。他在島上待了一年半的時間，自稱是美國人，正在研究佃農經濟。其實，他是加拿大人，研究的是人。

安斯特島是英國地理位置最北而且有人居住的島嶼，高夫曼在主村莊巴塔桑德安頓下來，一開始住在旅館，後來向當地佃農買下一間小農舍。島上人口大約有一千人，是封閉的社會，與外來者保持距離。來訪的海員最多得到簡單的點頭，或一句和天氣有關的話，遊客則會發現手勢和方言構成的私人密碼經常打斷談話。

但這種冷漠不是只用來對待遊客，島民彼此之間也很害羞，低調到極少在交談中用到「我」這個字。他們得到稱讚時，女人會狼狽地低下頭，或慌張地向對方揮舞手臂，打斷令她難為情的元凶。島上如果有年輕人搭船前往英國本土、參加商船隊或捕鯨隊時，沒有人會流淚，在喪禮中也沒有人哭泣。只有「高地與島嶼電影公會」播放電影時，島上女人才會在黑漆漆的民眾中心流下淚珠。島上最害羞的是孩子，小學有訪客來時，學生會用手遮住臉，從指縫間打量陌生人，以為自己看不見別人，別人也就看不見自己。李文斯通（W. P. Livingstone）在一九四七年出版的指南書《昔德蘭群島與昔德蘭人》（*Shetland and the Shetlanders*）中說：「昔德蘭人多少知道大人會被孩子打敗，他們行為規矩，十二萬分地害臊，如果能讓他們開口說出一句話，就算得上是成就一樁。」[10]

昔德蘭人的害羞有時會被歸因於他們的北歐老祖先。在一四七二年以前，群島由挪威統治，安斯特島距離挪威卑爾根的距離，比蘇格蘭亞伯丁還要近。北歐人害羞是出了名的，也許是因為喀爾文派新教傳統迴避厚顏與炫耀的行為，而且天寒地凍，在室外必須少講話，加上族裔的同質性高，相同的經驗和情感只需要暗示就行，不用大聲說出來。以酗酒克服害羞的易卜生這樣描述挪威家鄉希恩的人：「害怕公開屈服於情緒或無法自持，他們飽受靈魂羞怯的折磨。」[11]據說，昔德蘭的性情保留了與維京人相似的沉默寡言，這種性格是在遙遠北國冷冽黑暗的冬日和無人荒野中培養出來的。

高夫曼偶然發現，他們的害羞有一個更明確的原因，那就是佃農與地主間的歷史關係。在一八九五年佃農相關法案實施以前，地主不用事先通知，就可以飆漲租金，佃農害怕自己顯示財力可能會導致田租上揚，因此不讓人瞧出自己有多少身家，一般來說，連想法感受也不願透露。他們在拍賣會上的行為就顯示出這樣的傾向。由於家具從英國本土送來的運費很高，二手家具在安斯特島上很值錢，拍賣會成了一項重大的活動。但是，出價有風險，會讓

---

10 「昔德蘭人……成就一樁。」：W. P. Livingstone, *Shetland and the Shetlanders* (London: Thomas Nelson & Sons, 1947), pp. 79–80.

11 「害怕公開屈服……羞怯的折磨」：Sue Prideaux, *Edvard Munch: Behind the Scream* (New Haven, CT: Yale University Press, 2005), p. 2.

鄰居知道他們多麼有錢，也可能發現自己跟朋友都想買下同一件物品。因此，他們使用只有賣家可以看得到的低調信號，比如一隻手從口袋伸出來半舉著，或以曖昧的眼神吸引賣家的注意。也就是說，賣家常常會犯錯，把東西賣給不知道自己出了價的人。

高夫曼很想知道，他所觀察到的自我意識，能否也歸結於一個矛盾的理由：安斯特島缺乏隱私。小島只有二十公里長、八公里寬，大多地區是低窪的泥沼，植被稀疏，沒有樹木，佃農很容易就能看到別人家裡作物和家畜的狀況，以及他們養殖耕作所犯的錯誤。由於不喜歡別人不請自來，他們大約每十五分鐘聽見農場牧羊犬汪汪叫，就會從廚房窗戶往外瞧，看看是不是有人走過來。每位島民也都配有一件工具——袖珍望遠鏡。

不過，有一種情況還是需要交際的。安斯特島的道路從來都不擁擠，民眾過馬路時，假裝沒有看見對方也沒人會信，解決之道是互相寒暄幾句：「欸，欸。」「欸，欸。」「天氣不錯。」「天氣不錯。」「好嗎？」「不錯。」[12]在安斯特島的路上，只有兩種人有藉口不必這樣互相打招呼，一是十四歲以下的孩童，一是坐在安斯特島僅有的十四輛汽車裡的人。開車經過某人身旁，只要面帶笑容從方向盤上舉起一隻手就可以了，高夫曼注意到，這也是安斯特島男人唯一會微笑打招呼的時候。在民眾活動中心的社交活動上，如果發現一旁坐著人，他們也是做出類似的交流，「好多人。」「是啊，人真多。」「好。」「行，行。」「噯，噯。」「噯，噯。」聽見不認同的意見，他們倚靠高夫曼所說的「止話附和」，也就是各種禮貌結束談話的方法：「你說得有些道理。」「我是不知道。」「這件事談過了。」[13]

安斯特島有幾個五官畸形或唇顎裂的人，島民覺得跟他們說話很難不因他們的長相而分心，而這些人盡量不露面，大家覺得他們很「害羞」。但高夫曼認為他們是為了大眾而犧牲自己，迴避可能引發尷尬、攪亂平靜社交時刻的場合。島民也準備好種種花招來避開害羞，猜重量比賽、惠斯特紙牌和搶椅遊戲是打破僵局之道，小羊小馬出生和島上僅有的兩艘漁船的漁獲量，都是萬無一失的閒聊話題。害羞最可靠的解藥是啤酒，島上幾乎家家戶戶都會自釀啤酒。

*

高夫曼把他的田野調查寫成了論文，題目為〈一個海島社區的溝通行為〉（'Communication Conduct in an Island Community'），以此取得了芝加哥大學博士學位，餘生也多在研究尷尬，而這篇論文就成了研究的基礎。他認為，尷尬出自「未得到滿足的期待」，任何社交接觸的組成分子，都聲稱自己是個可以接受的公共自我（有適度的禮貌，條理清楚，外表像樣，明

---

12 ─「欸，欸……不錯。」：Erving Goffman, 'Communication Conduct in an Island Community', PhD, University of Chicago, December 1953, p. 183. See also pp. 186, 181.

13 ─「你說得有些道理……談過了」：Goffman, 'Communication Conduct', pp. 188, 194–5. See also pp. 187, 263–4.

白社會規範），而且要得到他人對此聲明的證實。如果有什麼對這些說法提出質疑，尷尬就會發生，接觸也會因為假設不在存在而失敗。高夫曼寫道，當一個人經常無法說服同伴時，「根本就是掛著鈴鐺的痲瘋病患」。[14]

臉紅、臉色蒼白、結巴、冒汗、眨眼、發抖，甚至昏厥——尷尬的身體症狀已經夠討厭了，但尷尬也是一種社交災難，表明了地位低下、道德羞恥和其他不受人歡迎的特質，因此一般人會裝笑、假笑和轉移目光來極力掩藏。高夫曼認為，尷尬令人恐慌，是因為它揭露了社會秩序的動盪不安。由於人人都必須證實他人是否有個可以接受的「社會我」，所以尷尬具有傳染性，不安會像漣漪一樣一圈圈不停向外擴散。奇怪的是，只有尷尬這種小羞愧會傳染，眼見其他人蒙受更嚴重的羞辱時，反而只會激起**幸災樂禍**的心情。

高夫曼很少透露自己的事，即使成了學術界明星後，也極少在學術會議上發言、接受採訪或允許出版社公開他的照片。有一次，他難得提到自己一個小故事。原來，他對人際互動的興趣來自他年少時的害羞，因為身高只有一米六三，他的害羞更加嚴重。在加拿大曼尼托巴省道芬市的舞廳裡，他站在酒吧和舞池之間的過道，沒錢再買一杯酒，也難為情得不敢請女孩跳舞。那一刻，杵於邊緣的他，步上了觀察社會儀式的生涯。[15]

在安斯特島上，與害羞的昔德蘭人相處，高夫曼覺得相當自在。他與他們一起切割冬季當作燃料的泥炭，也會去民眾活動中心參加聯誼會。他帶去的自釀啤酒特別濃烈，贏得讚美，男人都會偷偷拿到外頭痛飲。[16]不過，在大多數時候，他和人保持距離。在博士論文的首頁，他寫著：「我真正的目的，是當觀察力敏銳的參與者，而不是參與其中的觀察者。」也許正因為他羞澀的個性，高夫曼迴避大多數社學學家採用的直接訪談法，改靠旁聽對話與悉心觀察做研究。這種方式很適合島民，因為如果有人記下他們的談話，他們會感到拘謹，他們也不喜歡有人詢問私人問題。根據高夫曼的論文，他確實只做過幾次採訪，問題是「島民覺得適合受訪的主題」。[17]返回美國後，他與陌生人相處時，再也沒有這麼自如了。他後來的書除了解讀他人的著作以外，完全不再涉及田野調查。

高夫曼認為這個世界聽起來冷酷嚴峻，因為人在其中必須像迴避病患一樣躲避尷尬者，以免沾染了尷尬的污漬。但是，這個世界也有人貼心地形成默契，互相保護對方不受到揶揄。集體努力維持社會生活中的禮貌假象可能是一種折磨，但也能夠喚起感人的團結力量。在《人及動物之表情》中，達爾文講了一個故事：有個害羞緊張的男人，去參加大家為了恭賀他所舉辦的晚宴。當他起身致詞時，雖然已經把稿子死記硬背下來，卻一個字也講不出來。但他表現得像是正在熱烈講話一樣，顯然也相信自己是在講話。他的朋友「只要他的動

---

14 「未得到滿足……掛著鈴鐺的痲瘋病患」：Erving Goffman, *Interaction Ritual: Essays on Face-to-Face Behaviour* (London: Penguin, 1972), pp. 105, 107. See also pp. 101–2.

15 他難得提到了自己一個小故事……：Rom Harré, *Key Thinkers in Psychology* (London: Sage, 2006), pp. 183–4.

16 高夫曼似乎覺得相當自在……：Greg Smith, *Erving Goffman* (Abingdon: Routledge, 2006), pp. 12–13.

17 「我真正的目的……受訪的主題」：Goffman, 'Communication Conduct', pp. 2, 5.

作暗示停頓時，就大聲替假想的口才喝采，男人從來沒有發現，他從頭到尾始終保持著沉默」。[18]跟高夫曼一樣，達爾文發現我們非常缺乏安全感，我們會不停地緩和氣氛，與他人一塊參與善意的陰謀，不讓對方感到狼狽。

我們竭盡全力不讓自己和身邊的人尷尬，結果在過程中往往在無意間令自己更尷尬。喜劇演員班汀（Michael Bentine）有一次說，他的祖父、祕魯副總統帕拉梅拉（Don Antonio Bentin Palamerra）非常害羞，不敢打斷議程到眾議院外頭小解。所以，他會安排快馬和馬車待命，會議一結束，就立刻送他回家。班汀說，由於腎臟和膀胱承受太大壓力，祖父當選總統後，還未就任就死於腎癌，年僅五十五歲。[19]尷尬是這麼可怕的命運，有人為了避免它，竟然賠上性命。美國醫師哈姆立克（Henry J. Heimlich）解釋以他為名的急救法時，觀察到「窒息的人有時因為自己的困境而覺得尷尬，在沒人注意的情況下起身離開用餐區。到了旁邊的房間，他就失去意識，如果沒有人照料，幾秒內就會死去，或是大腦永久受損」。[20]

*

我們有時會猜測，尷尬是近代才有的狀況，是我們過度文明、引發焦慮的現代社會產物。「尷尬」（embarrassment）的原意是阻礙或障礙，直到十八世紀中葉，英語才需要我們現今對這個字的理解——因社交尷尬或自我意識而產生的情緒不安。

米勒（William Ian Miller）是鑽研傳奇時代冰島的學者，在《羞辱》（*Humiliation*）一書中指出，在這種「前現代文化」中，恥辱不是內心感受，而是一種社會處境，跟殘疾一樣醒目。在冰島英雄傳奇的世界中，恥辱十分明確而具體，哪怕只是一絲拒絕尊重的表現，男人也會將對方打到重殘。在這樣的世界，沒有人會害羞，因為每個人都明白也同意恥辱的模樣，沒有必要以某種迂迴曲折的內心獨白為它苦惱。在《尼亞爾傳說》（*Njál's Saga*）中，科斯凱格砍下柯爾一條腿，柯爾冷靜地望著殘肢說：「這是我沒有盾牌的下場。」[21] 在《艾吉爾傳說》（*Egil's Saga*），勇士艾吉爾險些殺了年輕詩人艾納，因為他竟然厚著臉皮贈送他一件太過珍貴的禮物。米勒寫道，今日不同的地方是，恥辱退了下去，尷尬發展起來。當我們面對他人輕蔑時更能夠維持自尊，我們也就更容易在他人可能看不出理由之時感到羞愧。

德裔英國社會學家伊里亞思（Norbert Elias）認為，幾百年前的生活基本上是公開的。一家人在同個房間吃住，陌生人樂意共享一張床舖，在眾目睽睽下排便小解也很正常。後來，自十六世紀以降，「文明進程」開始席捲全歐。中世紀的禮儀準則稱為「禮數」

---

18 「只要他的動作……保持著沉默」：Darwin, *Expression of the Emotions*, p. 324.

19 喜劇演員班汀……：Michael Bentine, *The Shy Person's Guide to Life* (London: Granada, 1984), p. 13.

20 「窒息的人有時……永久受損」：Henry J. Heimlich, 'The Heimlich maneuver', *Clinical Symposia* 31, 3 (1979), 4.

21 「這是……的下場。」：William Ian Miller, *Humiliation: And Other Essays on Honor, Social Discomfort, and Violence* (Ithaca, NY: Cornell University Press, 1995), p. 95. See also pp. 15–16, ix–x.

（courtesy），因為是宮廷（court）貴族要實踐的；這套準則後來演變為「禮貌」（civility），意思是平民（civil）也要遵守。共餐、吐痰、擤鼻子、上廁所的種種規定變得更加嚴格，更需要自我約束。伊里亞思從新出現的禮儀指南找到這種轉變的證據，比如文藝復興時期思想家伊拉斯謨的《論兒童的教養》（*On Civility in Children*，1530）。以今日的眼光來看，伊拉斯謨的標準相當寬鬆，他提到年輕人不必憋著屁不放，因為「為了表現出文雅的模樣，他可能會得病」。在沒有手帕時，應該把鼻涕擤出來，在地上蹭兩下。不過，在這個有限的萌芽階段，伊里亞思看出一個進程的開端：身體機能與粗野行為在上流社會逐漸遁形了。

伊里亞思認為，其中一個關鍵因素是民族國家興起，以及國家聲稱擁有行使暴力的獨占權，所以在私人生活中平和的性情比威嚇得到更多讚賞。既然社交生活不那麼危險了，宴飲舞會以爭執打架告終的機會更低了，伊里亞思所說的「羞恥門檻」[22]也就發展出來了。人與人之間出現了身體和心理的界線，尤其是公共場所的陌生人之間，當有人可能僭越這些分界時，尷尬出線的機會也就多了。大家會擔心，如果跨過了這道羞恥門檻，自己會失去愛與尊重，所以就把想像出來的他人負面評價藏在內心，羞恥門檻發展到我們的內心思想之中。

尷尬是近代產物，在小規模的前現代社會中，人群混雜，沒有那麼拘束——這個解釋聽起來很有道理，但高夫曼在安斯特島的研究會讓人質疑伊里亞思的看法。恰好相反，安斯特島的狹小環境似乎加強了一種幽閉恐懼症似的社交尷尬，大家彼此太過了解，他們的生活大多是公開的，受到周遭人的觀察和批評，使得他們頑強地抓住隱私的小錢包。

*

也許，更接近事實的是，尷尬什麼都吃，適應力極強，在蘇格蘭偏僻小島上的簡樸公共生活中可以茁壯成長，在隨著伊里亞思所說的文明進程走過迢迢千里的社會世界，它也能繁榮興旺，因為過度發展的文雅與沉悶的俗套也是共同尷尬的重要培養皿。

高夫曼在安斯特島研究害羞的同時，這種社會世界中有一個十分敏銳的觀察者，在英國中產階級之間靜靜地生活。泰勒（Elizabeth Taylor）與圖靈剛好是同一時代的人，在一九一二年夏天出生，與圖靈的生日只差一週。她沒有跟圖靈一樣上劍橋大學，但在一九三〇年代初期，她替密碼破解專家克諾斯（Dilly Knox）工作，擔任他七歲兒子奧利佛的家庭教師。奧利佛日後追隨父親的腳步，也到了布萊切利園工作，他記得泰勒「步伐果斷，縱然有點駝背的樣子，（我現在想想）這個姿態是有象徵意義的——她的怯懦像是最薄的面紗，遮掩著果斷、自信，甚至超然的殘忍」。[23] 一九三六年，泰勒嫁給高威科姆出身的糖果製造商，丈

22 —「為了表現出……羞恥門檻」：Norbert Elias, *The Civilizing Process: The History of Manners and State Formation and Civilization*, trans. Edmund Jephcott (Oxford: Basil Blackwell, 1994), p. 111, 493.

23 —「步伐果斷……超然的殘忍」：Nicola Beauman, *The Other Elizabeth Taylor* (London: Persephone Books, 2009), p. 39.

夫生意興旺，夫妻搬到白金漢郡的潘恩村。在她那一代與她身處的階層中，泰勒是舉止無可挑剔的女性，寫作很少偏離英格蘭東南部保存完好的富庶家鄉村莊生活，處處可見旗竿、整潔的天竺葵小盆栽和垂枝紫葉山毛櫸。

在泰勒苦澀的故事〈寫信人〉（'The Letter-Writers'）中，害羞單身的艾蜜莉持續寫信給移居國外的小說家法布里，一寫就是十年，為他收集新聞整理成文，占去了艾蜜莉生活的大半時間。有一天，法布里從羅馬回到英國，安排來她的村莊一趟。那場見面災難連連，貓吃掉她準備當成午餐的龍蝦，她緊張得喝醉了，信中那個詼諧的管家婆鄰居，在現實生活中原來乏味極了。艾蜜莉用紙墨搭蓋出的歡快表象暴露出不過爾爾的真相，談話終究是冷場了。到了故事最後，法布里走了，艾蜜莉坐下來，又提筆給他寫信，彷彿什麼也沒有發生過。

艾蜜莉和法布里的關係，是泰勒自己與作家利德爾（Robert Liddell）通信的真實寫照。利德爾住在安全距離以外的雅典（他們確實見過幾次面，但過程相當愉快）。通信從一九四八年持續到一九七五年泰勒去世前一個月，當時她已經病得拿不起筆。寫信是泰勒對付自己害羞的方法，她年輕時，有次煙火卡在大衣領口，嚴重燒傷，於是個性變得更加害羞。這起事件在脖子上留下幾乎看不見的傷疤，卻讓她在人群中緊扣雙手，預防自己蒙住臉龐。

從古至今，寫信一直是害羞者的救星。對於這些害羞的寫信者而言，一八四〇年代是關鍵時刻：英國政府壟斷了郵遞業務，並引進預付郵票、密封信封和路邊郵筒三件事物，確保了郵件的隱密性，結束郵局局長為地方八卦主要來源的傳統。倫敦中產階級立刻發展出新的傳統：在前門鑿出長方形的小缺口，根本不用跟郵差說話就能收到信。到了泰勒展開寫信生涯的一九三〇年代，英國皇家郵政推出國內郵件隔日投遞服務，這是一個程序組織上的奇蹟，夜間郵政火車縱橫全英，紅色小郵車走遍英國大街小巷，送來各式各樣的郵件，從銀行對帳單到羞赧情人的表白信都有。

皇家郵政遞送的信件具有緩慢發展親密關係的潛力，收發之間的甜蜜期盼（電子郵件和簡訊毀了這種期待）也讓這股潛力壯大。泰勒的「書信體友誼」就是這樣小心翼翼累積發展起來的，隨著對通信對象的認識加深，她從稱呼對方姓氏改成直呼其名，接著「你誠摯的」變成了「愛你的」，到了最後，「親愛的」變成「最親愛的」。女性似乎尤其擅長發展這種關係的親密感，在《牛津書信集》（*Oxford Book of Letters*）的前言，編輯凱爾莫德夫婦（**Frank and Anita Kermode**）認為，「許多書信高手是女性，這種大方而優雅的自我暴露的工作，女性似乎最得心應手」。[24] 在泰勒的故事中，法布里同樣也注意到，寫信是一門藝術，「英國女人十分擅長」。[25]

多年來，泰勒常去拜訪一位相當偉大也令人生畏的老作家：康普頓-柏奈特（Ivy

---

24 「許多書信高手是女性……得心應手」：Frank Kermode and Anita Kermode, 'Introduction', in Frank Kermode and Anita Kermode (eds), *The Oxford Book of Letters* (Oxford: Oxford University Press, 1995), pp. xxi–xxii.

25 「英國女人十分擅長」：Elizabeth Taylor, 'The Letter-Writers', in *Complete Short Stories* (London: Virago, 2012), p. 182.

Compton-Burnett）。她搭計程車前往南肯辛頓布雷馬大廈的公寓時，總是請司機讓她在幾條街以外就下車，這樣她可以保證不會太早到。每一次共進午餐，氣氛都很尷尬僵硬，泰勒擔心葡萄夾心餅的酥皮碎屑會像瀑布一樣掉落到膝蓋上，害怕自己取用女主人喜歡招待的奶油覆盆子或放久變質的乳酪時雙手會顫抖。主人端出這樣的食物，讓她的客人擔心公寓可疑的下水道終於報銷了。最後，康普頓-柏奈特會低聲問：「你想要……？」泰勒會說：「不用了。」然後趕緊到騎士橋的哈維尼古斯百貨上女廁。[26]

只有一個念頭能夠協助她忍受這種場合，那就是之後可以把經過告訴利德爾。從倫敦尤斯頓站返回高威科姆的火車上，她就會先記下筆記，然後再寫成信。利德爾和泰勒都承認，他們最羨慕小孩的一點是，他們覺得別人很無趣或很討厭時，可以哭叫或是表現出厭惡。[27] 害羞和社會習俗剝奪了泰勒這個發洩途徑，她利用寫信剖析洗滌她的社交尷尬。她另一個筆友、室內設計師斯赫雷弗（Herman Schrijver）去世後，她說非常懷念跟他說說聊聊的時光，很希望「人也可以寫信給死者」。[28]

*

一九四六年初春，泰勒去看了一部對她影響很深的電影《相見恨晚》（*Brief Encounter*）。詹森（Celia Johnson）飾演拘謹的郊區主婦潔森，與情人永訣之際，還假裝聆聽一個無聊熟識說話，卻沒有對情人說最後一句道別。潔森以旁白開始坦承與哈維的純情韻事時，鏡頭慢慢推向麥斯特，而麥斯特彷彿只剩下貝克特（Samuel Beckett）劇中人物般的醜陋大嘴，只顧著喋喋不休，沒有察覺她正釀造的痛苦。電影描述了害羞者的困境，在交談是一種保全體面儀式的世界，大家用閒聊來掩飾自己的尷尬。潔森和哈維的關係也是從這種泛泛空談開始的：你人真好，真是太麻煩你了。我想已經乾淨了，不會有事的。啊，我得上醫院去了。我得趕緊去買東西了！

一九五三年一篇文章中，影評家曼威爾（Roger Manvell）提到英國電影製作人處於特別的兩難困境：我們的民族矜持掩飾了我們所感受到的強烈情感，當所有製片人都仰賴自白式的言行來講述故事時，他們面臨一個棘手的任務：「從我們的眉頭撕下害羞面具，展露底下的熱情、柔情、堅毅和脆弱。」在《相見恨晚》中，導演利恩（David Lean）透過「富有表現力的沉默」和「公認行為的陳詞濫調」來走漏情感，完成了這個任務。這部電影的情感一點聲音也沒有，通過揉皺的手帕和顫抖的嘴唇來暗示，曼威爾認為，這種輕描淡抹「與我們翠綠又動人的雨後風景同為本國的產物」。[29]

26 「你想要……？」：Robert Liddell, *Elizabeth and Ivy* (London: Peter Owen, 1985), p. 81.

27 利德爾和泰勒都承認……：Liddell, *Elizabeth and Ivy*, p. 74.

28 「人也可以寫信給死者」：Beauman, *The Other Elizabeth Taylor*, p. 224.

「我相信，如果我們活在一個氣候始終溫暖又陽光充足的地方，每個人的行為都會相當不同。」潔森在電影中這麼說。「我們不會這麼內向、害羞、難以相處。」哈維告訴她，他愛上了她的羞澀，而潔森對他的感情卻與因這份感情而生的尷尬對抗，大多數時候，她的感情輸了下來。當她第一次意識到自己墜入愛河，在返家的火車上，她環顧車廂，發現一個牧師直視著自己，於是臉紅了，翻開從圖書館借來的書，假裝讀了起來。

《相見恨晚》像是用「英式害羞細節」過濾後的《安娜．卡列尼娜》，與托爾斯泰的小說不同的地方在於，這一段戀愛沒有完成，女主角險些跳到一行快車的底下，但終究是回到丈夫孩子的身邊。外人也察覺到這種中產階級壓抑的荒唐可笑，在羅契斯特試映時，主要由工人階層組成的觀眾對著情愛場景大笑，喊著：「他倒底要不要……跟她上啊？」[30]德國觀眾對電影報噓聲、喝倒采，一則英軍政府從柏林發出的報告中說，他們「承認完全無法理解劇情關鍵的道德顧慮」。[31]

看過《相見恨晚》後，泰勒自己也寫了一個未完成的婚外情故事，名為《捉迷藏遊戲》（*A Game of Hide and Seek*）。與電影一樣，小說的浪漫故事在隱密的地點展開：火車站自助餐廳、公園長椅和街道上「兩盞路燈之間最暗的地方」。[32]電影的日間場景——Boots連鎖藥妝店的外借圖書館、卡多馬連鎖咖啡館、日間電影院——是泰勒非常熟悉的主婦世界，大部分場景在比肯斯菲爾德拍攝，泰勒在那裡做過頭髮、買過東西，詹森也被人見過從經常光顧的雜貨店和咖啡館走出，所以泰勒覺得自己和詹森有某種聯繫，她甚至長得跟她頗為相像。

在這些泰晤士河谷小鎮中，泰勒度過了好些日子，就只是獨自漫步，坐在都鐸王朝風格的茶館和公共花園，瀏覽她筆下人物可能上門的骨董店。她坐船沿著泰晤士河前行，凝視看得見的房舍，修剪整齊的草坪一路延伸到河岸，她聽到陽臺傳來的片段對談。她獨自上酒館，啜飲著琴通寧，聆聽別人交談，簡直是英國中產階級的高夫曼。

一九六一年，在ＢＢＣ的新讀書節目《來點可讀的》中，作家霍華德（Elizabeth Jane Howard）訪問泰勒。訪談預定八分鐘長，為謹慎起見，霍華德準備了三十個問題。結果，還是不夠謹慎。在一分半鐘，問題就問完了，因為泰勒看著提問的主持人，「像是一頭受困又相當美麗的貓頭鷹」，每個問題都只回答「是」或「不」。[33] 後來，兩個女人坐在ＢＢＣ曼徹斯特攝影棚的販賣部，小口喝著紙杯裡的即溶咖啡。與泰勒同病相憐的霍華德，始終未能攻破泰勒的矜持高牆。

---

29 —「從我們的眉頭撕下害羞面具……本國的產物」：Roger Manvell, 'Britain's self-portraiture in feature films', *Geographical Magazine*, August 1953, 222.

30 —「他倒底要不要……跟她上啊？」：Philip Hoare, *Noel Coward: A Biography* (Chicago, IL: University of Chicago Press, 1998), p. 361.

31 —「承認……道德顧慮」：'Germans boo British film', *Manchester Guardian*, 16 November 1946.

32 —「兩盞路燈之間最暗的地方」：Elizabeth Taylor, *A Game of Hide and Seek* (London: Virago, 2009), p. 243.

33 —「像是一頭……貓頭鷹」：Elizabeth Jane Howard, 'Introduction', in *A Game of Hide and Seek*, p. vii.

「我只想看到我的小說出版，它們印出來，我才能感受到它們的存在。」泰勒在一次難得的採訪中說。「我想創造一個不存在的世界，一個讓人觀察的世界。」[34]她從寫信獲得了解脫，但相較之下，發現把書送到世界各地的過程相當尷尬。女兒喬安娜還是從學校朋友那裡得知母親的第一本小說。「想到書出版了，我的手就變得冰涼，」泰勒寫信給小說家鮑文（Elizabeth Bowen）說，「我真希望，這跟硅肺病一樣，是一種**職業病**。」[35]

對偽裝合群的厭惡，她通通傾注到小說中。在《仁慈的靈魂》（*The Soul of Kindness*）中，梅格與派翠克認為尷尬與難為情「是受到低估的煎熬形式」。[36]在泰勒的短篇故事〈海絲特·莉莉〉（'Hester Lilly'）中，碧翠絲承認，「我從來不覺得尷尬是不足為道的情感」。[37]她筆下的女人過著與潔森一般的日子，日子如股票經紀人般舒適安逸，內心默默承受極大的痛苦，她們替募款咖啡早茶會烤海綿蛋糕，主辦晚間橋牌聚會，參加夏季遊樂會與運動會，忍受千篇一律的午餐宴會——總是以雪利酒開始，以奶油果泥結束。她有篇故事的第一句就優雅地濃縮了硬著頭皮參加這種儀式的心情：「早上，查理斯走去花園，練習三聲歡呼。」[38]

她恐懼書評，因為如果評價不好，她覺得之後見到人會很尷尬，就算那些人不可能讀到書評。她動不動就臉紅，想到自己丟掉的草稿也會臉紅，雖然沒有人讀過，而且她老早就把它們扔了。男人誤以為她是與她同名的電影明星，寫信向她要比基尼照片，她會臉紅；聚會上，有人只是提到讀過她的作品，她會臉紅；想到她寫過的信，她會臉紅，縱然她不希望死後遭到流言飛文的羞辱，早已經把信燒了。最後一次受訪時，她說：「我不認為我很謙遜，我只是非常難為情。」[39]

*

在泰勒的故事〈赧顏〉（'The Blush'）的結局，主角「慶幸還好她是一個人，因為她可以感覺到臉龐、喉嚨，甚至是手臂上端都在發燙，她走向鏡子，興致盎然研究起這個奇怪現象」。[40] 臉紅暗示身體未必永遠服從大腦指令，我們越想控制，身體甚至會越不聽話。在尷尬心靈的某處，似乎有著一種恐懼，擔心我們的身體可能隨時讓我們失望，洩露我們不過是生理衝動所支配的動物。

在巴布亞紐幾內亞哈根山野區的部落社會中，排便或性交時被撞見的話，會蒙受「巨大

---

34 — 「我只想看到……讓人觀察的世界」：Geoffrey Nicholson, 'The other Elizabeth Taylor', *Sunday Times*, 22 September 1968.

35 — 「想到書出版……職業病」：Letter, 12 February 1951, in N. H. Reeve (ed.), *Elizabeth Taylor: A Centenary Celebration* (Newcastle: Cambridge Scholars, 2012), p. 106.

36 — 「是受到低估的煎熬形式」：Elizabeth Taylor, *The Soul of Kindness* (London: Virago, 1983) p. 216.

37 — 「我從來……情感」：Elizabeth Taylor, 'Hester Lilly', in *Complete Short Stories*, p. 11.

38 — 「早上……練習三聲歡呼」：Elizabeth Taylor, 'The Rose, The Mauve, The White', in *Complete Short Stories*, p. 219.

39 — 「我不認為……非常難為情」：'Contenders for the golden crown of British fiction', *The Times*, 22 November 1971.

40 — 「慶幸還好她是一個人……奇怪現象」：Elizabeth Taylor, 'The Blush', in *Complete Short Stories*, p. 179.

的羞恥」，被逼得走上絕路。他們只有另一條路可走：殺豬獻祭，向鬼魂祈禱，洗盡自己的羞恥。在美拉尼西亞各地，被人撞見交媾，就算是與自己的配偶，也會引起這樣的羞恥。一九一五年，在西太平洋特羅布里恩群島，人類學家馬林諾夫斯基（Bronislaw Malinowski）展開田野調查，聽說有個男人在自家花園做愛被人看見，覺得十分羞愧，竟然吞下有毒的魚藤自殺。[41]這些行為看上去丟臉，並非是因為被人發現做了什麼不道德的事，而是因為自我像禽獸一樣在天然狀態中暴露。

我們是人，因為我們會覺得丟臉。文明是一層薄薄的虛飾，可以快速剝落，顯露出我們動物的一面：會大便，會小便，也會嘔吐。人類學家格爾茨（Clifford Geertz）曾經指出，峇里語的lek通常翻譯成「羞恥」，更精確的翻譯應該是「怯場」，因為峇里人害怕被剝奪他們的社會角色，當他們的公共角色受到破壞，他們會「頓時勉為其難表現得像動物一樣，拘禁在共同的尷尬中，像是撞見對方裸體一樣」。[42]

人都會尷尬，但我們思索、談論尷尬的方式不一樣。每種文化都有它豐富的情感語彙，以差別微妙的文字和意義表達這種普遍的感受。許多東南亞語言會有一個字合併了羞恥、害羞與尷尬等意思，但未必就等同於其中一個的同義字。比如說，馬來語的malu表示一種道德高尚的尷尬，要由長輩灌輸給孩子，讓他們明白什麼是文明的行為。馬來語的生殖器其中一種說法是kemaluan，以malu做字根，意思是「羞恥的事或物」。男性長輩會逗弄幼童，讓他們露出小雞雞，等到他們這麼做之後，就嘲笑他們不知羞恥，小孩於是就學到了一課。

一九六〇年代晚期，在巴布亞新幾內亞古迪納夫島的卡勞那村，楊（Michael Young）展開人類學田野調查。他注意到該部落語的 wowomumu 一詞包括了程度不一的意涵，從害羞、輕微困窘到十分尷尬都有可能。在卡勞那村，求婚是非常緊張的事，每週有一到兩天的晚上，小夥子會到女方父親家中，和女孩子一起嚼檳榔，等待她向自己求婚。即使成婚了，夫妻之間的相處也很害羞。妻子與丈夫一起住在男方父母的村莊之後，就會開始替丈夫燒飯做菜，但兩人會分開吃飯幾個月，因為一塊吃飯與一起睡覺同樣叫人尷尬。婚後第一年就有了孩子是可恥的，這表示太過淫蕩，妻子笑太多也是同樣的徵兆。男人與妻子的家人不管變得多麼熱情，永遠無法徹底擺脫 wowomumu。[43]

這種害羞既是感受，也是風俗，是一個人刻意採取，以向他人表示敬意服從。印地語 lajja 也傳達出類似「高尚的尷尬」之意，目的是故意展現出謙卑與禮貌的暗號。女人想表現 lajja 時，會遮掩面容，或離開房間，避免與丈夫的兄長、父親或丈夫應該聽從的男子說話。

---

41 — 人類學家馬林諾夫斯基……：Michael Young, *Malinowski: Odyssey of an Anthropologist, 1884–1920* (New Haven, CT: Yale University Press 2004), p. 403.

42 — 「頓時勉為其難……對方裸體一樣」：Clifford Geertz, "'From the native's point of view': on the nature of anthropological understanding', in *Local Knowledge: Further Essays in Interpretive Anthropology* (New York: Basic Books, 1983), p. 64.

43 — *wowomumu*: Michael Young, *Fighting with Food* (Cambridge: Cambridge University Press, 1971), pp. 262, 51.

雖然有點出乎意料，lajja最具代表的象徵竟然是母神卡利（Kali）。卡利一手揮甩著頭顱，一腳踩在躺地男人的胸脯上，她打敗了只會死於裸體女人手下的妖魔，反而因為自己的裸體而覺得尷尬，所以繼續發狂撒野。她的丈夫濕婆（Siva）想讓她停下來，倒臥在她腳邊的屍體旁，結果她不小心踩到濕婆，這個不敬之舉讓她表現出lajja——她伸出舌頭，用牙咬著。在印度，某些地方的女人仍會用這個動作來表示尷尬。

*

在一種文化中，如果某樣東西非常重要，那種文化就會以它為中心，發展出豐富又微妙的詞彙。致力發掘地方特性的英國組織「共同點」（Common Ground），曾大量列舉出威爾斯語中表示「雨」的詞彙，包括了dafnu（細雨）、brasfrwrw（間歇大雨）、hegar law（暴雨）、lluwchlaw（傾盆大雨）、chwipio bwrw（瓢潑大雨）、pistyllio（噴泉雨）和piso（大雨如注）。[44]威爾斯人有這麼多形容雨的詞彙，基於同樣的道理，貝都因人也有許多表示「駱駝」的詞彙。這些事物在這些地方極為普遍常見，該地因而發展出一套細膩的語言，描述其中微妙的差異。窘迫的程度或許也有類似的輕重變化，所以世界上最能清楚感受到它的地區，也大量發展出語意只有微小區別的用語。

在尷尬詞彙上講究細膩的程度，北歐國家與東南亞文化不分軒輊。我認識一個害羞的芬蘭歷史學家，他有一次告訴我芬蘭語中「尷尬」的同義字。nolo是最常用的，帶有負面意思，比如慣用語「Vähän noloa」（太尷尬了！）。他說：「沒有人希望nolo，因為這個字也有可憐的意味。」他繼續又說，其他大致與尷尬同義的詞彙（kiusaantunut、vaivaantunut、hämillinen、hämmentynyt）給人感覺是比較一般的「困惑」或「不安」的意思，帶有中立、甚至正面的意味。還有一個myötähäpeä，意思是一個人對他人的尷尬感同身受，與schadenfreude相似，但語氣更加委婉。一九一〇年代，阿根廷音樂家把探戈帶入歐洲，結果探戈在芬蘭全國上下掀起熱潮。他告訴我，芬蘭人會接受探戈，常見的解釋是：探戈給芬蘭人接觸的許可，給他們一個機會交流太過害羞而無法訴諸言語的感情。

一九六四年，美國精神科醫師翰丁（Herbert Hendin）研究斯堪地那維亞地區的自殺現象，在報告中提到他訪問的瑞典人都特別容易尷尬。在第二次訪談時，瑞典女人常常因為前次透露太多私事而覺得難堪，要求她們談一談自己的情感時，臉就紅得格外明顯，從髮際線一直紅到脖子。瑞典男人談到自己的感情時，甚至更加尷尬，為了保護自己，還佯裝「一種好奇求知的態度，不讓情感捲入」。[45]

瑞典民族學者道恩（Åke Daun）研究瑞典集體心態時，觀察到一種相似的靦腆。他注意

44　*dafnu*（細雨）……*piso*（大雨如注）：Sue King and Angela Clifford (eds), *Local Distinctiveness: Place, Particularity and Identity* (London: Common Ground, 1993), p. 19.

到許多瑞典人寧可爬樓梯，也不要與點頭之交一起搭乘電梯，怕想不出可聊的話題。他們覺得交談時很難注視對方的眼睛，除非把講稿一字不漏寫下來大聲練習，否則他們很少會發表演說。瑞典人常常開玩笑說，被要求依照慣例對東道主招待的餐點公開致謝時，他們會立刻胃口盡失。瑞典人容易難為情的個性擴展到最極端的生活經驗，女性分娩痛到喊叫時，也會盡量壓低音量，之後還要問助產士自己會不會太吵，如果得到的答案是「沒有」，她們會很高興。在喪禮上，如果是女人，那可以輕聲啜泣，但「呼天搶地讓人難堪，而且會被記住很久很久」。[46]

電影導演柏格曼的父親是路德會牧師，他小時候參加過許多瑞典葬禮，注意到從來沒人會哭，棺材抬走時也是如此。這些端莊有禮的哀悼儀式讓他覺得非常有趣，玩葬禮家家酒成了他最愛的遊戲。[47] 一九八六年，瑞典首相帕爾梅（Olof Palme）在斯德哥爾摩的街道上中槍身亡，許多瑞典觀察家指出，看見同胞得知消息後公然掉淚，是非常稀奇的事。不過，根據于默奧大學古斯達夫森（Gunnel Gustafson）所發起的民調，承認因為帕爾梅過世而哭泣的民眾之中，第一代移民遠多過於土生土長的瑞典人（百分之四十四比百分之二十四）。古斯達夫森這項研究根據芝加哥一項類似民調所改編，芝加哥民調在甘迺迪遇刺後調查，有百分之五十三的美國人表示自己哭了。[48]

從投票模式到癌症罹患率，電腦大數據視覺化工具可以把一切事物標示成地圖。也許，有朝一日，害羞製圖師也能利用這種工具，設計出一幅色碼地圖，畫出這些極端害羞的飛地。深紅色自然用在「尷尬慢性病」最嚴重的地方，顏色隨著程度逐漸變淺，從橘色變成不易尷尬的黃色（地中海地區最接近這個顏色）。一九六〇年代晚期，桑塔格（Susan Sontag）在瑞典長居，就描述過瑞典有這樣的漸層變化，從斯德哥爾摩開始，越往南，人就越外向。她發現，瑞典叫斯堪尼省最南端的居民「丹麥後援部隊」，那裡的人以「十足的拉丁人歡鬧個性」著稱。[49]

*

高夫曼航過四千英里大海，前往安斯特島研究尷尬，但他其實只要從芝加哥驅車幾百英里，就可以進入中西部上區大平原，找到豐富的研究資料。就像昔德蘭群島一樣，此區居

45—「一種好奇……捲入」：Herbert Hendin, *Suicide and Scandinavia: A Psychoanalytic Study of Culture and Character* (new York: Grune & Stratton 1964), p. 43.

46—「呼天搶地……被記住很久很久」：Åke Daun, *Swedish Mentality*, trans. Jan Teeland (University Park, Pa: Pennsylvania State University Press, 1996), p. 133. See also pp. 59, 46, 44, 124.

47—柏格曼（Ingmar Bergman）的父親是路德會牧師……：Peter Cowie, *Ingmar Bergman: A Critical Biography* (London: Secker & Warburg, 1982), p. 6.

48—根據于默奧大學古斯達夫森……：Daun, *Swedish Mentality*, p. 118.

49—「丹麥後援部隊……拉丁人歡鬧個性」：Susan Sontag, 'a letter from Sweden', *Ramparts*, July 1969, 26.

民的害羞往往也被歸因於斯堪地那維亞北歐的血統。十九世紀末，拓荒者來到此地，當時男女比例是十比一，單身農民獨自工作，抵抗蝗蟲、草原野火和暴風雪，沒有火車、汽車或收音機減輕寂寞。挪威裔美國作家羅瓦格（Ole Rølvaag）描繪了大草原冬日，他筆下的淒涼故事讓這群男性移民闊達的矜持名傳後世。他們太忙了，所以無法「不停證明自己能力」，學會社交繁文縟節或是找個妻子，因為依據《公地放領法案》，在一塊地上耕耘五年，再蓋一個家，這塊地就是你的了。「明尼蘇達式友善」表示的就是這種安斯特島民般克制情緒的傾向——客氣地點點頭，用北歐語言那樣歌詠的語調，以「還可以」或「那還用說」等終結附和來中斷對話。

我小學高年級時最愛看的書，是數十本冠冕出版社出版的廉價平裝書，紙張跟吸墨紙一樣粗糙，翻來翻去，頁角都變得破破爛爛了。而我到現在才發現，它們就是在描述中西部上區這種堅忍精神的精髓。那套書是舒茲（Charles Schulz）的《花生》（Peanuts）連環漫畫。我也愛看查理．布朗卡通，學校放長假期間，白天電視都會播放，背景音樂是葛若迪（Vince Guaraldi）的爵士小調，卡通不用罐頭笑聲，故事從頭到尾好像跟奈勒斯一樣，總是蒙著一層「憂鬱的」毛毯。替查理．布朗配音的是羅賓斯（Peter Robbins），他念的臺詞有種真摯清明的情感，聽起來不像充斥於美國電視節目的早熟演藝學院小孩，反而像是確實遭受失敗挫折的男童。我從《花生》了解到美國小學生的傳統：在情人節時，他們不像英國小孩那樣害羞，只敢匿名，而是公開和同學交換卡片。在「交易社會認可」的證券市場，這種公然以物換物的行為，以及查理．布朗徒勞等待他不好意思跟她說話的紅髮小女孩的卡片，似乎比最怪誕恐怖的童話還要殘忍。

一九三〇年代，舒茲在明尼蘇達州聖保羅都會區就讀高中，也承受類似的害羞困擾，在兩種狀態之間搖擺：在大多數時候，他感覺自己完全隱形，其他時候則是太引人注目。就連在走廊跟同學打招呼，他也覺得痛苦。在青年時期，他前往芝加哥，到報社推銷他的連環漫畫。畫在大型長方板上的簡單連環漫畫引來同車旅客評論，令他覺得十分難為情。[50]即使在成名之後，出門遠行也使他滿心恐懼，他也通常不會在有大眾參與的活動中露面。有時，他的妻子珍妮開車送他到機場，結果發現他又搭上計程車，比她還早回到家。

查理．布朗以漫畫形式傳達出舒茲的害羞。小時候，舒茲覺得自己長相平凡，在聖保羅市區碰見同學，他們會認不出他來。這種奇怪的想法激發他畫出查理．布朗那顆沒有特色的圓頭，唯一的標誌是額頭上那一團波浪狀曲線，那可能是一綹頭髮，也可能是永恆的愁容皺紋。舒茲妙筆一揮，給了他一條小狗。史奴比沉默不說話，但又聰明又善於溝通，和飼養牠的男孩很不一樣，史奴比叫那男孩「那個圓頭小孩」。《花生》一成不變的主題是，查理．布朗被人提醒自己是無關緊要的。在一條舒茲拿手的超現實延伸情節中，主人翁出了疹子，

50　在青年時期，他前往芝加哥……David Michaelis, *Schulz and Peanuts: A Biography* (New York: HarperCollins, 2007), pp. 173, 299.

不想讓人看到，於是參加夏令營時，腦袋套了一只棕色紙袋。結果，戴紙袋的他比正常的他更具影響力，他被選為營長。

以一種典型明尼蘇達式的自我撕裂方式，舒茲逐漸相信自己的拘謹只是倒置的自戀。他寫道：「害羞，明顯是一種自我意識，認為自己是世界上唯一的人；你的長相、你的行為非常重要。」[51]但《花生》的寓意恰好相反，可別忘了誰才是更好的人性模範，是以令人骨骼打顫的信念對著世界大吼大叫的露西？還是由於害臊個性而溫和公正、恬淡寡欲的查理．布朗呢？

《花生》開始刊載了，在充斥著爭奪注意的喧鬧連環漫畫的版面中，它以乾淨的線條和留白吸引目光，內容情節反而與這樣的大膽無關。在冬季月份，極地的冷風從加拿大曼尼托巴省吹下來，明尼蘇達州許多湖泊池塘的水面都結出厚厚的一層冰，在上頭可以溜冰、冰上釣魚，甚至紮營。在《花生》中，輕柔飄落的雪花，人物在上頭安安靜靜溜冰的結凍池塘，堆起當成朋友又只為了讓它們融化的冷臉雪人，全是明尼蘇達氣候的情調音樂，也是寧靜祥和的整體氛圍的一部分。

在《花生》中，問題仍然沒有解決，話也始終沒有說出口，不成結局的結局是它的招牌特徵。在漫畫的最後一格，查理．布朗吐出了一聲「呼」，露出一抹斜斜的笑，汗珠從臉龐冒出，或者頭部畫滿斜線，代表他臉紅了。舒茲明白害羞沒有敘事的發展結構，害羞只得害羞下去，每日一則的連環漫畫就是他招架害羞的方法。在將近半個世紀之久，他大膽揮動幾下畫筆，在四個小格子中，創造出屬於自己的世界，最後簽上自己的名字，以此與世界遠遠地交流。

*

一九五〇年代，有個叫凱勒（Gary Keillor）的男孩在明尼亞波利斯聖保羅的郊區長大，他身形瘦高，手腳笨拙，「強烈希望自己能夠隱形」。[52]他非常愛看《花生》漫畫，跟查理．布朗一樣，他有明尼蘇達州人的堅忍，但也多了一個問題：他家是封閉派弟兄會（普利茅斯弟兄會基要主義的分支），因此不許他邀請朋友來家裡玩。他們全家不准參加聚會、跳舞和喝酒，家中沒有電視，《聖經》就是一切，所有誘惑都是從眼睛看到而引起的。一九三〇年代，撫慰年幼舒茲的發明是收音機，凱勒同樣也從收音機尋求慰藉，他把吸塵器的彎柄當成麥克風，幻想自己對成千上萬的聽眾說話。

在明尼蘇達大學擔任播音員時，他已經改名叫加里森．凱勒（Garrison Keillor）。長年收聽收音機，在耳濡目染之下，他練就出一種動聽的音色，漸弱的尾音十分悅耳，所以他一

51——「害羞，明顯是……非常重要。」：Michaelis, *Schulz and Peanuts*, p. 177.
52——「強烈希望自己能夠隱形」：*Desert Island Discs*, BBC radio 4, 12 February 1995.

直尋找著配音的工作。他還發現，繚繞的低音比激昂宏亮的聲音更適合用於廣播。在現實生活中老是舌頭打結的他，反而熟練掌握了無線電廣播的合成自發性，會適時在句子中間加入「你知道的」和「有點」。

在這種勤練習得的樸實風格中，他找到了把自己變成另一個人的方法——講話不會被打斷，或是不用擔心別人打哈欠看手錶。因為，廣播就像西塞羅寫給魯克烏斯的信，是一種沒有臉紅的媒介，靠著空中看不見的電磁波傳遞，結合了令人心安的匿名性與對另一個聲音說話的親密感。一九六九年，凱勒接下明尼蘇達教育廣播電臺晨間節目，發現自己很享受跟聽眾這種虛擬匿名的關係，感覺自己好像「引導著可愛但暫時不開心的人」。[53]

第二年，他的職業生涯有了非常令人開心的突破，與他克服了部分害羞個性的廣播事業一樣重要。他收到《紐約客》第一封採用回函。他十多歲時，在明尼亞波利斯公立圖書館期刊室中，就挖掘出這份期刊。這篇四百字模仿報章文章的玩笑文章描述一個十六歲少年，他的父母非常擔心他的害羞，所以搬進當地一間妓院。

《紐約客》編輯肖恩（William Shawn）個性非常害羞，在雜誌社工作了五十四年，絕對不讓自己的名字出現在雜誌上。一九六五年，沃爾夫（Tom Wolfe）替《紐約先驅論壇報》寫了一篇惡名昭彰的文章，攻擊雜誌社，嘲笑肖恩連在走廊也不敢跟人打招呼，習慣邀請作家一起吃午餐，但什麼話也不說。沃爾夫以此暗示，《紐約客》的嚴肅乏味反映出編輯的性格。但是許多包括泰勒與凱勒在內的害羞作家，非常感謝肖恩勤於閱讀來稿和細心編輯，他會刪除情緒化字眼，增加逗號——套用《紐約客》另一個極其害羞的作家懷特（E. B. White）的話——「在馬戲表演中，以精準的刀法，勾勒出犧牲者的輪廓」。[54]

懷特經典作品《風格的要素》（*The Elements of Style*）闡述了他所提出的寫作規範，對《紐約客》的文風有著決定性的影響，也得到凱勒的熱情擁護。這本手冊以他在康乃爾大學的老教授史壯克（Will Strunk）更早的文章為模仿典範，懷特認為該文闡述了「簡練的自然與美」。《風格的要素》認定，好的文章不會無端提供作者的意見，因為這意味著「對它們的需求旺盛，但事實可能並非如此」。[55]對於懷特來說，一流的散文兼具樸素與含蓄之美，「既是蒙上面具，也是揭開面紗」，對於會描寫到私事的散文家尤其如此，「必須脫下長褲，卻不能露出生殖器官」。[56]作家的聲音是偽裝自我的工作，而機智和品味是這個偽裝中至關重要的元素。這個觀點在一本雜誌實現了——從它優雅的書法線條，到冷到

---

53 —「引導著……不開心的人」：Judith Yaross Lee, *Garrison Keillor: A Voice of America* (Jackson, MI: University Press of Mississippi, 1991), p. 33.

54 —「在馬戲表演中……犧牲者的輪廓」：'E. B. White', in George Plimpton (ed.), *Writers at Work: The Paris Review Interviews: Eighth Series* (New York: Viking, 1988), p. 15.

55 —「簡練的自然與美……並非如此」：William Strunk Jr. and E. B. White, *The Elements of Style: Third Edition* (New York: Macmillan, 1979), pp. xiv, 80.

56 —「既是蒙上面具……生殖器官」：*Letters of E. B. White*, ed. Dorothy Lobrano Guth, rev. Martha White (New York: Harper Perennial, 2007), p. 470.

結冰的幽默，這本雜誌把局促笨拙者納入一個匿名的集體都會生活。《紐約客》是尷尬的預防措施。

一九七四年七月六日，凱勒的《原野良伴》（*A Prairie Home Companion*）在明尼蘇達教育廣播電臺開播，用滑稽的手法模仿他小時候聽過的現場綜藝節目。直到一九七〇年代末，有五十萬明尼蘇達人收聽，節目插入它最出名的元素。「大草原邊上的沃比根湖度過了寧靜的一週。」凱勒總是這樣開場，然後不用劇本，開始講述一個亂糟糟的虛構故事：在明尼蘇達西北部的一個草原小鎮，住滿了害羞的人，就像高夫曼的安斯特島，在這裡害羞不是源自陌生人焦慮，而是因為長期的熟識。連好友也要保持距離，浪漫的熱情會被描述成些許的興趣，恐懼專賣店提供「所有恐懼症所需——從一九五四年就開始賣了」，地方上最羞怯的鎮民是挪威單身農夫，啃著打擊害羞的奶粉餅乾，在鎮上唯一的酒吧一端流連，就像「靠著牆壁、老是有所不滿的年長青少年」。[57]

《原野良伴》轟動全美，每逢週六，到了中央時間晚間五點，無數美國人就會坐到收音機旁，聽凱勒用低沉嘶啞的歌聲，唱著史諾（Hank Snow）的〈親愛的，你好〉，替節目拉開序幕。如今，他穿著晚禮服、九分褲和運動鞋，繫著花俏的紅領帶，除了與音樂嘉賓表演二重唱，也有獨白演出，似乎已經把困窘拋到身後。當節目播出時，只有那些在觀眾席觀賞的人，才可能注意到他低頭盯著襪子的習慣。

不管聽到大人給我們什麼保證，也不管我們在「沉著」銀行積攢多少的存款，要去除童年尷尬的傾向都是很困難的，因為只要一個難堪的事件，我們就頓時絕望地再次透支。有一天，凱勒和他的按摩治療師在一起，覺得自己說話變得不清不楚，嘴巴開始麻痺。他不想小題大作，結果就像哈姆立克醫師那個尷尬到噎死的男人，他自己開車去醫院。他事後說：「拿起電話撥打九一一叫救護車，嗯……好像不是我的作風。」[58]抵達急診室後，因為太尷尬，說不出他中風了，他還排隊等候檢查——十足的明尼蘇達人作風。

*

美國人跟斯堪地那維亞或東南亞人不同，他們沒有一套仔細標定的語言來形容不同類型的尷尬。大家都知道，他們認為害羞「不是美國的」，他們的文化英雄表面看來屬於自信獨立、熱好戶外活動的類型：開拓先鋒、蠻荒粗漢、牛仔、籃球運動員，都是老羅斯福總統所說的「艱苦人生」的模範。但是，這樣他們就比較不會尷尬嗎？不只有出身明尼蘇達州的人，許多傑出顯赫的美國公民也不敢直視他人的眼睛。作家霍桑在路上看到有人迎面走來，就離開道路走到旁邊的田野裡，他判斷自己是「溫和、害羞、文雅、憂鬱的人……把臉紅

57 —「靠著牆壁……年長青少年」：Garrison Keillor, *Lake Wobegon Days* (London: Faber, 1986), p. 152.

58 —「拿起電話……我的作風」：David Usborne, 'I've got to get away from here', *Independent on Sunday*, 3 January 2010.

藏在一個假名底下」。[59]狄金生從半掩的臥室門後，跟登門的訪客說話。愛默生堅信自己的「豪豬不可能與人接觸」，還察覺他的國家文化有一種張力，會培育出「永恆的孤獨……我們所有認識的人，是那麼的孤立，那麼的可悲孤獨！」[60]

無論是否同為這種可悲孤獨傾向的一部分，在一個世紀後，現今茁壯發展的害羞人亞種——阿宅（nerd）——在美國誕生了。一九五一年，《新聞周刊》宣布：「在底特律，以往被稱為討厭鬼（drip）或老古板（square）的人，現在，很抱歉，都叫阿宅。」[61]在此同時，絕對符合這個特徵的圖靈正在開創電腦時代。不過，要再過二十年，阿宅們才理所當然發展出不擅交際但具科技素養的次文化。一九七五年三月五日，正當影集《歡樂時光》裡酷炫的小范讓「阿宅」成為罵人的流行語，大約有三十個人聚在南加州郊區門洛公園的一個車庫，舉辦「自製電腦俱樂部」的第一次聚會。北歐害羞在亞寒帶的寒風中興旺發展，阿宅們同樣也需要一個提供支持的生態系統。門洛公園位於聖塔克拉拉谷地的中央，果園和蔬果農場持續被微晶片公司和電子公司所取代。

自製電腦俱樂部每一次見面都有「隨機存取時間」，誰都可以對聚會的成員說出想說的話。俱樂部有個成員叫沃茲尼克（Steve Wozniak），乍看就像一種很常見的人：會參加科展的美國小伙子，到六年級時會突然覺得自己變隱形，因為嚴酷的青少年約會慣例開始了。即使在這群意氣相投的夥伴之中，他也害羞得說不出話來，只是展示他的模型，分享他的設計來與大家交流。但是，他看起來雖然孤單害臊，他天賦的本質——如同比他更早的圖靈——是喜歡交際的。在電腦只能藉由穿孔卡和閃光燈標來溝通的年代，他希望電腦對人類帶來更大的好處。他吸引注意的方式，是創作一種對別人有用的東西，把他的專長當成禮物送出去。那一年，他用鍵盤和螢幕製造出歷史上的第一臺電腦，而且把設計複製，免費分送給自製電腦俱樂部的夥伴——至少在他的朋友賈伯斯想出另一套商業模式之前是這樣的。

一九八〇年代初期，多少可算是沃茲尼克發明的家用電腦，進入了無以計數的青少年臥室，阿宅終於成了常用語，類似的短語也隨之出現，比如nerd pack，意思是指防止筆墨弄髒衣服的塑膠套，另一個意思則是指襯衫口袋放著這種套子、土頭土腦的美國中學生。阿宅聚居區從聖塔克拉拉谷地擴散開來，聖塔克拉拉谷地也改名叫「矽谷」。在一九九〇年代，更多人學了HTML網頁語言，把網路變成全球交誼廳，nerd一字恢復成為一枚得意的勳章。有些樂團，比如Weezer、They Might Be Giants、Nerf Herder，統稱為「阿宅流行樂」（nerd pop），「呆核」（nerdcore）也興起，成了嘻哈文化的分支。T恤以粗襯線體印刷，自信地宣

---

59 | 「溫和……假名底下」：Nathaniel Hawthorne, 'Preface to *Twice-Told Tales*', in *Tales and Sketches* (New York: Library of America, 1982), p. 1153.

60 | 「豪豬不可能……可悲孤獨！」：Richard Hardack, *Not Altogether Human: Pantheism and the Dark Nature of the Human Renaissance* (Amherst, Ma: University of Massachusetts Press, 2012), p. 14.

61 | 「在底特律……很抱歉，都叫阿宅。」：*Newsweek*, 8 October 1951, 28; *OED* entry (online edition).

告穿衣者是GEEK（怪咖）或NERD。

阿宅變酷了——也通常變得超級有錢——因為他們反社交的追求結果反而滿足了人類的一項需求：分享資訊，但沒有實際面對面接觸的尷尬。既然阿宅懂得電腦代碼，是能使這件事發生的少數人，在微晶片的新世界中，他們跟圖靈在布萊切利園一樣有用處，差別在於他們寫代碼，而非破解代碼。電腦幾乎就是圖靈理想中能與人一樣思考的機器，但我們現在能讓電腦像虛擬的大鼻子情聖代替自己工作，把最難堪的交會外包出去。科技就是現代應付尷尬的萬靈藥，我們仍舊稱為「電話」的多工微型電腦，讓我們彼此之間時時保持聯繫，但也讓我們能像調節恆溫器一樣，調節我們的社交活動。

一九九〇年代中葉，芬蘭公司諾基亞在手機問世之後，才又將簡訊功能添加到他們的產品中，取代已經不流行的過時傳呼系統。簡訊其實是一種原始科技，利用靈長類拇指能與其他四指對碰的基本特性，根本是一種耗時又效率不佳的談話替代方式。但是，簡訊立刻在不愛說話的年輕芬蘭男子之間流行開來，因為這是一種與他人說話的方式——尤其是對女孩子說話——但羞得緋紅的臉龐或打結的舌頭不會攪亂電波信號。在一個百分之八十五成員是福音路德教會成員的國家，手機成了十五歲孩子最喜歡的堅信禮禮物。兩位坦佩雷大學的社會學家發現，芬蘭男孩鮮少告訴女孩子他愛她，卻會以簡訊示愛，花上半個小時的工夫編輯改寫，而且用的還是英語，因為他發現用另一種語言表達熱烈的情感比較容易。[62]

其他研究手機文化的學者也證實簡訊在菲律賓發揮了類似的作用，[63]菲律賓很快取代芬蘭，成了世界簡訊之都。手機大約在一九九六年引進菲律賓，五年之內數量就已增加到七百萬隻。[64]菲律賓的簡訊量占全球的十分之一，原因之一是菲律賓是個貧窮國家，很少人裝設室內電話，而發送簡訊非常便宜。但大概也與菲律賓人所謂的hiya有關，這又是那種結合了害羞和尷尬卻不全然是害羞或尷尬的東南亞語。

菲律賓人的求愛傳統是一個靦腆繁複的儀式。男子應當主動，女方則故作矜持以保護榮譽。男方往往太害臊，無法坦誠自己的感情，所以儀式越變越複雜，保護措施也提高了。男人一開始先唱受到西班牙影響而盛行的小情歌，在炎熱的菲律賓夜晚，到心儀對象的窗下唱歌求愛，還帶了一群朋友幫忙合音，給予精神上的支持。接著，可能進入共同朋友會開始

---

62 — 兩位坦佩雷大學的社會學家發現……see Eija- Liisa Kasesniemi and Pirjo Rautianen, 'Mobile culture of children and teenagers in Finland', in James E. Katz and Mark Aakhus (eds), *Perpetual Contact: Mobile Communication, Private Talk, Public Performance* (Cambridge: Cambridge University Press, 2002), pp. 176, 183–4.

63 — 其他研究手機文化的學者也證實……see Bella Elwood Clayton, 'Virtual strangers: young love and texting in the Filipino archipelago of cyberspace', in Kristóf Nyíri (ed.) *Mobile Democracy: Essays on Society, Self and Politics* (Vienna: Passagen Verlag, 2003), pp. 225–35; and Gerard Goggin, *Cell Phone Culture: Mobile Technology in Everyday Life* (London: Routledge, 2006), p. 76.

64 — 手機數量就已增加到七百萬隻……Janey Gordon, 'The cell phone: an artifact of popular culture and a tool of the public sphere', in Anandam Kavoori and Noah Arceneaux (eds), *The Cell Phone Reader: Essays in Social Transformation* (New York: Peter Lang, 2006), p. 52.

「嘲弄」階段，或是借助這對可能發展成戀人的男女之間的「人橋」，直到兩人願意一起單獨出門為止。手機讓菲律賓年輕人繞過了這些顧及體面的例行公事，改以簡訊試試水溫。

*

因此，全世界都一樣：簡訊讓拇指比舌頭更靈活的人能比在現實生活中更大膽。簡訊的提示鈴聲不如電話鈴聲持久，不會讓人嚇一大跳，也不會要求我們立刻回應。簡訊給了我們空間理解消化，思索回答，牽住這個世界。在簡訊結尾加上幾個吻，是一支速成版的微妙雙人舞，火速從「你忠誠的」發展到「愛你的」，如果在冷硬的地板跌了一跤，也可以立刻宣告放棄。日本人甚至用星號和分號即興創作一套害羞或尷尬的表情符號，包括了緋紅的臉頰或汗珠。一則簡短的簡訊能夠囊括一個精深微妙的宇宙，將親密與巧計融合，讓我們說出面對面會尷尬的話語，用更圓滑的自己來進行試驗。

當我在火車車廂上無意聽見他人沒有提防的談話時，或在街上見到人對著手機免持裝置大吼大叫，在全世界眼中，他們似乎是對著假想敵狂吠的瘋子時，我就會心想，手機是否摧毀了私人生活與公共生活之間的那道隔牆，尷尬如今是否絕跡了。但是，在另一方面，我也看過年輕人害羞地在大腿上或桌子底下發簡訊，自信透過發光的螢幕傳送出去，他們的臉龐一閃一閃。我突然明白了，儘管有人在大庭廣眾之下喋喋不休，但人類的聰明才智發明出手機，解決了簡單而永恆的問題：我們想當面說出自己的想法和感受，想對人敞開心扉，但是我們真的就是都太難為情了。

04

張口結舌

Tongue-Tied

一九一八年某個三月天，人類學家馬林諾斯基（Bronislaw Malinowski）在美拉尼西亞的人類學田野調查即將接近尾聲時，參加了一趟乘船之旅，前往巴布亞紐幾內亞近海安菲萊特群島東南端的古瑪瓦納村。在這些島嶼上，他遇到一個民族，他們「害羞，但傲慢對待與他們打交道的每一個人」。[1] 由於土壤多石礫，種不出什麼作物來，所以女人捏製裝飾用的陶罐，男人拿陶罐跟鄰近島民交換豬隻、西谷米和檳榔。

馬林諾斯基的船拋錨停下來時，男人划著獨木舟上前來兜售陶罐。但他們一群人涉水上岸時，島民就開始驚慌了，年輕女子四處逃散，躲到村子遠處的樹叢中，馬林諾斯基以諷刺非難的語氣形容——連「醜老太婆」也躲進了草屋。為了引誘女人出來製作罐子，一行人只好用菸草賄賂他們。另一方面，男人則「呆呆坐在石頭上，一副事不關己又悶悶不樂的冷漠態度——十足的島民！」[2] 馬林諾斯基發現，不只是歐洲白種人，只要是陌生人，都會喚起安菲萊特人這種害羞的感受。

在美拉尼西亞的日子，馬林諾斯基開始認為所有人類都具有害羞傾向，然後才逐步發展出減緩害羞的方法。在經典文章〈原始語言的意義問題〉（'The Problem of Meaning in Primitive Languages'）中，他指出關係不親密者之間存在一種信息空白的談話，不管是在英國人家的客廳，還是在偏遠的部落，經常有人使用這種談話。他把這類交談稱為「應酬交流」（phatic communion），phatic源自希臘語phanein，意思是展示自我，而「交流」則是因為他認為這將建立他日可藉由一起用餐而變得完滿的初始關係。

學到足夠的當地語言、可以記錄對話之後，馬林諾斯基很驚訝地發現，他偷聽到的許多對話是一串無意義的字。美拉尼西亞的俗語「你哪裡人？」與英語的「幸會幸會」有驚人的相似性，說出口只為了填補對話開端令人不安的沉默。這些開場白隨即在表達喜惡、描述瑣事與陳述明顯事實的談話中消散。在應酬交流中，語言是社交黏合劑，把說話者暫時連繫在一塊，因為籠罩在沉默之中時，每個人似乎都會感到不安，不說話的陌生人成了「野蠻部落人」和「我們自己沒受教育的階層」的特殊敵人。[3]

多年後，人類學家鄧巴替馬林諾斯基的理論找出了確鑿的證據。他帶領他在利物浦大學的研究生，到自助餐廳、火車、酒吧和消防演習時亂哄哄的人群中偷聽對話，發現有三分之二的對談不是沒用腦筋，就是沒有實用價值，倒像是有關他人的瑣碎八卦。猴子會互相梳理毛髮來維持聯盟和社會等級，鄧巴認為語言也像是某種「口頭上的梳理」，[4] 適用於更龐大、更分散的人類生活群體。人類語言的演化並不像大多數人所以為的，目的在於交換如何

---

1 — 「害羞，但傲慢……」：Bronislaw Malinowski, *Argonauts of the Western Pacific* (London: Routledge & Kegan Paul, 1932), pp. 46–7.

2 — 「呆呆坐在石頭上……十足的島民！」：Young, *Malinowski*, p. 535.

3 — 「你哪裡人……」：Bronislaw Malinowski, 'The problem of meaning in primitive languages', in C. K. Ogden and I. A. Richards, *The Meaning of Meaning* (London: Routledge & Kegan Paul, 1923), pp. 313, 315, 314.

4 — 「口頭上的梳理」：Dunbar, *Grooming*, p. 78. See also pp. 121, 123.

刺殺長毛象或生火等有用資訊，而是一種給予撫慰的人際接觸方式，用語言代替手臂與溫暖的身體。

達爾文在《人類源流》（*The Descent of Man*）中提到，在其他群居動物之間，比如野馬和野牛，沉默也會帶來類似的不安。牠們會停止呼喚，覓食進食時也不再隨意發出哼聲或嘶鳴，藉此警告同伴有危險了。民族音樂學家喬丹尼亞（Joseph Jordania）最近指出，早期人類會發出哼鳴的聲音互相聯絡，我們現在聽別人說話會發出表示支持的「嗯哼」聲，也許就是一種演化的遺物，也是發出聲音讓人安心的行為。[5]

*

以害羞著稱的文化，比如北歐國家，對沉默似乎有更高的忍受力。瑞典民族學家謝格連（Annick Sjögren）在法國長大，注意到口語在她所客居的國家「無足輕重」，一說出口就「消失在稀薄的空氣中」。法國人交談是一場超脫自身的修辭表演，說話者可以不假思索講話，純粹享受舌頭上的音節發音，不用擔心要為自己所說的話負責。在瑞典情況恰好相反，一個人所說的話是他的個人標記，聽者會細細思索其中的含義。在瑞典語中，閒聊是kallprata，字面意義是「冷淡的談話」，瑞典語還有許多形容多話健談的字彙，好比pratkvarnar（話匣子）、pladdermajor（嘮叨的人）和frasmakare（愛說大話的人），這些字彙對說話本身傳達了懷疑的態度。[6]一九六〇年代末，桑塔格住在斯德哥爾摩，後來曾說：「對瑞典人來說，說話顯然始終是一道難題，彷彿在深淵旁傾斜身體。」她也說：「由於保密的必要，也由於沉默的積極誘惑，交談總是面臨著就要沒油了的危險。沉默是瑞典的民族之惡。」[7]

瑞典語和芬蘭語的害羞分別是blyg與ujo，具有正面聯想，暗示某人不出風頭，樂於傾聽他人說話。許多芬蘭諺語指出字斟句酌的重要，不說必要以外的話：一個字足以製造無數麻煩；簡練成就好詩；狂吠的狗抓不到兔子；嘴只有一張，耳朵卻是一對。根據芬蘭學者萊赫托寧（Jaakko Lehtonen）和薩亞瓦拉（Kari Sajavaara）合寫的論文〈沉默的芬蘭人〉（'the Silent Finn'），他們的同胞如果過度使用語言學者所說的附應行為——點頭、挑眉、在其他人說話時發出「嗯哼」聲——會被認為造成干擾，只有醉漢才會做這種事。[8]

---

5 — 達爾文在《人類源流》……：see Charles Darwin, *The Descent of Man*, eds James Moore and Adrian Desmond (London: Penguin, 2004),p. 123; and Joseph Jordania, 'Music and emotions: humming in human prehistory', in Rusudan Tsurtsumia and Joseph Jordania (eds), *Problems of Traditional Polyphony: Materials of the Fourth International Symposium on Traditional Polyphony* (Tbilisi: Nova Science, 2010), p. 42.

6 — 「無足輕重……愛說大話的人」：Daun, *Swedish Mentality*, p. 119.

7 — 「對瑞典人來說……民族之惡。」：Sontag, 'A letter from Sweden', p. 26.

8 — 〈沉默的芬蘭人〉：Jaakko Lehtonen and Kari Sajavaara, 'The silent Finn', in Deborah Tannen and Muriel Saville-Troike (eds), *Perspectives on Silence* (Norwood, NJ: Ablex, 1985), p. 195.

芬蘭電影導演郭利斯馬基（Aki Kaurismäki）的片中人物也有惜字如金的相仿個性，他們在超市收銀櫃臺或廚房洗碗槽等乏味工作崗位連續工作，開車穿過芬蘭鄉間道路，伏特加一杯接著一杯喝，同時又互相嘟囔，不知在說什麼。《火柴廠的女孩》（The Match Factory Girl，1990）僅有六十八分鐘長，但開始十三分鐘之後，都還沒有人開口說話。身為女主角的女工在工廠做了一整天的事，下班了，回家做飯，與父母一塊用餐。她參加一場芬蘭探戈舞會，在舞會上，男人不出聲，只是碰碰女孩子的手，發出邀舞的暗示。沒有人注意女孩，她抓著膝上的手提包坐著。劇情慢慢鋪成到重要時刻——最後，她走進一間酒吧，說出幾個字：「小杯的啤酒。」

但是，即使是在北歐國家，沉默也可能夾帶著尷尬或敵意的潛臺詞。在自傳中，柏格曼把童年的口吃歸因於一件事：[9]成年人不肯跟一個調皮搗亂的孩子說話，除非他們有了明顯的悔悟。他回憶說，這種冷淡的態度，遠比隨後的質問、套出來的懺悔和拿地毯撢子來打的老規矩，更要痛苦許多。瑞典人對此有個說法：att tiga ihjäl（用沉默殺人）。不同文化也許用不同角度看待害羞，對於如何構成講話與傾聽之間良好平衡，或者也有不同的評定準則。然而，在所有文化之中，沉默都足以殺人。

*

一九四〇年六月十八日，巴黎淪陷四天後，快到晚間十點時，一個精通「致命沉默」藝術的男人，坐在倫敦波特蘭坊ＢＢＣ廣播大樓４Ｂ錄音間的麥克風前。他穿著包括綁腿和長靴的全套法國軍裝，他的祖國與納粹談定羞辱的停戰協定，他在前一天逃到英國。ＢＢＣ工程師請他說句話測試音量，他全神貫注盯著麥克風，以宏亮的低音說了兩個字：「法國。」接著，他就不言不語坐著，直到示意現場直播開始的紅燈亮起。他對同胞發出感動人心的呼籲：「這就是結局嗎？希望該要消失嗎？我們終究是戰敗了嗎？」他的法語犀利粗嘎，卻又傳達出如詩般激動人心的情感。「無論發生什麼，法國抵抗的火焰絕對不會熄滅，也不會熄滅。」法國人對「六月十八日呼籲」的抑揚頓挫瞭如指掌，甚至勝過英語國家者對邱吉爾該日稍早在下議院「最光輝的時刻」演說的了解。

戴高樂的迷人性格從口才流露，即使是即席發言或回答記者問題時，他也總是口吐珠璣，彷彿在腦海中反覆打過了草稿。「他聽起來性格高尚。」從收音機收聽到戴高樂的演說後，諾丁丘的社會福利工作者霍奇森（Vere Hodgson）在日記中寫著，「他的聲音振奮人心，他對貝當的回應讓我在椅子上不禁發抖，他的語氣多麼地悲壯啊。」[10] 精雕細琢的佳句，鏗鏘有力的演講，讓這位在法國罕為人知、在英國更是籍籍無名的低階軍官，領著一支

9　在自傳中，柏格曼……Ingmar Bergman, *The Magic Lantern: An Autobiography*, trans. Joan Tate (New York: Viking, 1988), pp. 18, 8.

僅有數千人的軍隊，在流亡中團結同胞領導國家。

但是，穿插在這些不凡的公共表演之間的，是他長時間只會簡單地說「是」、「不」或一言不發。在蘇活區狄恩街的法國酒吧，是來自海峽另一頭的散居流亡者的聚會場所，總是擁擠熱鬧，充滿歡樂的氣氛，老闆貝勒盟（Victor Berlemont）也是個生性快活的人。戴高樂在的時候，總是拿著杯酒靜靜坐著，法國士兵則立正站好，全場陷入尷尬的靜寂。

戴高樂的脫口成章彷彿需要長時間的沉默來充電，儲備更多的詞藻。或者也許他認為，如果不能出口成章，寧可乾脆不要說話。大多數口拙的人無法像戴高樂可以在隨意之間突然變得能言善辯，與人交談時，我們思路不清，語法紊亂，結結巴巴，口齒能力遠遠不如心智能力。我們擔心讓人覺得厭煩，所以趕緊拋話，或是話說到一半，聲音就逐漸低了下去——結果恐懼的事就真的發生了。戴高樂卻彷彿從來沒有這種問題，他不是不言不語，就是雄辯高談，不會介於兩者之間。不願浪費絲毫氣力閒談，而願意開口時又能說得如此出色，這真叫人生氣，又令人著迷。

一九四三年五月，戴高樂希望立足在法國領土之上，便把司令部搬到阿爾及爾。庫伯（Duff Cooper）時任法國解放委員會的英方代表，他的夫人黛安娜（Diana Cooper）與他一同住在那裡的基地。庫伯夫人發現，與戴高樂的席間閒談像「膠水一樣難以流動」。[11] 庫伯夫婦替他取了一個名字，叫他「查理．苦艾」，因為苦艾和膽汁在《耶利米哀歌》（*Book of Lamentations*）中都是苦澀的象徵。在正式晚宴上，戴高樂和妻子伊芳是一對非常掃興的夫婦，戴高樂出身里爾，伊芳出身加萊，兩人都不負法國北部人的含蓄名聲，跟海峽對岸的鄰居同樣沉默寡言。卻斯特頓（G.K. Chesterton）認為，法國北部人也會表現出英國人那種「害羞以及鬱鬱寡歡的尷尬」，他們有相同的祖先和歷史，也都沒有「南部人飛快的手勢」。[12]戴高樂夫婦自然也符合這種刻板印象，畏懼地中海人的肢體接觸，講法語時不喜歡使用親切的「你」，兩夫妻之間甚至始終都使用「您」。

一九四三年六月的聖靈降臨節，英國駐阿爾及爾的外交使節麥米倫（Harold Macmillan）與戴高樂會面後，建議下午放個假，一同驅車前往濱海城市提帕薩。到了那裡，麥米倫脫個精光，下海游泳去了。戴高樂不願加入，反而「坐在大石頭上，態度莊嚴，戴著軍帽，穿著制服，繫著皮帶」。麥米倫演講前會嘔吐，但在其他方面把害羞掩飾得很好，他被「這個奇怪迷人卻又讓人受不了的人物」給迷住了。[13]他的妻子桃樂西必須招呼伊芳，後來說跟她講

10－「他聽起來性格高尚……多麼地悲壯啊」：Vere Hodgson, *Few Eggs and No Oranges: The Diaries of Vere Hodgson 1940–45* (London: Persephone Books, 2005), p. 11.

11－「膠水一樣難以流動」：Antony Beevor and Artemis Cooper, *Paris after the Liberation, 1944–1949* (London: Penguin, 2004), p. 109.

12－「害羞……飛快的手勢」：G. K. Chesterton, 'A shy bird', in *A Handful of Authors: Essays on Books and Writers*, ed. Dorothy Collins (London: Sheed and Ward, 1953), pp. 211–12.

13－「坐在大石頭上……受不了的人物」：Charles Williams, *The Last Great Frenchman: A Life of General de Gaulle* (London: Wiley,1997), p. 347.

話好像「拿鏟子挖黏土一樣」。[14]

*

戴高樂絕對不是粗魯，而是真的害羞。一九一六年三月，他在凡爾登遭俘虜，在接下來兩年半的戰爭期間，憑著與生俱來的領導才能，在囚友之間贏得聲望。因此，與他先後在因哥斯塔特和維爾茨堡一起當過戰俘的普萊西（Ferdinand Plessy）很驚訝，有天晚上戴高樂竟向他坦承自己很害羞。這個朋友天生雄辯，氣勢威嚴，普萊西無法相信他會害羞。不過他後來又想到戴高樂很懂得如何保持距離，他記得戰俘的洗澡間沒有隔牆，只是一面上頭裝有灑水器的擋板，而他一次也沒見過戴高樂赤裸著身體。[15]

戴高樂痛恨自己的大鼻子、招風耳和後縮的下巴，所以很少照鏡子。他身高將近一米九五，自知威嚴與醜陋對他來說只有一線之隔。「我們這種人老是不大自在，」他對法國政治家若克斯（Louis Joxe）說，「我是說我們這種大塊頭，椅子永遠太小，桌子總是太低，給人的印象太深刻了。」[16]他的視力很差，不管讀什麼，都得戴上他討厭的厚重眼鏡。他十分厭惡電話，連他的副官也不敢打他辦公桌上的電話找他。他家中的電話刻意安裝在樓梯底下，所以他打電話還得躬著身體。

他明白，既然性情害羞，就必須精心練就出一種在公開場合的修辭風格。還是戰俘時，他就在筆記本中草擬這個計畫。「人必寡言，行動時，務必保持沉默，」他告訴自己，「主將就是不說話的那一個。」[17]他無法處理社交的繁文縟節，只往大處著手，不是發表強而有力的獨白，就是陰沉沉地不發一語。其實這樣的公共角色深入擴展到他的私生活，很難分辨他的私生活是從哪裡開始的。他的兒子回憶說，戴高樂每日清晨從臥室出來，都是穿好夾克、打妥領帶，他只有一次看見父親半裸著身體，那是他剛動完前列腺手術的時候。[18]

若是戴高樂沒有個人名利心，那麼他絕對培育了一種巨人般、不屬於個人的優越感，他用第三人稱指稱自己，因為他認為法國在世上的代表值得這樣的尊敬。以法國榮譽為名義，一九四四年八月二十六日巴黎解放當日，他堅持乘坐敞篷車，率領第一軍隊進入首都。他知道城裡仍舊都是準備肆意攻擊的德國人和通敵法國人，卻還是走向凱旋門，在無名烈士墓獻上花圈，領唱法國國歌《馬賽進行曲》。他沿著香榭麗舍大道，一路走到協和廣場，一輛車

14—「拿鏟子挖黏土一樣」：Harold Nicolson, *Diaries and Letters, 1907–1964*, ed. Nigel Nicolson (London: Phoenix, 2005), p. 469.

15—普萊西很驚訝……：Jean Lacouture, *De Gaulle: The Rebel 1890–1944*, trans. Patrick O'Brian (London: Harvill, 1990), p. 53.

16—「我們這種人……太深刻了」：Gregor Dallas, *1945: The War That Never Ended* (London: John Murray, 2005), p. 90.

17—「人必寡言……不說話的那一個。」：Jonathan Fenby, *The General: Charles de Gaulle and the France He Saved* (London: Simon & Schuster, 2010), p. 69.

18—他的兒子回憶說……：Fenby, *The General*, pp. 69, 7.

在那裡等著送他去聖母院，聖母院擠滿了守候著要感謝他解放巴黎的民眾。

到了巴黎聖母院，戴高樂走出車子，第一波子彈從俯瞰廣場的屋頂射出，憲兵也開槍回應。戴高樂步入中殿後，狙擊手從高處的樓座開火，人群紛紛趴倒在地，躲到長椅下面。貼身隨行人員催促戴高樂快走，但戴高樂拒絕他們的請求，反而緩緩沿著中央走道向前走。他挺起胸膛，打直雙臂，宛如冰雹般落下的子彈不過是濛濛細雨，不值得為它撐起雨傘。「對我來說，沒有什麼比不屈服於群眾的恐懼更重要的事，」他在回憶錄中描述了這一刻。[19]

憲兵在大教堂穿梭，尋找上方閃現的火光，再開槍回擊。子彈從大教堂的長柱彈開，石屑四處飛散。沒有電，不能彈奏管風琴，槍聲反而吟唱了一曲無伴奏合唱。「長著一張無吸引力的臉的好處，就是它讓人能掩藏、能控制在公共場合可能洩漏的情緒，」戴高樂後來說。[20]他穿過通道，聞著混有淡淡火藥味道的焚香，讓自己的五官化成一張不動聲色的面具。在戴高樂沉默之勇的振奮下，群眾開始冷靜下來，並起立合唱《讚美頌》。

*

從荷馬史詩到莎士比亞的《亨利五世》，經典文學中都是慷慨激昂、喚起軍隊士氣的將軍。在戰場上犧牲也是要說上幾句話的典型場合，比方說，簡潔的遺言就是冰島英雄傳奇反覆出現的主題。而在現實中，戰士往往更加沉默寡言，沙場上言重九鼎，與其下錯指令，讓同袍送死，不如不要開口。這種語言方面的吝嗇可能持續到戰爭結束後，因為見識過戰爭慘狀的人，對戰爭往往三緘其口。沒有任何話語能描述同袍被炸飛的面容或血肉模糊的身軀，目睹過這種情景者認為，他們與不曾上過戰場的人之間，無可避免存在一道跨越不了的鴻溝，對方不可能理解他們。正如薩松在〈倖存者〉（'Survivors'）一詩中的描述，沉默和結疤是罹患炮彈休克症的士兵的常見症狀，而砲彈休克症早期的名稱之一就叫「砲彈害羞症」。

一九四一年某天，戴高樂在開羅認識了一個比自己還要害羞的人。他被帶到英軍司令部總司令魏菲爾（Archibald Wavell）的辦公室，兩個男人一語不發，握了握手，接著就是好幾分鐘長的沉默。魏菲爾的參謀長史密斯少將（Arthur Smith）設法挽救局面，建議魏菲爾讓戴高樂看一看他的掛圖。兩個男人默默研究地圖幾分鐘，接著又握了一次手，戴高樂就離開了——雙方始終一個字也沒說。[21]

魏菲爾令人難受的沉默與戴高樂的少話同樣聲名遠播。他聽下屬傳達情報或匯報工作時，會在筆記簿上亂塗鴉，然後一本正經用粗嘎的嗓音說「知道了」，或者「如果我是你，

---

19 「對我來說……更重要的事」：General de Gaulle, *War Memoirs: Unity 1942–1944*, trans. Richard Howard (London: Weidenfeld & Nicolson, 1959), p. 315.

20 「長著一張無吸引力……洩漏的情緒」：Williams, *The Last Great Frenchman*, p. 346.

21 一九四一年某天，戴高樂……：Adrian Fort, *Archibald Wavell: The Life and Times of an Imperial Servant* (London: Jonathan Cape, 2009), p. 224.

我就那麼做」。一九三九年二月，魏菲爾在劍橋大學三一學院發表「將軍與將才」系列演說，主張指揮官應以性格贏得軍隊的敬仰，唯有在覺得能夠發表恰當演說時才對他們說話，因為一次拙劣的演說可能使他在幾分鐘內失去人心。士兵要的是上級的能力，嚴酷的戰爭條件也只能提供這樣微不足道的「止痛藥」。只有基本需求獲得滿足，士兵才會期待激動人心的演說，如果其他方面得到滿足，上級的口才不好也無所謂。[22]當然，魏菲爾和部隊之間的矜持之牆並沒有阻止他傳達智慧、正直，甚至個人魅力。庫柏夫人黛安娜覺得戴高樂讓她耗竭心力，談到魏菲爾時，卻說她「可能會愛上他，如果可以克服對他老是不說話的恐懼」。[23]

第一次世界大戰時，魏菲爾在伊珀爾戰役擔任副旅長，走訪前線的每一寸土地，仔細聆聽下屬的心聲，與薩松詩中那些面紅耳赤、大吼大叫的將軍形成對照。害羞讓他採取反向策略，對陽剛的咆哮和學舌般反覆一成不變觀點的自負抱持懷疑。令他非常痛惜的是，高層固執死守毫無遮蔽的泥濘戰壕，拒絕往後或往旁移至比較結實的白堊地層或更利防禦的位置，害得下屬一個一個死去。一九一五年六月在貝拉維爾德山脊的慘敗讓他確信，靜止不動的壕溝戰和步兵大規模進攻壕溝掩蔽的防守位置都是愚蠢的，必須找出更具創意的打仗方式。在這場戰役中，他失去了左眼，從此養成不說話時用一隻好眼睛專注看人的習慣，眼睛上的單片眼鏡放大了他的怒視，也助長了他冷漠和難以捉摸的名聲。

在戰爭後期，魏菲爾在巴勒斯坦服役，隸屬當時中東統帥艾倫比將軍（Edmund Henry Hynman Allenby）麾下，很佩服將軍聲東擊西的新奇戰術。一九一七年十月，魏菲爾親眼目睹了那場著名的詐術：一只血跡斑斑的帆布背包，塞滿了假證件，故意留給土耳其人撿起，誤導他們以為英軍準備進攻迦薩。勞倫斯，也是以極度內向性格培育出橫向思維的軍人，他的另類戰術也給了魏菲爾靈感。一九二〇年，勞倫斯就游擊戰寫了一篇具開創意義的論文〈起義的演變〉（'The Evolution of a Revolt'），主張軍隊不該靜止不動，而是該像氣體一樣四處竄流，神出鬼沒，無影無蹤。「過去軍隊就像植物，動也不動，根深蒂固，靠著長莖提供頭部營養，」他寫道，「我們可以像煙霧，吹到我們所列出的地方。」[24]

歷史學家藍欽（Nicholas Rankin）認為，在兩次世界大戰期間，英國精采完成了軍事欺敵計畫，這種天賦來自推崇自嘲與潛伏的民族性格。講話晦澀，用諷刺或玩笑掩飾嚴肅，這種用來「掩飾害羞或情感」的民族傳統，[25]讓英國人擅長間諜活動、布萊切利園的破譯計畫和以偽照和謠傳為基礎的黑魔法。

一九四〇年六月十日，義大利參戰了，魏菲爾在埃及駐紮的部隊只有三萬六千人，

---

22 「將軍與將才」系列演說……：General Sir Archibald Wavell, *Generals and Generalship* (London: Penguin, 1941), pp. 40–42.

23 「可能會愛上他……恐懼」：Diana Cooper, *Trumpets from the Steep* (London: Hart-Davis, 1960), p. 136.

24 「過去軍隊就像植物……所列出的地方。」：Nicholas Rankin, *A Genius for Deception: How Cunning Helped the British Win Two World Wars* (New York: Oxford University Press, 2009), p. 106.

25 「掩飾害羞或情感」：Rankin, *A Genius for Deception*, p. xi.

卻要對抗義大利在利比亞的十五萬名大軍。軸心國連連告捷，英軍似乎很可能又將要潰敗如山倒，魏菲爾推斷一定要以非常規思考來對付敵軍。到了夏末，有個叫克拉克（Dudley Clarke）的情報人員被派到魏菲爾的帳下，要求魏菲爾成立「A軍」，作為專事軍事欺騙的單位。三年前，在巴勒斯坦，克拉克首次聽從魏菲爾指揮時，就已經認識了他。有一回，從耶路撒冷到海法的長途車程中，魏菲爾問克拉克是何時加入的，克拉克回答：「一九一六年，長官。」一個小時之後，魏菲爾開口了：「我是問你什麼時候加入這個司令部？」[26]克拉克很尊重這種惜字如金的態度，此外，他自己也是個矜持的人，喜歡悄悄進出房間，不讓人察覺——有個上司曾經形容他是「軍隊裡的吉夫斯」[27]，說他解決問題有種「獅身人面像般的特質，帶著冷嘲的幽默與具有吸收能力的警惕」。[28]

在等待後援部隊抵達期間，魏菲爾與克拉克開始把英國人的害羞和社交偽裝天賦轉為軍事策略。他們計畫利用隱身術和詭計，讓義大利人以為該區布滿「沙漠之鼠」（英軍第七裝甲旅）。精通幻術的魔術師馬斯基林（Jasper Maskelyne）帶領一小隊偽裝專家去協助他們，他們製作充氣軍艦和紙漿馬，把卡車蓋上漆了顏色的帆布，卡車就變成坦克車。他們還在電線桿上綁了油桶，在上頭撒了網子，看起來就像是從天而降的大砲。他們把沙漠裝飾得像是小型飛機廠和道路，在沙漠上驅趕拖著耙子的駱駝，揚起好像坦克製造出來的滾滾塵煙。同時間，防空高射炮迫使義大利飛機在高空盤旋，無法逼近偵查這支虛構出來的軍隊。義大利在北非的總司令格拉齊亞尼元帥（Rodolfo Graziani）缺乏想像力，於是上當了。九月十三日，義大利第十軍團小心翼翼越界進入埃及，但只走了五十英里，就在海濱小鎮西迪巴拉尼停下來挖掘掩體。

*

長期在沉默中思考，魏菲爾變成謹慎研究戰爭的學生。他很清楚，在激烈戰爭中，一名良將倚仗的不是直覺慧眼，而是諸如偵察、管理以及注重運輸和供應線等細節。不過，他的害羞也掩藏了，或許也可以說是帶來了冒險的天賦。害羞者善於等待和思考，其中少數人也擅長最後把等待和思考轉變為行動。這群少數人往往善戰，因為戰爭本身就是漫長而無聊的過程，偶爾才會被短暫的血腥衝突給打斷。魏菲爾相信，在這些關鍵時刻，將軍必須像個賭徒，因為他從上一場戰爭學到了速度及行動比火力更重要。巴勒斯坦軍事行動證明了機動裝甲部隊的價值；他認為，率領一支精巧的布倫式小型裝甲車在沙漠中快速移動會使敵軍更害

26—「一九一六年，長官……司令部？」：Rankin, *A Genius for Deception*, p. 183.

27—譯註：Jeeves，英國幽默文學故事中的虛構人物，是一名相當能幹的貼身男僕。

28—「軍隊裡的吉夫斯……具有吸收能力的警惕」：Rankin, *A Genius for Deception*, p. 177; Thaddeus Holt, *The Deceivers: Allied Military Deception in the Second World War* (New York: Scribner, 2004), p. 12.

怕，他也知道，沙漠戰爭除了仰賴移動的速度，也要倚賴腦筋轉動的速度，因為目的不是要爭奪領土，而是更像海戰，同樣是機械化部隊互相追逐，只是地點從海面換成沙地。

十二月九日，援兵抵達了，儘管軍隊人數仍然不及對方，魏菲爾還是出兵反擊。反擊行動完全出乎敵軍所料是他的第一場勝利，沉默寡言的天性讓這件事更容易辦到。埃及首相稱他是在開羅嚴守祕密的第一人。[29]魏菲爾一如往常謙遜，告訴戰地通訊記者，「這不是一場進攻……不妨說是一場重要的突襲」。[30]他的軍隊開始取得驚人的進展，深知魏菲爾為人克制者對他在戰爭中的膽識大為驚奇。十二月十一日，英軍輕而易舉拿下西地巴拉尼，四天內將義大利軍隊橫掃出埃及。新的一年展開時，他們已經深入利比亞，二月在貝達佛姆打敗義大利軍隊後，英軍已經征服了整個昔蘭尼加地區，即將擊潰義大利的最後一支軍隊。「魏菲爾的三萬軍」此時已與英倫空戰的以少剩多同樣馳名了。

但是，在貝達佛姆一役的五天之後，正當魏菲爾的部隊準備攻下的黎波里時，邱吉爾卻命令他停止前進，將最精良的部隊派去保衛希臘，抵抗軸心國的攻擊。結果是災難一場，英國被迫撤離到克里特島，然後又從克里特島撤退。在此同時，顯為人知的德國將軍隆美爾率領新成立的非洲裝甲軍團抵達突尼斯，到了四月底，他將沙漠之鼠一路逼退到埃及邊境，剩下托布魯克陷入重圍。

魏菲爾與情緒無常、口若懸河的邱吉爾關係糟糕。他的害羞原本能夠給他空間安靜思索，讓他得以轉動問題，換個角度清楚研究。如今害羞反倒成了一個缺點，邱吉爾要求每一個戰線都要展開行動，認為魏菲爾閃爍其詞的公報是過分謹慎的證據。他要魏菲爾進攻效忠維琪政權的法軍所占據的敘利亞和伊拉克，以支持「自由法國」運動——這就是為什麼戴高樂當時人在開羅，而魏菲爾為什麼不大樂於見到他。

安南（Noel Annan）在英國陸軍部擔任軍事情報官員，對邱吉爾和魏菲爾都很了解，認為二者是兩種公立學校的對照：來自歷史悠久的哈羅公學的首相，勇於冒險耍詐，不拘禮節；溫徹斯特公學出身的軍事家，則謹言慎行，含蓄節制。[31]但是，這也是討好群眾的政治家邱吉爾與低調緘默的大將軍魏菲爾之間的對比，前者意識到戰爭有一定程度繫於宣傳與安撫同盟，後者則只關心戰略是否正確，這正是他們最激烈一次爭執的核心問題。是否要死守托布魯克一事上，魏菲爾認為這個港口城市就軍事層面無足輕重，邱吉爾卻以為它是抵抗的象徵，對於士氣非常重要。魏菲爾回倫敦述職時，邱吉爾粗暴地詢問他，對他結結巴巴、含含糊糊的回答感到不悅。當時，後來擔任ＢＢＣ總裁的傑克伯（Ian Jacob）以戰時內閣祕書身分出席這幾次會面，表示「任何人都很難理解魏菲爾怎麼會如此木訥無言，因此也很難對

29 埃及首相稱他……：Harold E. Raugh, *Wavell in the Middle East, 1939–1941: A Study in Generalship* (Norman, OK: University of Oklahoma Press, 2013), p. 96.

30 「這不是一場進攻……重要的突襲」：Jonathan Dimbleby, *Destiny in the Desert: The Road to El Alamein – The Battle That Turned the Tide* (London: Profile, 2013), p. 32.

31 安南在英國陸軍部擔任……：Raugh, *Wavell in the Middle East*, p. 80.

他的才智與性格留下印象」。[32]

魏菲爾與在內閣戰情室工作的布萊特（Joan Bright）很合得來，布萊特個性友善謹慎，是佛萊明（Ian Fleming）的前女友，常常被認為是〇〇七系列小說中「曼妮潘妮小姐」的原型。布萊特很會鼓勵別人說話，卻覺得要讓魏菲爾開口非常困難。魏菲爾有次邀請布萊特到帕摩爾街聯合軍事會俱樂部吃午餐，席間兩人始終沉默不語。回程穿過聖詹姆斯公園時，兩人照樣一言不發，後來魏菲爾突然轉過頭來，問她首相為什麼不喜歡他。她坦率告訴他，因為他話太少了。他便開始吞吞吐吐解釋，說他很小的時候，母親帶他下樓到客廳跟客人說話，這個討厭的聚會節目永遠毀了他可以根據需求自如交談的能力，他的母親簡直就是「搶走」了他的說話能力。布萊特認為「這個藉口太拙劣——很少有母親不是這樣對自己的孩子」。[33]

一九四一年六月，戰斧行動（邱吉爾鼓勵之下所發起的托布魯克解圍計畫）一敗塗地，邱吉爾解除了魏菲爾的職務，將他降為印度總司令。戰地通訊記者摩拉希德（Alan Moorehead）聽到這個消息很難過，把魏菲爾比成托爾斯泰《戰爭與和平》中守衛莫斯科的庫圖佐夫將軍：年邁獨眼的他深諳人性，行事謙遜，看得出事物的錯綜複雜，與自負無情又工於心計的拿破崙不同。「他靈敏的腦筋，他布滿皺紋的粗糙臉龐，甚至是他的盲眼，都讓人感受到魄力、睿智和耐心，」摩拉希德如此形容魏菲爾，「但他平常所說的話中很少暗示出這些特質。」[34]

如今，在世人心中，第二次阿拉曼戰役是扭轉戰局的關鍵，蒙哥馬利將軍（Bernard Law Montgomery）的威望如日中天，猶如過去多次率領皇家海軍勝出的納爾遜海軍上將（Horatio Nelson）。蒙哥馬利傲慢自負，與魏菲爾有如天壤之別，他自命英軍救星，經常驅車在部隊之間巡迴，到處發表他徹底挫敗隆美爾的演說，好像在參加競選一樣——用大話提振軍隊士氣，讓他們有幾分覺得自己也謀畫了一場巨變，信心自然跟著大漲。

邱吉爾後來寫道：「幾乎可以這麼說吧，『在阿拉曼戰役之前，我們從未戰勝，在阿拉曼戰役之後，我們從未戰敗』。」[35]但這兩句話皆非屬實。早在阿拉曼戰役以前，魏菲爾差不多已經摧毀了義大利第十軍團，擊潰義軍的士氣，也粉碎了墨索里尼建造非洲帝國的幻想。身為盟軍贏得首場勝戰的推手，在軸心國似乎無往而不勝之時，他為盟軍帶來了極其重要的鼓舞。如今看來，他在沙漠中的進軍也可視為第一場出色的欺騙之戰，把制度化的騙術化為戰爭策略，也因此才有了諾曼地登陸之前那幾場更著名的策略詐欺。若說英國人的軍事欺騙天賦是由英國人的害羞培養出來，那麼魏菲爾就是這一句話的具體表現。

32 —「任何人都很難理解……留下印象」：Raugh, *Wavell in the Middle East*, p. 80.

33 —「這個藉口太拙劣……對自己的孩子」：Joan Bright Astley, *The Inner Circle: A View of War at the Top* (Boston, MA: Little, Brown, 1971), p. 73.

34 —「他靈敏的腦筋……這些特質。」：Alan Moorehead, *Don't Blame the Generals* (New York: Harper, 1943), p. 127.

35 —「幾乎可以這麼說吧……從未戰敗」：Dimbleby, *Destiny in the Desert*, p. xiv.

但是，在一九五〇年去世前，魏菲爾對戰爭的貢獻早已從民眾的記憶中褪去，遭他自己提拔的繼任者推到一旁，最大原因是他自己也保持沉默。他從來沒有說過一句話支持或駁正他在戰場上的成敗記錄，甚至不曾為文解釋，而其實他的文章與他的口才恰好相反，是暢順清晰的好模範。他反而將心力用在編纂《他人的花朵》（*Other Men's Flowers*，1944），這本收錄他所熟記詩歌的集子成了暢銷書，但說也奇怪，詩集證實了詩歌的價值不在於內心的思想旅程，而在於公共的交流，竟是由這麼害羞的人所編纂。而且，他在開頭幾頁還批評艾略特（T. S. Eliot）「冒犯了詩歌的光輝，把他卓越的才情包裹在晦澀的餐巾中」。魏菲爾指出，就本源來說，詩歌是一門朗讀藝術，並以他向來如此的寬容大度，稱讚邱吉爾朗誦詩文時的「特有熱情」。這裡魏菲爾也透出一絲遺憾，他雖然熟記千詩萬賦，只有在獨自騎馬或駕車時才敢大聲朗讀詩文。他願自己能獨自高飛，如此一來，就能「在空中慷慨讀詩」。[36]不然，由於擔心被人聽到，他甚至沐浴時也不敢冒險吟誦詩歌。

＊

有個人跟魏菲爾說話從來不覺得困難，那人就是伊莉莎白王后[37]，因為她知道只要提起魏菲爾最愛的話題「黑衛士兵團」，他就會放鬆下來，而且王后恰好就是兵團的名譽上校。但英王喬治六世可就沒那麼幸運了，他說魏菲爾是「牡蠣」，[38]因為很難撬開嘴巴，但他也可以這樣形容自己。英王和魏菲爾一樣，對於喜歡的話題，比如工廠生產線和繁殖獵禽，可以暢談自己的意見，但始終不擅長閒聊。比起軍人，君主有這個缺點更是糟糕，他害怕說不出話的恐懼，加劇了他害怕不知道要說什麼的恐懼。他從七歲起就有嚴重的口吃。

早期的理論大致就是把口吃者當成舌頭會打結的人，因為他們的舌頭不是像亞里斯多德所認為的太厚太硬，就是如培根（Francis Bacon）相信的太濕太冷。隨著對於精神病學的興趣在十九世紀末興起，口吃開始被視為精神衰弱與害羞的症狀。想說話卻又竭力不開口，這似乎是無意識的非理性衝動得到適得其反的效果的典型例子。現今我們傾向再一次把口吃看成無意識的問題，屬於一種神經元發展障礙，起因未明，每二十個孩子中大約就有一個。不過，它仍然看似根源於人類特有的自省能力，這就是為何跨出那個自我可以得到片刻的紓解。口吃的演員在扮演角色時很少口吃，口吃者唱歌或是換一種語言說話，往往也不會大舌頭。作家亨利·詹姆士會口吃，說法語時卻非常流利，能對朋友吟誦他最愛的詩歌。

就跟對害羞想太多一樣，對口吃想太多只會讓口吃更嚴重，造成口訥的惡性循環。跟害

36 — 「在空中……讀詩」：A. P. Wavell, 'Foreword', in A. P. Wavell, *Other Men's Flowers* (London: Jonathan Cape, 1944), pp. 19, 17.

37 — 譯註：英王喬治六世王后，末代愛爾蘭王后及印度皇后，英女王伊莉莎白二世之母，稱為伊莉莎白王后。官方頭銜為伊莉莎白王后，王母太后，中譯為「伊莉莎白王太后」。

38 — 「牡蠣」：Fort, *Wavell*, p. 246.

羞一樣，口吃有一點令人好奇，那就是它時好時壞。覺得自己克服了這個問題的口吃者，可能發現它在最令人難為的時刻又不期而至。就算害羞不是口吃的原因，口吃絕對也會是害羞的原因，許多口吃的受害者怕說不出話，反而選擇閉嘴。

幼年時，頭銜還是亞伯特王子的喬治六世，跟其他王室小孩一樣，必須在祖父母大壽時對著滿堂的賓客朗誦硬背下的詩句。這種可怕無比的折磨堅定了他的願望：只要可以，他就要保持沉默。就讀於海軍學院時，由於他說不出「quarter」（四分之一），所以無法回答「二分之一的二分之一是多少」的問題，在成績單上被記下「愚笨」。二十多歲時，有一回他在英格蘭中部地區對農民說話，由於太過緊張，在嘴裡嘟噥了好幾分鐘，不知道在說些什麼，王室侍從站在一旁束手無策。後來，亞伯特王子勉強用一個狀似無禮的方法解決了這種問題——在典禮儀式上，如果有人介紹他認識誰的話，他就握一握手，默默繼續往前走。[39]

國王王子寡言沉默的情況並不少。查理一世年少時也害羞，會口吃，在更迷人的兄長的陰影之下長大，仰賴范．戴克（Anthony van Dyck）的肖像畫或強森（Ben Jonson）的假面舞劇來加強他的君主氣勢。講德語的喬治一世很害羞，在國會演講時，總以一句英語短句開場，接著就把稿子交給輔弼，讓他完成朗讀的工作。亞伯特王子很不幸，當他成年時，已是傳媒民主當政的朝代，皇室必須用口語把它的權力變得合法。對一個羞怯的王子來說，無線電廣播和軟片膠捲代表著羞辱與丟臉的無限可能。

*

一九二四年，英國帝國展覽會開幕，數百萬民眾聆聽喬治五世在溫布利球場的致詞。一九二五年五月，頭銜改為約克公爵的亞伯特接替兄長，繼任展覽會主席，因此該年展覽會重新開幕時，他必須在溫布利球場用幾句話介紹國王。他為此事焦慮了幾個月，腦中反覆演練著幾句講詞：「陛下，我以主席身分，誠懇地請求您，宣布英國帝國展覽會再次開放……」

五月九日那天，快到正午時，他站在溫布利球場的皇家講臺，等待成員多達一千兩百名的儀隊演奏完國歌。這種典禮盛況令他緊張，他一生最討厭的職責就是閱兵，必須檢查靴子是否光亮，衣摺是否筆直，而且知道士兵全看著自己。此刻，軍隊動也不動，場上一片寂靜，九萬人等著他張口發出聲音。結果，一開始就出現麻煩，擴音器發出了回授。他的運氣實在很差，就算是十分自信的人，當自己的聲音離開嘴巴後，過一拍後又聽到自己的聲音，也會覺得困窘。

不會口吃的人，尤其是那些殘忍模仿口吃者的人，以為口吃只是重複某個字的第一個

39　二十多歲時，有一回他……：Denis Judd, *King George VI,1895–1952* (London: Michael Joseph, 1982), pp. 96–7.

音節。但是，與一個單字在搏鬥的口吃者，更可能根本沒有發出聲音，或只是發出吸氣聲，因為他們沒有讓聲音跟著往外的呼氣通過橫隔，反而是在吸入空氣。公爵的臉部肌肉運動過度，卻發不出丁點聲音來，因此他的致詞充斥著令人難以忍受的停頓。許多口吃者都像這樣，下巴持續收縮，所以說話非常消耗體力。透過無線電與《每日郵報》安裝在公共場合的喇叭，全國上下都聽得到溫布利球場那場致詞的直播，這是他的人民頭一次碰上他的口吃。當溫布利球場上的群眾因為同情公爵而局促不安時，一個叫羅格（Lionel Logue）的澳洲人卻轉向他的兒子，平靜地說他自認能夠治好公爵。

羅格是語言治療這個新領域的先鋒，在戰爭期間就開始治療因砲彈休克症或受毒氣攻擊而語言失常的士兵。惠勒-班尼特（John Wheeler-Bennett）是他的病患之一，他一九一六年在肯特預科學校遭受轟炸，之後講話就開始大舌頭。「只有那些親身遭遇過口吃悲劇的人，才能夠完全理解他們的內心深處和辛酸。」半個世紀後，在喬治六世的傳記中，惠勒-班尼特發自肺腑寫道，「難堪的羞辱與精神的折磨……對於憐憫者的協助畏縮不前」。[40]

羅格的諮詢室不大，位於哈雷街街尾比較便宜的地段，他每天在這裡面對無聲的痛苦。有名患者從位於伯爵府（Earls Court）的住家搭車到市區，但回程會搭另一條路線先到漢默史密斯，再從那裡步行回家，因為不願嘗試在買票時說出Court中比較難念的k音。另一個病患怕跟公車車掌說話，所以一定先確認有剛好的零錢買車票。一九二五年八月十九日，溫布利球場那場災難過去三個月了，羅格上ＢＢＣ廣播，以「聲音與磚牆」為題，發表了一段談話。或許，約克公爵聽了這個廣播節目。「我不知道還有什麼能像這個缺陷一樣築起這麼巨大的磚牆，」羅格告訴聽眾，「買車票或問路，如此日常的事，都成了難以形容的痛苦」。[41]

*

我們大多人熟知電影版本的故事。在《王者之聲》（*The King's Speech*），羅格不肯去公爵的家，堅持在他的診間進行治療，並對公爵直呼其名，喊他「伯弟」，甚至直呼他「老兄」。羅格後來不顧公爵的意願，誘使他討論個人問題——專橫的父親，偏愛弟弟、把他捏哭的保母，為了矯正膝外翻只得穿上的痛苦金屬夾板。羅格要公爵隨意講話，用「去他媽的混蛋」來填補講話中的停頓，因為公爵的口吃不只是「機械故障」（公爵如此堅信）的結

40 「只有那些親身……畏縮不前」：John W. Wheeler-Bennett, *King George VI: His Life and Reign* (London: Macmillan, 1958), p. 27.

41 「我不知道還有什麼……難以形容的痛苦」：Mark Logue and Peter Conradi, *The King's Speech: How One Man Saved the British Monarchy* (London: Quercus, 2010), p. 44.

果，而是根深蒂固的壓抑。電影擁護羅格不拘禮節的現代價值理念，這個「自以為了不起的澳洲內陸人」，對抗著上流階層的英式拘謹。

但是，在現實生活中，羅格不是靠關懷和同情心在治療患者。他的方法講求實際，教導病患用正確方式呼吸，放鬆肌肉，才不會痙攣。他的治療方法不具奇效，不是所有患者都能獲得改善。小說家莫斯利（Nicholas Mosley）就是一個失敗的例子，他十七歲在伊頓公學就讀時就找過羅格，除了被迫跟著一個三流演員的起伏語調說話覺得尷尬不已，治療並沒有收到什麼成效。莫斯利後來當上軍官，戎馬生涯仰賴發號施令的能力，而他在校閱場上操演時結結巴巴，唯恐自己「可能無意間像海地皇帝克里斯托夫一樣，為了尋開心，讓精銳部隊在山崖邊上行進」。[42]然而，一九四四年十月，莫斯利帶領倫敦愛爾蘭步槍隊一路打到義大利山陵地帶，接著，在波隆那附近的史帕度羅山，指揮一次近乎自殺的突襲行動，當他下令前進時，沒有絲毫結巴。「攸關生死，怎能結巴，」他後來說，「平日閒扯時才會。」[43]日後他仍舊還是會口吃，晚年有一次在愛丁堡藝術節演講，結巴又出現搞破壞，他只好中止演講。

大銀幕上的敘事邏輯需要一個危機和一個解決之道，而口吃對於電影想像的吸引力，就在於口吃問題像是一個必須果斷克服的障礙。在現實中，就像莫斯利的故事所顯示的，口吃者必須應付時有時無又毫無條理可言的症狀。現代的口吃治療很少使用「治癒」兩個字，大多數口吃的孩童長大就好了，但十來歲的孩童裡面，每一百個之中有一個講話仍舊會結巴，而這種人大多長大了也不會好。

現實中，經由羅格的指導，國王的演講能力略微改善，但羅格仍舊必須細讀國王要發表的每一篇演講稿，換掉會惹麻煩的字，比如那些以s、f、g和k開頭的單字。以k發音開頭的字尤其折磨國王，因為他經常必須提到女王（queen）和王國（kingdom），羅格就用「女王陛下」（her majesty）和「我們的王國」（our realm）分別取代。國王餘生都害怕國會開幕大典，那天他必須坐著發表演說，但坐姿會阻礙呼吸。他告訴羅格他做過一個很焦慮的夢，冒著冷汗醒來。他夢到自己在上議院，嘴巴一張一闔，卻什麼也說不出來。[44]他一輩子都害怕無線麥克風，還有提醒他開始說話的紅色閃燈。在許多照片中，他坐在架於裝飾藝術風格橡木盒之上的訂製皇家麥克風前，但他最討厭的就是這些麥克風，說那設計會讓他想起倫敦戰爭紀念碑，實際播送談話時，他永遠都改用一般的麥克風。

即使在國王可以控制口吃時，他的語調仍舊單調，口齒不甚清楚，跟一般把說話看成一場審判的害羞者一樣，語言技巧很糟糕。在電影中，喬治六世克服了口吃，在戰爭爆發當

42 「可能無意間……山崖邊上行進」：Nicholas Mosley, *Time at War* (London: Weidenfeld & Nicolson, 2006), p. 6.

43 「攸關生死……平日閒扯時才會。」：Elizabeth Grice, 'How the King's speech therapist gave me hope', *Daily Telegraph*, 3 February 2011.

44 他告訴羅格他做過一個很焦慮的夢……：Logue and Conradi, *The King's Speech*, p. 181.

日，發表了一段激盪人心的廣播演說，人民在林蔭大道高呼贊同，貝多芬的〈皇帝協奏曲〉在背景揚起，就像亞瑟王傳奇中的魚夫王，他的無能導致他的王國成了繁蕪的荒原，只有恢復能力，他才能率領人民作戰。但是，如果仔細傾聽，國王那日的演說其實是按照羅格所謂的「三字斷句法」，這套方法的目的是幫助他依照巧妙安排的呼吸停頓往下講，這個技巧如果奏效，他的演說會多了意外的莊重，語調有高有低，聽起來很悅耳。如果像事實那樣失敗了，那麼國王只能一次勉強說出一個單字，而且會在奇怪的地方停頓：「在這個重大……時刻……也許……我國史上……最重要的一刻……我向……家家戶戶的人民……不管在國內……還是海外……傳達這條訊息。」

沒有好萊塢式的結局，口吃與害羞一樣都是無期徒刑。「昨晚國王的廣播演說非常糟糕，我還以為會毀了這個國家的王室。」詩人史彭德在日記中這麼寫，他對害羞並非無感，因為他是個連獨自上酒館都覺得困難的人。「他的聲音聽起來像是一架時好時壞、經常卡帶的錄音機，製造出一種單調無趣的效果……一開始，所有人還努力想聽清楚他在說什麼，接著就忘了這件事，開始同情他的難題。然後，你就會想把收音機給砸了。」[45]

戰爭期間，百姓始終戰戰兢兢收聽國王的演說，不知道他能不能順利完成。鮑曼（John Boorman）的自傳電影《希望與榮耀》（Hope and Glory，1987）以戰時倫敦郊區雙拼屋為背景，十二歲的比爾和家人吃過耶誕晚餐後，聆聽國王的耶誕談話。國王說完後，比爾的父親克里夫說：「他今年好多了。」其他人喃喃附和，比爾卻說：「爸，那句話你去年就講過了。」他父親回答：「兒子，國土和國王是一體的，如果他結巴，我們的聲音也會顫抖。他越來越好，我們也就越來越好。」國歌從無線電傳出，大家緊張地立正站好。君主的結結巴巴反映出國家在危急存亡之秋時的磕磕撞撞；到了影片的後半部，邱吉爾振奮人心的聲音從收音機中朗朗響起，顯示戰爭情勢逆轉了。

這是高夫曼的社交尷尬理論在國家規模層面得到證實。人人都在密謀掩藏一個其實無須掩藏的尷尬情況，因為大家心知肚明，國王的口吃是全國的公開祕密。報章鮮少提起，提到時會說這是一個小毛病，幸好現在已經克服了。在加冕典禮前，坎特伯里大主教蘭（Cosmo Lang），用十分溫和的口吻提及這一點，結果觸犯了眾怒。國王演講的新聞影片通常必須經過審查，確保不會引起任何人的不安。但是，「大眾記錄資料庫」（Mass Observation），這個專門發掘公眾未說出口的情緒的社會研究組織發現，國王的口吃在民眾的腦海占據了重要位置，當大家聆聽他談話時，他的口吃會讓他們焦慮，也會讓他們想保護國王。許多人就像《希望與榮耀》中的比爾的爸爸，告訴自己，他的口才越來越好了。

在歐戰勝利日，國王對全國講話，那是他有史以來透過廣播發表過最長的演講，為時

45　「昨晚國王的廣播……收音機給砸了」：Stephen Spender, *Journals, 1939–1983*, ed. John Goldsmith (New York: Random House, 1986), p. 24.

十三分鐘。大眾紀錄資料庫發現，許多聽眾擔心他口吃，覺得他期期艾艾的演說既惱人又感人。一名受訪的女性說，跟大多數她所認識的人一樣，她「欽佩他面對困難的態度，也擔心他會犯錯，當他像是要講錯話時，她個人也會感到某種尷尬」。[46]有個大眾紀錄資料庫的調查員，在切爾西區酒吧靜得像教堂的房間聆聽勝利日演說，只要國王講到某個難字停頓時，坐在旁邊的年輕馬克思主義者就會大聲發出嘖嘖聲，成了「屋子各個角落強烈敵意目光的焦點」。[47]

人人都知道國王有口吃，而國王的任務就是假裝他沒有，這遠遠算不上是戰爭中最英勇的犧牲行為。但是，他貫徹始終完成羅格交代的功課，仍舊是具有某種勇氣。他用溫水漱口，站在打開的窗戶前，吟詠「She sifted seven thick-stalked thistles through strong thick sieves」和「Let's go gathering healthy heather with the gay brigade of grand dragoons」一類的繞口令，他盡了全力想要維持住這個集體假象。就算你會害羞、會結巴，也必須簽署一項對於他人的義務，也就是答應利用語言能力來理解世界與文字，確保我們之間的沉默不會太要人命。

*

一九四五年七月，首相艾德禮（Clement Attlee）來到白金漢宮，親吻喬治六世的手之後，兩人之間展開了漫長痛苦的沉默。最後，艾德禮打破沉默說：「我贏了選舉。」國王回答：「我知道，我從六點的新聞知道了。」國王再度沒有意識到自己也同樣難以開口，給他的新任首相——也許是史上最害羞的一個——取了個綽號，叫他「蚌殼」。艾德禮給工黨主席拉斯基（Harold Laski）提出建議時，說出他最絕妙、最貼切的警語：「你沉默一段時間將使人感到愉快。」他自己則是一沉默就是很久，而且未必總是令人愉快。在工黨總部工作過的芬恩布（Wilfred Fienburgh）說，和他講話「好像把餅乾扔給狗——你從他那裡得到的只有是、是、是」。[48]

但艾德禮的害羞似乎也讓他能悄悄收集情報，然後迅速展開行動，或許也使他外表看來比實際更敏銳，因為他不會想到什麼就說什麼，而是經過深思熟慮，再直接以不容質疑的命令宣布他的決定。艾德禮對採訪者有三個慣用回答：「是」、「不」與「我不知道」。很難想像，這麼一個沉默寡言的人，如何存在於今日的文化中——新聞二十四小時播送，政治人物應該輕鬆打扮，談話中充斥著嗯嗯呃呃，隨時準備著花邊趣事，比如遇到普通選民在洗刷他

46 ｜「欽佩他……某種尷尬」：'Mass Observation Victory in Europe, June 1945', File Report 2263, p. 57.

47 ｜「屋子……敵意目光的焦點」：David Kynaston, *Austerity Britain 1945–51* (London: Bloomsbury, 2007), p. 11.

48 ｜「好像把餅乾……是、是、是」：Peter Hennessy, *The Prime Minister: The Office and Its Holders since 1945* (London: Allen Lane, 2000), p. 149.

的福特新銳轎車，或在漢普斯特德公園散步。這種精心營造出來的隨意形象，對於洗白他們是大騙子和投機者的公共形象並沒有什麼幫助。

這類不拘禮節的政治修辭，是文化生活中較為普遍的趨勢之一，在戰後的那幾年，越來越世俗的社會採納了一條新的信念：「更良好的溝通」。戰爭時期的努力賦予團隊合作極高的價值，促使心理學家開始研究起群體動力學。人際關係管理理論主張，當工人覺得決策諮詢過自己的意見，他們會更有生產力。教育研究則強調，比起被動的傾聽，群體經由交談會學到更多的東西。工作場所廢止了比較正式的等級制度，支持合作與協商解決的風氣。打造教堂尖塔式無疑是企盼能夠抵達天堂，現代生活的建構同樣必然也是支持這樣的信念——如果繼續交談下去，我們終將會走到彼此能夠理解的一刻。開放式辦公室的真正目的，是省下走道和隔牆所占據的多餘地板面積，以減少租金的成本，但「隨機交談會帶來創造力」就像是福音派的祈願，讓這種設計有了正當的理由。

近年大學也充斥著同樣的論調，認為交談百分百是有益的。大學圖書館不再是寂靜的大教堂，而是區分出「安靜區」和「社交學習區」的社交中心。多年來，我在這些區域進行了非正式的田野調查，初步的研究發現是，「安靜區」很少是安靜區，「社交學習區」的優點是否勝過乏味的閱讀思考的傳統藝術，這一點充其量只能說尚未確認。

我很好奇的是，口吃者獲得了適用於好萊塢結局的浪漫榮耀的原因，是否是因為其他形式的嘴笨口拙永遠不會被挖掘出來。最近有一部紀實連續劇，以一間約克郡學校為背景，拍攝一個嚴重口吃的害羞男童。他學習如何在英語口試中大聲說話，他的老師使用了他在《王者之聲》看到羅格所使用的策略。羅格讓公爵朗誦《哈姆雷特》，同時要他戴上耳機聽留聲機傳來的音樂，以轉移他的注意力。這齣電視劇叫人難忘又感動，重播了多次，引起熱烈討論。但它讓我很想知道的是，一般人是不是照例親切地給了口吃者一個說話的機會，但對於只是不願意說話或說話沒有條理的人來說，他們未必能夠得到這樣的機會。只有那些被剝奪說話能力的可憐人才會得到我們主動的同情，因為說話能力是現代生活的必要條件。

在《交流的無奈》（*Speaking into the Air*）中，哲學家彼得斯（John Durham Peters）主張，我們現在靠著一種對話的理想維生，相信人類透過更好的溝通能夠達到純粹的心靈交會，這不僅可能成真，也是我們的希求。他認為這種理想可追溯到聖奧古斯丁。聖奧古斯丁認為完美溝通的典範是天使，angel（天使）一字源自希臘語的angelos，意思是「信使」。聖奧古斯丁說，天使可以迅速溝通，像心電感應一樣，距離或語言瑕疵都不是障礙。維多利亞時代的新媒體喚醒了這個天使般聯繫的長年夢想，電報和電話一類的新發明籠罩在浪漫的光環之中，在大眾的心裡，它們與催眠術和心電感應等時尚連結，也與心理學領域發展出來的共鳴聯結的理念有關，是「彼此完美溝通」這個夢想的一部分。

對彼得斯來說，這種完美溝通的研究是徒勞無功的，因為不是每一件重要的事都能用語言表達或與他人分享。他寫道，生命中許多深具意義的事物超出了言語的範疇，比如「我醒來後忘掉的夢；孩童獨處時與『空氣朋友』的對話；躺在枕頭上耳朵聽到的心跳聲」。對話至上的理想不尊重他人難以觸及的部分，「扼殺人類與他人不同之處」。溝通失敗，加上隨之而生的意識（我們永遠不可能真正認識另一個人），給了我們一顆謙卑的心，去接受他人的不同，並允許「憐憫、慷慨和愛的爆發」。[49]

*

我和彼得斯一樣，很難認同「交談絕對有益」這個現代信念。這個似乎由可疑信仰所驅動的年代，相信掏心掏肺是消弭焦慮或失望的最好辦法，我卻想知道抑制情緒這門失傳的藝術是否值得一書。一個問題拿出來分享後，也許問題會減半，但也就成了一個真正的問題，被帶入了一個具有集體意義的具體世界。有件事想說卻沒說，它將隨著心境轉移而被遺忘，如磷火似地消失——也許那本來就是磷火。不過一旦說了出來，他人點頭應聲回應，用讓人放心的附和答覆，彷彿與你起了共鳴，那麼就更難把它放回到盒子不再去想。

在一個把交談視為目的並加以重視的文化，風險在於我們互相吐露心聲，越說越大聲，卻沒有停下來思考我們講的話通不通，或是究竟有沒有人在傾聽。有一回在研討課上，我注意到有位學生做出一個優美的姿勢：他伸出一隻手臂彎曲成九十度，緩緩放開拳頭，然後向上凝望，像是放開了一顆氫氣球，球正往半空中逃去。我問他這個動作是什麼意思，原來那是青少年之間流行的動作，釋放「尷尬氣球」意味著令人不安的沉默已經降臨。我不清楚這個動作是加重尷尬，還是驅散尷尬，不過意義是一樣的：沉默叫人尷尬，應該避免。我沒有告訴這個學生——因為我當時自然是張口結舌，事後才想出了回答——些微尷尬的沉默有時也有好處，在一個喋喋不休的世界，這種令人不安的休止也許會激發我們去思考我們究竟彼此了解多少。

就算只是在自己的腦海中，害羞者也常常吶喊著「沒有人懂我」，而這句話很少能夠吸引聽眾。但是，害羞和口拙的人比大多數人更明白一點：沒有人能真正理解任何人，對於語言的限制，他們具備有利的觀念，不會遭受「我們一定能使自己被真正了解」的傲慢幻想折磨。言談是一種格外複雜的人類技能，需要大腦、呼吸、舌頭和牙齒的齊心協力，才能將思維不成形的運作化為連貫的語言，這麼高難度的戲法絕對不可能做到一百分。不擅辭令的人知道，語言是一種漸進改變的替代品，旨在快速跨越所有人之間不可逾越的精神鴻溝，從這層意義來說，每個人都是笨嘴拙舌，只是有些人更加嚴重而已。

常常有人告訴我，說我是很好的聽眾，但我傾向認為人類對於傾聽的標準非常低，要贏得這個稱讚——尤其是在我所處的這個大多親切但很囉唆的「學術圈」中——一個人只

49 「我醒來後忘掉的夢……愛的爆發」：John Durham Peters, *Speaking into the Air: A History of the Idea of Communication* (Chicago, IL: University of Chicago Press, 1999), pp. 171, 21.

需要讓你談話的同伴說話，自己偶爾挑挑眉毛，或是發出不表態的嘟囔就行了。當我明智地點著頭，再一次想知道該如何從另一個人的獨白中掙脫時，馬林諾斯基的話陡然浮現在腦海中：「聽眾傾聽時，除了些許的克制，還有稍加掩藏的不耐……因為，在這種語言的使用上，聽者與講者之間所創造的聯繫不大對稱，語言活躍的一方會得到較多的社交愉悅和自我提升。」[50]

在任何不快的情況下，我們都會抓住某樣東西，以防自己逃離那個處境。我猜，許多人害羞的原因正是我們自負的那一部分，那部分發現許多社交對話是空洞的儀式，只是要填補尷尬的沉默。在我們看來，社交場合上自信滿滿的人可能根本沒有聆聽彼此說話，只是玩著對話的拋接遊戲，如同把球拋到半空一樣交換著語言。害羞者不僅是對閒聊不拿手，反對閒聊根本就是我們的既定原則，我們覺得自己具有避免陳腔濫調的特殊才能。陳腔濫調正是作家康諾利（Cyril Connolly）所說的「自耗儀式」，只要說話流利的人聚在一塊，在「空中噪音」中釋放他們的精力，這個儀式就會發生。[51]

當然，我們錯了——至少我們尋求的是一個得不到的真相。並非所有對話都會是重要的或雋永的，因為我們的內心生活永遠比我們描述它們的表達能力更加豐富，交談只是透過言辭建立共同點，創造出一個共享的現實，而每一個共享的現實都是模糊不清，充滿了瑕疵。正如馬林諾斯基在美拉尼西亞的發現，有些類型的談話只有令人愉快的表面，但同樣是真實的，包括害羞者在內，我們所有人也能從那些表面尋求意義，獲得樂趣——因為在其中尋找深度，就像嘗試穿過一面鏡子，進入一個不存在的世界。

50 —「聽眾傾聽時……自我提升」：Malinowski, 'The problem of meaning in primitive languages', p. 314.

51 —「自耗儀式……空中噪音」：Cyril Connolly, *Enemies of Promise* (London: Penguin, 1961), p. 119.

05

怯場

Stage Fright

演員狄鮑嘉（Dirk Bogarde）始終都把自己的害羞歸因於一個決定命運的時刻：十三歲時，他有了一個弟弟。這個小意外誕生後，狄鮑嘉的父親為了減輕家中負擔，也為了讓這個在校表現惡劣的小男生懂得道理，將他送到格拉斯哥附近的畢夏普布里格，要他和姨媽姨丈住在一塊。剛到新學校沒幾天，他一口優雅的英語發音觸怒了同學，他們把他的頭塞入馬桶。狄鮑嘉總是說，在畢夏普布里格的三年，深深影響他的性格，讓他接受孤單就是他的自然狀態。他開始在周遭築起圍牆，學會含糊其辭，也學會偷偷流淚，但臉上的肌肉卻一動也不動。他把自己比為寄居蟹，緊緊躲在拾來的殼裡。「就像在比較快樂的日子我在卡克米爾港岩池摸到的寄居蟹，我覺得很安全，不會受到捕食者的威脅，」他寫道，「我說的捕食者，意思是我遇到的每一個人。」[1]

當上演員後，狄鮑嘉才發現來不及了——他克服不了害羞。「對於有這種毛病的人，這門職業是個錯誤，因為有這個毛病，我走進人多的房間、戲院、餐廳或酒吧，就會手腳無力。」[2]一九五五年，他參與貝帝（Ugo Betti）的輕喜劇《夏日時光》（Summertime），開始巡迴各地演出，此劇由年輕的霍爾（Peter Hall）執導。在此之前，他因領銜主演賣座電影《醫生當家》（Doctor in the House），一夕之間成了女影迷的偶像，所以每次上場退場都會引發年輕女影迷一陣尖聲歡呼，不得不穿上拉鍊在側邊的特製長褲，免得女影迷靠近時把他的拉鍊拉開。這一切對他嚴重到要喘不過氣的怯場心理毫無助益。

十一月，《夏日時光》在倫敦沙福茲貝里大道的阿波羅劇院開演，那是《怒目回首》

（Look Back in Anger）改變戰後劇場風貌的前一年，這條戲劇大道仍舊主導著英國戲劇，首演之夜是展示晚禮服、毛皮和頭飾的場合。對於從外地的阿罕布拉大劇院來的演員，倫敦西區戲院是個令人卻步的地方，觀眾席這麼靠近讓他們嚇壞了，觀眾離舞臺這麼近，就算在黑暗中，也看得見他們的臉龐。每夜帷幕拉開前，狄鮑嘉都要對著化妝間的水桶嘔吐。

「你要是像我現在那麼害怕的話，早就沒命了，」他告訴一位記者，「簡直就像死亡、行刑、我遇過的每一件事……恐懼在你的大腦中釋放了無數東西，在你的靈魂觸發細細碎碎的事情，這些東西像恐懼之毒的解藥湧上來。」[3] 如果不是因為狄鮑嘉參與了諾曼底登陸一役，也曾親眼目睹法國遭受空襲與解放伯根－貝爾森集中營後的腥風血雨，對於更值得尊敬的恐懼非常熟悉，我們很容易以為他是天下第一號戲精。儘管他歷經過這些恐怖，在西區劇場演出三週後，他還是病倒了，不得不換人演出。

與此同時，在西區劍橋戲院，十七歲的安娜·梅西（Anna Massey）演出另一齣輕喜劇——道格拉斯-休姆（William Douglas-Home）的《春閨初戀》（The Reluctant Debutante）。

---

1 「就像在比較快樂……每一個人」：*John Coldstream, Dirk Bogarde: The Authorised Biography* (London: Weidenfeld & Nicolson, 2004), p. 65.

2 「對於有這種毛病的人……手腳無力」：Dirk Bogarde, *Snakes and Ladders* (London: Phoenix, 2006), p. 94.

3 「你要是像我……解藥湧上來」：Sheridan Morley, *Dirk Bogarde: Rank Outsider* (London: Bloomsbury, 1996), p. 68.

梅西的處女秀博得更響亮的喝采，但她同樣深受怯場的困擾，嚴重到她的手部開始脫皮。在《春閨初戀》中，她飾演勉為其難初進社交界的少女，現實生活中，她確實也是個不情不願的「年輕名媛」，屬於即將不復存在傳統的一員：年輕女子必須到宮廷中向女王行禮，然後在社交季節出席各個舞會和晚宴。長年身為「壁花」的她，在這些場合也深受怯場之苦。在一場阿蓋爾公爵夫人舉辦的晚會上，其他更漂亮的女孩紛紛被快速擁入舞池，她則是苦坐冷板凳，由於覺得太丟臉了，她提早一小時就在大門等待來接她的人。[4]

儘管《春閨初戀》非常賣座，在倫敦西區連續演出兩年，接著又轉戰百老匯，她詮釋活潑天真少女的表現也備受好評，但這些都無法提振梅西的信心。她嘗試各式各樣的治療方法，從服用β—阻斷劑到催眠治療，只是怎樣也改變不了她的怯場。她認為自己早生華髮也是因為怯場。只有一件事對她稍有幫助，就是關掉更衣間的廣播系統，不用聽見觀眾席充滿期待的嘁嘁喳喳。

狄鮑嘉把怯場當成入錯行的證據，這是大錯特錯的。怯場根本不是害羞者的專利，而是人人都會有的羞怯表現，好像自我意識得了感冒一樣。自信滿滿的人也可能突然腿軟，勞倫斯．奧立佛五十七歲在國家劇院演出《建築大師》（The Master Builder）時，就第一次遭受打擊，覺得自己一定會忘記下一句臺詞。他喉嚨收縮，牙關發緊，感覺觀眾在視線中旋轉。不久之後，他飾演奧賽羅時，害怕獨自站在舞臺上，央求扮演伊阿古的芬萊（Frank Finlay）在他獨白時待在舞臺側面。[5] 奧立佛的怯場像是罕見又莫名其妙的病毒折磨著他，他性情外向，十分迷人，從以前的經驗中，不管是臺上或臺下，都找不到任何類似的感覺。他用了五年才擺脫這種恐懼。梅西設法忘記觀眾就在那裡，奧立佛則發現演出前從幕後偷看，痛罵這群走到座位上的「混蛋」有效，他靠著編造的憤怒克服緊張。

狄鮑嘉則是選了更激進的解決方法。他重新登臺演出阿諾伊（Jean Anouilh）的《耶洗別》（*Jezebel*）後，得了肋膜炎和雙肺炎，在鬼門關前走一遭。為了避免遭受更大的損失，他決定永遠揮別劇場。對於這一行，他始終抱持矛盾心理，在一九六〇年代末期，他到普羅旺斯一座丘陵上的克萊蒙特農舍修養身心，開始把自己定位成作家，而非演員。他在那裡敲著老舊的阿德勒牌打字機，寫了閒聊似的長信給無數的人。在這些魚雁搭起的友情中，他埋藏心中那個被人注意、被人需要的渴望總算暴露出來了，如同其中一個通信對象作家莫帝默（Penelope Mortimer）在信中告訴他的，他「對長距離和相隔遙遠的情感有著強烈信心」。[6]

一九八三年，他準備返回英國，演出改編自貝內特（Arnold Bennett）作品《活埋》（*Buried Alive*）的電視劇。這篇短篇小說描述著名畫家法羅爾因個性害羞，在男僕里克死

4 — 長年身為「壁花」的她……Anna Massey, *Telling Some Tales* (London: Hutchinson, 2006), p. 53.

5 — 奧立佛五十七歲……Laurence Olivier, *Confessions of an Actor: An Autobiography* (New York: Simon & Schuster, 1985), p. 218.

6 — 「對長距離……強烈信心」：John Coldstream, 'Introduction', in Coldstream (ed.), *Ever, Dirk: The Bogarde Letters* (London: Weidenfeld & Nicolson, 2008), p. 8.

後，冒用了他的身分。里克以法羅爾的名義葬於西敏寺，法羅爾本人則融入了普特尼區的街頭，過著里克的陰暗生活。狄鮑嘉扮演這個角色再適合不過，但他後來退出了，拍片計畫也沒有實現。他始終未能克服怯場。

*

儘管古代雅典人非常清楚怯場，怯場這個詞卻是維多利亞時代末期的發明。在之前的一百五十年，一連串的劇場慣例興起。為了追求戲劇效果，讓觀眾感覺有重大事件即將發生，於是加大了觀眾與演員之間的距離感，反而也讓演員更可能感到焦慮。比方說，直到十八世紀中葉，觀眾才開始恭敬安靜地聆聽戲劇，當時加里克（David Garrick）在德魯里巷皇家劇院任職，訓練觀眾在演出時停止交談，也不可把水果擲到舞臺上，更禁止舞臺有觀眾坐著。[7]同樣是在這個時代，讓演員深入觀眾之中的三面式舞臺開始往後退縮，到了最後，主要表演區域退到舞臺拱口的屏障之後。

燈光的改善進一步擴大觀眾與演員之間的鴻溝。十九世紀初，瓦斯燈問世，觀眾席的燈火可以同時熄滅，不用派出一組工作人員掐滅蠟燭，但坐席也不是完全無光，因為指示燈必須保持亮著。到了一八二〇年代，倫敦大部分戲院都安裝了石灰光，這種燈用氫氧焰燃燒生石灰，發出燦爛的白光照亮明星演員。接著，在一八八一年，卡特（Richard D'Oyly Carte）

在他新建的薩伏伊劇院安裝電燈，其他戲院不久也跟進了。觀眾席現在能夠陷入全然的黑暗中，舞臺燈光更具穿透力，聚光燈在四周暗影中切出一道更窄、更清晰的光束，強化了演員的英雄式孤獨，同時也提高了怯場的潛在可能。德語的怯場是lampenfieber，字面意思是「燈熱病」，很有啟發意義的名稱。

現代戲院築起有形與心靈的分界之際，音樂也正在衍生出自己一套同樣令人畏怯的表演慣例。一八三五年，年輕的蕭邦告訴李斯特，「觀眾讓我膽怯，他們的呼吸使我覺得快要窒息，他們好奇的眼神讓我手腳癱瘓，那麼多陌生的臉，我都說不出話來。」[8]其實，增加這種焦慮潛力的人，正是李斯特。一八三九年，李斯特創造「獨奏會」形式：鋼琴家自舞臺旁側大步邁出，坐定後獨自演奏一整晚。他採取側坐坐姿，觀眾既可以看到他的臉，也可以看見他令人折服的指法。

一八二八年起，克拉拉·舒曼（Clara Schumann）以音樂神童之姿，開始她的不看譜演奏。但李斯特把背譜變成一種戲劇演出，宛如曲子是藝術家現場的即興創作。他就像搖滾巨

---

7 — 在之前的一百五十年……：see Nicholas Ridout, *Stage Fright, Animals, and Other Theatrical Problems* (Cambridge: Cambridge University Press, 2006), pp. 48–50.

8 — 「觀眾讓我膽怯……我都說不出話來」：Polly Morland, *The Society for Timid Souls: Or, How to Be Brave* (London: Profile, 2013), p. 131.

星，有時會把譜隨著手套扔向觀眾。許多人認為，背譜彈琴太過自負，對作曲家不敬。一八六一年，鋼琴家哈雷爵士（Charles Hallé）背譜演奏遭到批評，在倫敦表演貝多芬的奏鳴曲時，只好改回看譜（或是假裝看譜）表演。不過，到了十九世紀末，無譜演奏成了令人心煩的不成文約定。

社會學這個新學門認為，害怕公開展示自己是現代都市生活的普遍特徵。在一九〇三年的論文〈大都會和精神生活〉（'The Metropolis and Mental Life'）中，齊美爾（Georg Simmel）指出，城市讓人可以匿名，也強迫我們靠近與我們共享城市空間的陌生人。在電車、公車和地鐵上，民眾用木然的眼神對視，一句交談也沒有。被其他市民審視和無聲評估是現代大都會人無法避免的命運，他們逐漸養成一種「司空見慣的態度」當作防禦機制。在都市居民的內心，這道矜持的邊界非常堅固，所以大家往往不熟悉比鄰多年的鄰居的相貌，使得小鎮居民認為城市居民冷漠不友善。但是，齊美爾相信，如果沒有了這種在現代都市永恆舞臺上磨練出來的矜持，都市人「內心會完全分裂成微粒，達到一種難以想像的精神狀態」。[9]

另一個新的探索領域精神分析則認為，公開表演的恐懼是現代社交生活最常見的羞愧形式。在《夢的解析》（*The Interpretation of Dreams*，1900）中，佛洛伊德發現有個常見的尷尬惡夢總是同一個形式：夢見自己在公共場所赤裸身體，無法移動腳步逃離這個痛苦情境，而四周盡是漠不關心的陌生人。不知為何，在不知名的人群前裸身，讓尷尬變得更加嚴重，而這群陌生人一點也不覺得震驚，根本一點也不關心。[10]

早期以精神分析角度調查害羞的研究，往往將它與怯場混為一談。巴黎精神科醫師在一九〇一年的著作《膽怯與羞怯》（*Les Timides et la Timidité*）中說，年輕人認為「出席沙龍就是大事」，因為「他非常擔心自己的打扮並非無懈可擊」。[11] 一九〇三年，他的同胞賈內（Pierre Janet）用「社交情境恐懼症」描述從事日常工作時（比如寫字、講話或彈琴）被人看的恐懼。在賈內的病患中，有個五十二歲的男人害怕穿過巴黎的廣場，快走到廣場時，就會開始顫抖，無法呼吸，聽見有個聲音跟他說：「你快要死了。」[12]

怯場是生理疾病，也是心理疾病。一九〇七年，美國心理學家摩爾斯（Josiah Morse）列出怯場的生理症狀：腹部緊縮、心悸、冒冷汗、發抖、打寒噤、作嘔，偶爾還真的吐了出來。對於怯場的人來說，怯場是不由自主、無法停止的情緒反應，像是「從高處和懸崖望出去時產生的眩暈」。也有容易怯場的人把怯場與暈船一起比較，在極端的例子中，副交感

---

9 「司空見慣的態度……精神狀態」：Georg Simmel, 'The metropolis and mental life', in Richard Sennett (ed.), *Classic Essays on the Culture of Cities* (Englewood Cliffs, NJ: Prentice-Hall, 1969), pp. 51, 53.

10 佛洛伊德發現有個常見的尷尬……：Sigmund Freud, *The Interpretation of Dreams*, trans. James Strachey (London: Penguin, 1976), pp. 340–41.

11 「出席沙龍……非無懈可擊」：Edward Shorter, *A Historical Dictionary of Psychiatry* (Oxford: Oxford University Press, 2005), p. 30.

12 「你快要死了」：Edward Shorter, *How Everyone Became Depressed: The Rise and Fall of the Nervous Breakdown* (Oxford: Oxford University Press, 2013), p. 68.

神經系統會停止新陳代謝，加快胃部活動。十分膽怯上場的人，還會出現括約肌放鬆的情況——這大概就是用「沒有腸子」（no guts）形容「沒有膽量」的由來吧。摩爾斯相信，怯場是膽怯比較普遍的狀況之一，表現出「不同程度的愚蠢或精神混亂」，還有「情緒混亂或麻木」。他認為，這種情況與膽怯唯一真正的區別在於，「怯場沒有羞愧的成分，因為怯場不會臉紅。人會在一個人面前臉紅，絕對不會在一千個人面前臉紅。」[13]

小提琴家格魯恩貝格（Eugene Gruenberg）跟怯場也很熟，因為他與萊比錫歌劇院樂團、波士頓交響樂團合作過，這兩個樂團的聽眾都是出了名的挑剔。一九一九年，他寫了一篇關於怯場的文章，認為現代戲院和音樂廳的建築結構是怯場的元兇，讓表演者躲在地下化妝間，「像是等待斬首的人犯」。不過他也認為誰都可能感染到這種「怯場桿菌」，不管是手術前的外科醫師，準備進入舞廳的年輕女子，還是服務客人的侍者。[14]格魯恩貝格認為，現代生活的戲劇本質迫使我們成為社會表演者，讓我們與不相識且往往充滿敵意的旁人接觸，而劇院或音樂廳的怯場只是這種本質的急性病例。

*

如果你非常渴望成為音樂會鋼琴家，但飽受怯場折磨，那該怎麼辦呢？一九〇五年，有個名叫米勒（Agatha Miller）的十五歲英國少女在巴黎的寄宿學校學鋼琴。她排定在期末音樂會中演出，但非常很害怕，老做惡夢，夢見自己遲到了、琴鍵通通黏在一塊或鋼琴變成她不會彈奏的教堂管風琴。[15]到了最後，她病倒了，也就無法表演。即使在能夠當眾彈奏時，她還是會緊張得不得了。

在米勒的那一代，像她那樣出身的年輕女子，必須無懈可擊扮演大家閨秀的社會角色。很多人覺得疲憊不堪，午後必須「退隱」幾個小時恢復體力。米勒天性害羞，覺得這種角色扮演格外累人。她初次進入社交界時，母親帶她到開羅，有名軍官和她跳了一支舞後，把她帶回母親的身邊，告訴她的母親，她舞跳得很好，但「妳最好開始想辦法教她說話」。[16]她發現交談時很難接話，害怕像忘詞的演員忘記要說的話。她運氣也不好，不喜歡菸酒，而這兩樣東西正是那個時代佯裝鎮定的普遍道具。在雞尾酒會上，她會找地方藏起整杯葡萄酒，同時羨慕談話時能夠漫不經心撣掉菸灰的女人。

根據高夫曼的說法，社交生活這種永無止盡的表演只在危機中的危機才會失靈。他寫道，在這個關鍵時刻，「慌亂的個體放棄繼續掩藏或緩和自己的不安」，[17]他會突然嚎啕大

---

13 —「從高處……一千個人面前臉紅」：Josiah Morse, *The Psychology and Neurology of Fear* (Worcester, MA: Clark University Press, 1907), pp. 91, 85, 92.

14 —「像是等待斬首……怯場桿菌」：Eugene Gruenberg, 'Stage-fright', *The Musical Quarterly* 5, 2 (1919), 226, 221.

15 — 她排定在期末音樂會中演出……：Janet Morgan, *Agatha Christie: A Biography* (London: Collins, 1984), p. 27.

16 —「妳最好開始想辦法教她說話」：Morgan, *Agatha Christie*, p. 42.

哭、縱聲大笑、昏厥倒下、逃離現場或呆若木雞。一旦過了河不能回頭之後，「就非常難恢復鎮定，他會按照一組新節奏行事」。一九二六年十二月某個週五深夜，米勒就遇到了這樣的情形，她嚴重怯場，而這打擊給她的餘生蒙上陰影。她的小說《羅傑．艾克洛命案》（*The Murder of Roger Ackroyd*）在那年早些時候出版，她以婚後的姓氏「克莉絲蒂」（Agatha Christie）成名。但是，她仍在傷心母親離世，丈夫又剛承認有了外遇。她收拾一只皮箱，坐上用版稅買來的二人座莫里斯車，從薩里郡的家駛入夜色中。翌日上午，車子被發現棄置在基爾福附近，她則是搭上火車前往哈羅蓋特，以假名住進了水療旅館。

用這麼戲劇化方式從世界消失，克莉絲蒂反而成功吸引了世人的注意。那輛棄置的車子成了觀光景點，四周停滿冰淇淋車。警察打撈附近的湖泊河川，帶著警犬搜索英格蘭東南部的北部丘陵。最後，水療旅館的樂隊成員認出她，媒體從懷疑克莉絲蒂被丈夫謀殺，改指控她自我炒作。其實，這樣的關注讓她嚇壞了，她在自傳中簡短提到這件事，說當時感覺「像一頭被追捕的狐狸，洞穴被挖出，不管躲到哪裡，狂吠的獵犬就會跟到哪裡」。[18] 她的傳記作家湯普森（Laura Thompson）認為，她從這件事開始厭惡曝光，而這個努力最終駁倒了她搞消失是炒作事業之詭計的想法。[19]

在第二段的幸福婚姻，她嫁給考古學家馬洛溫（Max Mallowan），害羞個性是減緩了，但連丈夫也注意到她「內建一副盔甲，任何調查都只能像強弩之末一樣掠過」。[20] 一九三〇年代，她陪伴馬洛溫到敘利亞和伊拉科考古，讚揚自己克服神經衰弱，可後來遇到丈夫一個唐突的男同事，再一次「因為害羞而變得徹底低能」。[21]

以流暢文字與多產作品彌補本人不善辭令的作家，克莉絲蒂並非第一個，也不是最後一個。但她獨樹一格之處在於創造出與自己天差地別的主人翁，構思出超級自信的「白羅」——一個有演戲天分的角色，將捉拿犯罪當成展現過人智慧的良機。她後來接替作家塞耶斯（Dorothy L. Sayers）擔任偵探小說俱樂部會長，前提是永遠不必公開致詞。「如果你背負著雙重負擔，第一重是嚴重害羞，第二重是事發二十四小時後才知道怎麼做、怎麼說是正確的，你會怎麼辦呢？」她在《每日郵報》寫道，「只好刻劃反應就像風馳電掣的機智男人與聰穎女孩。」[22]克莉絲蒂在日記中坦承，她覺得白羅是「一個以自我為中心的討厭鬼」。[23]

說也奇怪，她會怯場，戰後卻轉而替戲院夾道的沙福茲貝里大道寫劇本。在首演之夜，

17—「慌亂的個體……不安」：Goffman, *Interaction Ritual*, p. 103.

18—「像一頭被追捕的狐狸……跟到哪裡」：Agatha Christie, *An Autobiography* (London: HarperCollins, 2011), p. 353.

19—她的傳記作家湯普森……：Laura Thompson, *Agatha Christie: An English Mystery* (London: Headline, 2007), p. 364.

20—「內建一副盔甲……一樣掠過」：Max Mallowan, *Mallowan's Memoirs* (London: Collins, 1977), p. 195.

21—「因為害羞而變得徹底低能」：Agatha Christie, *Come, Tell Me How You Live: An Archaeological Memoir* (London: HarperCollins, 1999), p. 33.

22—「如果你背負著雙重負擔……聰穎女孩」：Agatha Christie, 'Hercule Poirot, fiction's greatest detective', *Daily Mail*, 15 January 1938.

23—「一個以自我為中心的討厭鬼」：John Gross (ed.), *The New Oxford Book of Literary Anecdotes* (Oxford: Oxford University Press, 2006), p. 267.

她精力充沛的製作人桑德斯（Peter Saunders）會在她所謂的「害羞病發作」時照顧她。[24]一九五八年四月，《捕鼠器》（*The Mousetrap*）演出兩千兩百三十九場，成了英國戲劇界最長壽的演出劇目，桑德斯在薩伏伊飯店舉辦慶功宴，邀請近千名客人。克莉絲蒂小時候，祖母外婆都會帶她到薩伏伊飯店看吉伯特（William S. Gilbert）與蘇利文（Arthur Sullivan）合作的輕歌劇，從那時候起，她就把薩伏伊飯店視為一個魅力無可匹敵的地方。白羅和他的助手海斯汀常上薩伏伊飯店吃燒烤，克莉絲蒂說她有次見到一個男人在那裡吃午餐，那人**絕對就是**白羅。這些聯想反而令她對於出席宴會一事更加緊張，寫信告訴經紀人：「週日『薩伏伊地獄』見。」[25]

桑德斯請她提早抵達，與生日蛋糕及劇組拍合照——又是一個折磨，因為她非常害怕面對鏡頭，為了自己變得太胖而感到難為情。她穿上她最好的那件深綠色雪紡洋裝，套上及肘白手套，隻身赴宴去了。她想走進舉辦宴會的房間，看門人不認得她，不肯放她進去。史上最暢銷的作家，因為自己「悲慘、可怕、遁逃不了的害羞」而不知所措，乖乖轉身離開了，後來才有人到酒店的接待室解救她。「那種揮之不去的感覺猶存——我其實在假裝我是作家，」她為文設法替自己開脫，「也許我跟我孫子有點像，兩歲的小馬修一面下樓，一面要讓自己放心，就說：『我是馬修，我下樓來了！』」[26]

克莉絲蒂後來找到閃避怯場的方法。她下筆快，為了趕上快速流動的思路，所以學會了盲打。不過到了六十歲出頭，她覺得鎮日坐在桌前太累了，而向某個人口述，就算是她信賴的祕書費雪（Charlotte Fisher），也讓她覺得不好意思，會不斷地口吃，失去了節奏。因此，當攜帶式卡帶錄音機這個新發明問世沒多久，她就開始使用了。

對害羞者來說，對著機器說話也可能會尷尬，因為你之後按下重放鍵就會聽到自己的聲音，那種似曾相識之感會讓人覺得不安。你所錄下的聲音，就是別人聽到你說話時的聲音，這聲音不是經由頭骨傳遞，而是透過空氣傳播，所以聽起來又尖銳又奇怪。然而，呼呼轉動的錄音機起碼是個恭敬的聽眾，絕不會皺眉，不會雙手抱胸，也不會刁難起鬨。如果沒有了頭緒，可以按下暫停鍵，整理整理思緒——克莉絲蒂就常常這麼做。

幾年前，克莉絲蒂的孫子普里查（Mathew Prichard）——就是下樓時自言自語的那孩子——發現一個紙箱，裡頭裝了二十七捲沒有標記的錄音帶，長達十三小時的錄音原來是克莉絲蒂構思自傳的反思。他擔心祖母老舊的根德牌錄音機已經讓滲漏的電池酸液給毀了，但一個懂技術的朋友弄了幾下，祖母響亮清晰的聲音又出現了，興高采烈談著她戰前在中東的旅行。「我表現得一定跟叼著骨頭退下去的小狗一樣，」克莉絲蒂提起她偷偷摸摸寫作的習慣。「牠們會鬼鬼祟祟地離開，大約半小時內不會再見到牠們。牠們回來時不大自在，鼻子

---

24 「害羞病發作」：Agatha Christie, 'Introduction', in Peter Saunders, *The Mousetrap Man* (London: Collins, 1972), p. 9.

25 「週日……見。」：Morgan, *Agatha Christie*, p. 310.

26 「悲慘、可怕……我下樓來了！」：Christie, *An Autobiography*, p. 517.

還沾著土。我想我一定差不多就是這樣吧。」

只有一臺機器當聽眾，克莉絲蒂的聲音聽起來完全不像是屬於一個害羞的人，清楚沉穩，有些自負，在發R音時捲舌，饒有趣味地省略子音，頗像是在影視作品中扮演令人敬畏的瑪波小姐的魯斯福德（Margaret Rutherford）。克莉絲蒂只有一次突然緊張，在句子的中間輕輕咳了一聲。她聽起來像老派的校長，對著女學生講話，恰如其分的語調既溫和又堅定。這種發自英國文化最深處的聲音，你再也聽不到了。

*

當克莉絲蒂與她信賴的開盤式錄音機對話時，另一個失敗的音樂會鋼琴家正在接受類似的怯場治療。加拿大人顧爾德（Glenn Herbert Gould）是他那個時代最偉大的藝術家之一，但後來覺得音樂廳是馬戲團，是「羅馬競技場裝潢舒適的擴建」，觀眾潛意識裡充滿嗜血的渴望，希望看見獨奏者的失敗。[27]但他也非常希望廢除聽眾鼓掌的習慣，認為掌聲誘惑鋼琴家賣弄技巧，恣意調整節奏，故意表演滑奏。在演奏會上，顧爾德沒有按照慣例穿上正式的禮服，而是穿著不合身的普通西裝。他雙手插在口袋，邁開大步走上臺，騰出一隻手幫自己指揮，還會隨著音樂哼哼唱唱。這些表面上尋求關注的頑固習性，其實是為了幫助他沉浸到自己的演奏中，將觀眾擋在門外。有那麼一兩次，他在表演過程中朝著觀眾席望去，見到有人在那裡，一時間似乎受到驚嚇。

在同行中，不只有顧爾德面對觀眾時會表現出這種混合了焦慮和執拗的態度，他那一代有許多鋼琴家也非常討厭在演奏會上表演，與怯場或是害羞對抗，有人甚至染上怪病。一九六四年，才華洋溢的美國鋼琴家佛萊雪（Leon Fleisher）才三十六歲，卻染上怪病，右手像爪子一樣張不開，職業生涯於是中輟。他一度想要自殺，後來彈奏只會用到左手的曲目，開創事業第二春。很久以後，他的病才找出原因，原來他得的是一種叫「肌張力不全症」的神經疾病，最後靠著定期施打新問世的肉毒桿菌治好了。他擔心這個病是因為畢生追求完美所引發的，這種性格為他帶來「莫大的絕望、自憐和不幸，同時又伴隨著相應的狂喜」。[28] 另一個著名的美國鋼琴家格拉夫曼（Gary Graffman）也有肌張力不全症，飽受不自主的抽搐痙攣的困擾，他寫道：「樂器演奏家的手部問題，有點像是社會疾病，是難以對人啟齒的……承認難處，就像是血淋淋地跳入滿是食人魚的水域。」[29]

鋼琴家奧格登（John Ogdon）身材矮胖，精力旺盛，彈琴像著魔一樣。但他生性害羞，

---

27 —「羅馬競技場……擴建」：Kevin Bazzana, *Wondrous Strange: The Life and Art of Glenn Gould* (New York: Oxford University Press, 2004), p. 179.

28 —「莫大的絕望……狂喜」：Lynne Walker, 'My life fell apart …', *Independent on Sunday*, 30 May 2010.

29 —「樂器演奏家的手部問題……食人魚的水域。」：Alfred Hickling, 'Pain stopped play', *Guardian*, 9 March 2007.

害怕進入演奏廳。朋友馬斯特斯（Brian Masters）形容他是一顆「走路蹣跚的貝殼」。他與人交談時，就只靠著親切含笑點頭這一招。他菸不離手，但幾乎不抽，主要是把香菸當成避開交談的工具。他難得開口，但講話時聲音「像棉花糖般溫柔」。[30]一九七三年，也許因為一年要在全球開兩百場演奏會的壓力，他得了躁鬱症，變得易怒，對妻子施暴，還企圖自殺。最後，他接受電擊治療，但琴技也永遠毀了。

與這份患病失意的名單一比，顧爾德認為這些演出儀式本質上是有毒的觀點顯得不那麼古怪了。一九六四年，顧爾德三十二歲，決定不再公開演出，退到安全無窗的錄音間的保護罩內。他覺得麥克風收音的音色清澈洪亮，是演奏廳鈍化的音響效果無法媲美的，密紋唱片也賦予聽眾一股新的力量，讓他們脫離了浮誇詮釋磅礴協奏曲以征服觀眾的企圖，也擺脫了藝術家毫無意義的琴技賣弄。

顧爾德預言，在混音器問世後的新時代，聽音樂會這件事「但願在二十一世紀，會像崔斯坦達庫尼亞火山沉寂下來」。[31]事後看來，就像教育家麥克魯漢（Herbert Marshall McLuhan）預示了網際網路的誕生，顧爾德的怯場把他變成傳播「媒體」福音的未來學家。他開始過著晝伏夜出的生活，下午兩三點起床，社交生活只限於深夜和長期苦不堪言的朋友打電話聊天——他相信，一個人如果濾除了視覺干擾，可以建立更多有意義的關係——接著，他靜下心來，工作直到曙光落在錄音機和剪接機上為止。

加拿大思想家萊莫恩（Jean Le Moyne）提出了「機器的善舉」，顧爾德對這個觀點深感興趣。萊莫恩認為，未來所有的機器——收音機、電視、電話、汽車、火車——會構成某張網絡的一部分，而這張網絡是一個獨特的有機體，將像「第二自然」一樣發揮功用。[32]與萊莫恩同時代的人擔心，機器呆板，又無人性，會讓人與人之間疏離。萊莫恩卻相信，機器可能替人類創造一個表達自我的共同空間，但又沒有自我中心與自我意識那些令人分心的聲音。他認為，在沒有近距離接觸的情況下，人會表現出更好的天性。萊莫恩「機器集成網絡」的理論在今日被視為網際網路誕生的預言，但他可能會竭力爭辯人類更好的天性也展現在網路上。

顧爾德自幼就愛聽收音機，成年後更是整天開著，連睡覺也不關掉。「這總讓我想起最早那些與電晶體無線電形影不離的人，」他說，「他們真正聽到的是……五條街外另一個人的聲音傳入耳中那種十足的神祕與挑戰。」[33]一九六五年，他替加拿大廣播公司錄了第一張廣播紀錄片《尋找佩圖拉・克拉克》（The Search for Petula Clark）。在安大略漫長的十七號

30 — 「走路蹣跚的貝殼……溫柔」：Brian Masters, *Getting Personal: A Biographer's Memoir* (London: Constable, 2002), pp. 240, 245.

31 — 「但願在二十一世紀……沉寂下來」：Glenn Gould, 'The prospects of recording', in Tim Page (ed.), *The Glenn Gould Reader* (New York: Knopf, 1984), p. 332.

32 — 「機器的善舉……第二自然」：Glenn Gould, 'Rubinstein', in Page (ed.), *Glenn Gould Reader*, pp. 289–90.

33 — 「這總讓我想起……十足的神祕與挑戰。」：Bazzana, *Wondrous Strange*, p. 284.

公路上，他一面開車，一面享受著一流的無線接收效果，然後發現克拉克的音樂。這個節目透過克拉拉的音樂稜鏡，頌揚了長途駕車旅行的移動式孤獨，收音機是你和其他人類的唯一連結。

顧爾德小時候家住多倫多北部九十英里的錫姆科湖畔的避寒小屋。他童年時會騎單車到附近的農田，對著乳牛唱歌，說再也沒遇過這麼投緣的聽眾。他熱愛北部荒野和砲銅灰的天空，說這幅景色有「易卜生式的陰沉」。[34]他把貝多芬和每週日午後駕車穿過返回多倫多聯想在一起，用收音機收聽紐約愛樂交響樂團，比起更加熱情的地中海音樂家，他更愛出身歐洲北部地區的作曲家，如英國的吉本斯（Orlando Gibbons）質樸優美的對位法，德國的巴赫完美精巧的數學，芬蘭的西貝流士的交響詩。

他繼續以遙遠的北部為題錄了好幾部紀錄片，就像西部之於美國人，遙遠的北國對於加拿大人的想像有著相仿的吸引力。《北部信念》（*The Idea of North*，1967）基於一段一千六百多公里長的旅程，在曼尼托巴省北部的亞北極地區，他從溫尼伯搭乘苔沼快車前往邱吉爾。節目的人聲語言混合重疊，他把這種作法稱為「對位」，靈感來自孤獨的北上旅程：他在貨車停車場偷聽交談打發時間，學著把北方人節奏輕快的說話方式當成音樂聆聽。

北方是躲避他人的地方——顧爾德非常清楚，這個念頭是一個浪漫的謬誤。他的受訪者都經驗豐富，談起在加拿大北方三分之一地區的生活，往往說孤單與惡劣的環境會讓人更加靠近，更加互相倚賴。顧爾德自己甚至也不怎麼喜愛嚴寒的氣候，他知道在提供客房服務的旅館套房就可以輕鬆過著隱士般的生活。但是，他對極北地區的浪漫心態展現了他所珍視的兩個見解：孤獨是創造力的先決條件；最有真實價值且耐久的溝通方式，要在身體距離出現表面障礙的情況下才會發生。

顧爾德害羞時，不會像奧格登露出明顯的不安，他經常被激怒的朋友同事更傾向認為他神經質、率直或固執。但他的確也會感受到典型的害羞，覺得受制於標準社會準則和習俗，必須——以他這種絕頂聰明的狀況來說——尋求與他人聯繫的其他管道。有些害羞者過分自信到不可思議的地步，以逃避社交生活的道學藉口，追求與其他人的某種更深入、更純粹的連繫，而他正是這種超級自信害羞者的極端類型。

既然顧爾德十分厭惡現場表演，深信與他人保持距離有助於發揮創造潛能，他的作品非常適合用於徵求最緩慢也最遙遠的聽眾回饋。他演奏的巴赫《十二平均律》第二冊第一首作品C大調前奏曲與賦格收錄在「金唱片」中，這張唱片還錄了其他的音樂、地球的自然聲響與對外星人的問候，固定在航行者一號和航行者二號的外側。一九七七年，這兩艘無人太空船帶著人類的希望發射升空，進入空曠的太空。就算透過刻在唱片表面上的圖像指示，解決了旋轉唱片與將唱針放在刻槽的問題，外星球聽眾起碼在接下來的十八萬五千年，也就是太

34 「易卜生式的陰沉」: Geoffrey Payzant, *Glenn Gould: Music and Mind* (Toronto: Key Porter, 1992), p. 55.

空船至少進入某個可住生命的星球軌道以前，是聽不到顧爾德的鋼琴演奏的。

*

一九六七或六八年，某日凌晨四點半，在亞頓地區丹沃斯的一戶人家，又一個怯場的聲音把自己託付給磁帶。顧爾德也是在三更半夜錄音，但這個聲音不一樣，它從來沒打算要流芳百世，更別說是送入太空中。這捲帶子不是特別為哪個人的耳朵而錄製的，卻流傳了下來。聲音的主人剛從派對醉醺醺回來，對著Ferrograph牌單聲道錄音機的麥克風說話。一九五〇年代初期，他的工程師父親帶回一臺剛問世的盤式錄音機，一家人從此就經常錄下彼此的聲音。「上床睡覺前，看著天慢慢亮起來，我有種特別愉快的感受，」那個非常中產階層的聲音說，「我大概就說到這裡吧，因為不停止的話，我馬上就會開始講起事物的生活史，那可就超無聊了……」

我們的聲音是身分標記，像指紋一樣，具有獨一無二的特徵，因此焦慮總是會進入聲帶。聲音只是呼出的氣息，從腹部到嘴唇，身體不同部位帶動一連串的空氣振動，一個自信的聲音會與生命本身的氣息產生共鳴。一個尖叫的寶寶如果聲音可以傳出去，讓大家聽見，那我們就不需擔心它。但不管他們喜歡或不喜歡，害羞和局促不安的人通常會消失在含糊單調的低聲中。與錄音機獨處時，克莉絲蒂的聲音或許能夠重新燃起自信，但在丹沃斯這間臥室裡的聲音是害羞的典型聲音：三心二意，猶豫不決，句尾音調往下沉。它洩露了那些常見的壞習慣，比如呼吸短淺無力，所以聲音從橫膈膜出發向上的旅程受到阻礙——當害羞者無法確定他人是否願意聽他們說話時，這種情況就會發生。這是創作歌手德瑞克（Nick Drake）唯一留存下來的說話錄音。

德瑞克首張專輯《只剩五片葉》（*Five Leaves Left*）的封底照片聚焦在他本人身上，他倚著巴特西區一間工廠的磚牆，有個追公車的男子的模糊身影從他身邊掠過。這張照片捕捉到德瑞克大致散發出的氣息：作壁上觀。作家暨音樂家庫爾曼（Brian Cullman）回憶，有一次他和一群朋友去吃咖哩，直到埋單時，才注意到德瑞克也來了，他就像宴會中的幽靈。[35]威爾斯（Brian Wells）與他同期在劍橋大學就讀，說他們在某人的寢室聽唱片、抽大麻時，德瑞克經常就這樣站起走了。這讓他有種神祕感，好像他過著不為人知的平行生活，雖然他八成只是回他的房間去了。威爾斯後來成了精神科醫師，以專業術語將德瑞克歸類為「防禦型人格」——劃分生活，保護自己的邊界，只有他願意，才會讓他人進入。[36]

搬去倫敦錄製唱片後，德瑞克的內向天性凝聚成更隱晦的性情。過度吸食大麻有個周所

---

35 — 作家暨音樂家庫爾曼……Brian Cullman, 'Nick Drake', in Jason Creed (ed.), *The Pink Moon Files* (London: Omnibus Press, 2011), pp. 48–9.

36 — 「防禦型」：*Nick Drake: Remembered for a While* (London: John Murray, 2014), p. 368.

皆知的副作用，那就是會越來越害羞，因為毒品起初讓人放縱不拘的影響會被焦慮和廣場恐懼症所取代。德瑞克的許多曲子彌漫著大麻所引發的薄霧，迷濛又慵懶，伴隨而至的是一種旁觀不敢加入的感覺。他的製作人鮑伊德（Joe Boyd）說，在這段期間，德瑞克接起電話總是含糊地說：「呃，喂？」，彷彿之前從來沒聽過電話響起。[37]他開始在倫敦街道遊蕩，最後來到朋友家中，不吭聲在一張床墊上湊合過夜，隔天早上連聲再見也沒說就走了。

如果沒有電麥克風，德瑞克會變得如何呢？一九二〇年代，電麥克風問世，使得歌手的音調可以呈現個人風格，與觀眾的聯繫更加緊密。他們不需用嗓子蓋過樂隊，不再聽起來像一般的男高音或女高音，可以只用一半的音量唱歌，聽起來像自己的聲音。像德瑞克這種唱歌與講話音量一樣的表演者，還發現麥克風改善了他們的音色，帶來裸耳聽不到的和聲效果。一九六〇年代初期，第一批多音軌磁帶錄音機問世，聲音輕柔的歌手可以利用混音裝置調高聲音，聲音不會被樂器的音樂淹沒。

德瑞克在「音響技術錄音室」錄唱片，就在切爾西區的國王路附近。傑出的工程師伍德（John Wood）首創多音軌錄音，用麥克風提高人聲，好像人聲也是一種樂器，創造出一種清楚但聽起來沒有過度放大的迷人聲線。他用了好幾款麥克風替德瑞克做了實驗，最後選擇紐曼牌U67麥克風，讓他可以貼近麥克風唱歌，但嘴巴發出爆破音時，這支麥克風不會因為噴出的氣流產生劈劈啪啪的聲音。這麼一來，德瑞克呢喃般的氣音唱腔聽起來千迴百轉，優美動聽。他的音域頗窄，唱到最高音時，雖然略微模糊，但聽起來柔和悅耳，降低音調時帶點顫音，唱到最低音時，則簡直如同咆哮一般。

一九六五年夏天，還在念書的德瑞克，頭一回一路搭著便車去了法國。在接下來的兩年，他又去了法國好幾回。一九六七年，他在普羅旺斯地區艾克斯大學待了四個月，一面學法語，一面寫歌，沉浸在**香頌**的傳統中。香頌起源於普羅旺斯和北法的吟遊詩人，在巴黎咖啡館和夜總會等休閒場所逐漸成熟。香頌重視歌詞勝於旋律，電麥克風問市以後，就成了香頌創作歌手活用法語韻律和變音的最佳工具。典型的香頌是簡單的伴奏加上貼近麥克風的發聲，所以每個音節清晰可聞，就像香頌歌手穆斯塔基（Georges Moustaki）所言，「唱歌不用超出你的心靈高度」。[38]

許多德瑞克的歌像英式香頌，歌詞和旋律合譜出一連串生動的評述，沒有副歌，也沒有傳統歌謠中八音節的過渡樂句，鬆散串接的詩節靠一段反覆樂句連結。他的聲音飄離了吉他節奏，每一句都落在節拍之後，所以他的斷句似乎猶豫卻又自然，宛如他正在克服害羞，想把話說出來。

乍聽之下，德瑞克像是敏感的創作型歌手，裸露出自己的靈魂，不過他的歌曲其實諱莫如深。他的歌可能來自某個生活場景，暗示著錯失的機會（〈這些事物的其中一樣〉'One

37 —「呃，喂？」：Joe Boyd, *White Bicycles: Making Music in the 1960s* (London: Serpent's Tail, 2006), p. 191.

38 —「唱歌不用……高度」：'Georges Moustaki', *Daily Telegraph*, 26 May 2013.

of These Things First’）、未實現的理想（〈白晝已逝〉‘Day is Done’）、語言的不足之處（〈時間告訴我〉‘Time Has Told Me’）、都市生活的孤單（〈城市的鐘鳴〉‘The Chime of a City Clock’）。但大部分避開了第一人稱，改對著不確定的「你」或「他們」說話。這是香頌典型的表現形式，讓人唱出心聲，又同時藏在不同的偽裝之後。巴頌（Georges Brassens）是戰後著名的香頌歌手，德瑞克在艾克斯期間絕對聽過他唱歌，他的歌曲逗弄中產階級，描述尋歡獵豔、私通外遇與性病，配上嘲諷警察、法官和教士的小插曲。但他表演這些曲子時，總是安安靜靜，相當緊張，坐在直背椅上，手邊只有吉他、菸斗和一杯水。

哈蒂（Françoise Hardy）也是害羞的香頌歌手，德瑞克很喜歡她，她也會怯場。一九六八年五月，她在薩伏伊飯店表演，節目進行到一半時，就像克莉絲蒂被這個場合嚇壞一樣，她忘了一首新歌的歌詞。換作是更有自信的歌手，可能一下子就把這件事拋在腦後，但哈蒂那一年後來就徹底告別了現場演唱，在其後的四十年還會做惡夢想起那件事。一九七〇年夏天，鮑伊德安排德瑞克與哈蒂在她巴黎聖路易島的公寓見面，德瑞克只是盯著他的茶，沒有說話。雖然這個開始不大好，德瑞克還是允諾替哈蒂寫歌，在接下來短短幾年，他們又有幾回無聲的會面。有一則都會傳說是這麼說的：德瑞克有次路過巴黎，按了哈蒂的門鈴，得知她不在家就走了，連留話請女傭轉達也沒有。由於這則傳聞的唯一可靠來源應該是害羞的按門鈴者本人，所以這件事大概根本沒有發生過，不過故事還是流傳至今，而且聽起來就像德瑞克會做的事。

*

換作今日，德瑞克只要在臥室製作一小段影片放上YouTube，就可以得到一大批追蹤他動態消息的粉絲。但在那個時代，害羞表演者的選擇較少，特別因為「小島唱片」（德瑞克的東家）的布萊克威爾（Chris Blackwell）不願直接透過獨立行銷部門替音樂做廣告。英國電臺播放的大多是排行榜上的歌曲，因此對德瑞克這樣的藝術家，想培養出聽眾群，現場表演是唯一途經——他只好面對他的怯場。

一九六九年九月，《只剩五片葉》發行幾週後，他首度公開登場演出，替Fairport Convention樂團助演。演出地點是皇家節日大廳，對緊張的表演者，這是首次重要公演最糟糕的地方，寬闊的觀眾席像巨大的飛機棚，三千個座位連綿不絕延伸到前臺，沒有柱子隔開表演者和觀眾。如果是單獨表演，那麼從舞臺旁側到大舞臺中央似乎是一條漫漫長路。大廳著名的「盒中蛋」設計（弧形觀眾席架高在門廳上）原本是為了阻斷廳外的噪音，事實卻讓後方與兩側的聽眾難以聽到臺上的表演。德瑞克輕柔如羽的聲音幾乎傳不出去，他只帶了一把吉他，因為每首歌都必須重新特別調音，為了轉動弦鈕，每首歌之間都有漫長的間隔，這個時候，他完全無視觀眾的存在。他唯一承認觀眾在場是即將下臺時，他拿著吉他，依稀朝他們的方向揮了揮。根據小島唱片新聞發言人桑迪森（David Sandison）的說法，德瑞克簡直就像是檢查音響的巡迴樂隊設備管理員。[39]

小型公演更糟，在酒吧小館，德瑞克飄逸的聲音敵不過叮叮噹噹的碰杯聲和嗡嗡的低語聲。他沒膽要人閉嘴，這些場所的音響設備總是很差，一支麥克風給他用，另一支給比他大聲許多的吉他，他無法靠監聽系統聽到自己的聲音，麥克風把他椅子嘎吱聲和外套扣子敲到吉他的聲音都收進去了，他自己的聲音則聽起來沉悶遙遠。他轉頭偏離麥克風，像是改變心意，不想讓人聽見他的聲音——而這麼做也於事無補。唱到一半，他不知所措，於是又從頭唱起。

一九六九年年底，他落至谷底。GKN螺帽和螺栓公司找他在學徒年度舞會演出，他開始時，大約有十五個人聚在臺前，但大多數觀眾仍舊在做餐後的清潔工作，堆疊椅子，騰出空間跳迪斯可。一個音樂人為大家演唱，卻沒有人在聽，沒有什麼比這個更孤獨的。德瑞克的姊姊嘉布麗葉後來說，作為創作型藝術家，他「臉皮太薄」，因為「在表演期間，有人走去沖咖啡，你還得要能在作品中敞開心扉」。[40]

但他應付關注也不在行。如果有人稱讚他的音樂，他聳聳肩膀就走了。吉伯特（Jerry Gilbert）替《聲》（*Sounds*）週報採訪他，他只是攪拌著茶，說了句奇怪的話，聲音越來越小，然後就沉默下來。他也沒跟姊姊嘉布麗葉說他正在製作第一張唱片，然後在一九六九年夏天的某一天，走進姊姊的臥房，丟了一張黑膠唱片在她床上說：「給妳。」[41]這是害羞者弄巧成拙的典型行為：在某件你希望改變他人對你看法的事上盡心盡力，然後再以隨興的姿態宣布，沒有傳達出這件事對你的意義。他最後一張專輯《粉紅月亮》（*Pink Moon*）只有他的聲音、吉他和事後錄音加上的單鋼琴琴聲。錄製時，除了錄音間工程師伍德以外，他沒有告訴任何人，然後只是把母帶裝在塑膠袋，交給小島唱片的接待櫃檯。

這時，德瑞克已經搬回去和父母同住，每到傍晚，他就不發一語走出房間，鑽進車裡，一溜煙消失在夜色中，這個儀式似乎提供他自我湮滅的解脫感。幾個小時後，油箱空了，但他無法鼓起勇氣去買汽油——那個時代，加油需要跟油泵操作員說話——就從電話亭打電話給父親，父親再耐心地開幾公里的路，用虹吸管從自己的車抽取汽油加到他的油箱裡。一九七四年八月一日，德瑞克服用過量抗憂鬱藥致死的三個月前，他父親在日記記下一件事，暗示他可能有希望走出困境，那就是經過數次失敗嘗試後，他總算能夠在丹沃斯加油站加油了。[42]

在自助式、自動化的現代世界中，我們已經忘了半個世紀前害羞的人躲避不了和服務人員說話的日常折磨：商店服務員、商場巡視員、門房、加油站服務員。光想到要走進商店，

---

39 — 根據小島唱片……Patrick Humphries, *Nick Drake: The Biography* (London: Bloomsbury, 1998), p. 129.

40 — 「臉皮太薄……敞開心扉」：Peter Paphides, 'Stranger to the world', *Observer*, 25 April 2004.

41 — 「給你」：*Nick Drake: Remembered for a While*, p. 163.

42 — 他父親在日記……*Nick Drake: Remembered for a While*, p. 353.

歷史學家卡萊爾（Thomas Carlyle）就會悶悶不樂，情緒低落，根據摩爾斯的說法，「一想到要訂製西裝，或是買雙手套，他就心驚膽戰」。[43]克莉絲蒂害怕從人行道走入商店，擔心服務生不明白她要什麼。泰勒筆下有個人物與克莉絲蒂很像，在腦中演練怎麼向商店服務生提出要求，就怕對方會聽錯她的話，把Rinso洗衣粉拿成了Bisto醬汁粉，為了「怎樣才能像是不以為意」而煩惱不已。[44]

超市出現後，消費者可以在無聲中匿名瀏覽成排的貨架，這樣的焦慮減少了，至少換到其他地方去了。今日害羞者也可以在自助收銀臺掃描商品結帳，甚至還有更棒的——把線上購物車裝滿，再按下購買鍵。滑門和電梯讓門房和腳夫幾乎絕種，自動跳停的油槍讓所有加油站成了自助服務的孤島。也許這正是德瑞克所需要的，顧爾德說的沒錯：當機器無人情味的善舉是障礙也是調停人時，我們彼此表現出更好的自我。或者如心理治療師所說的，這反而讓德瑞克的害羞「有了能力」，建立一個「維修週期」，允許他退到內心更深處。

*

一九七〇年時，鮑伊德想撮合德瑞克與同家唱片旗下歌手合作寫歌。後來，這個叫班揚（Vashti Bunyan）的年輕女子以英國式的低調作風柔聲說：「那不是一個非常有收穫的午後。」[45]她最後一次見到德瑞克是在唱片公司的辦公室，當時兩人都等著見鮑伊德，德瑞克面對牆壁站著，什麼話也沒有說。

班揚的害羞不像德瑞克那樣影響生活，但她也有搞失蹤的習慣。班揚的名字源自《聖經》的瓦實提王后（Queen Vashti），而她本人也像拒絕按照國王要求在宴會展示美貌的瓦實提王后。在牛津拉斯金美術學校短暫學畫期間，搞失蹤的習慣首次出現：她不去上課，企圖把曠課變成藝術作品。後來，滾石樂團的製作人兼經紀人歐德罕（Andrew Loog Oldham）發掘了她，以為找到新的菲絲佛（Marianne Faithfull）。一九六五年六月，她發行第一張單曲——滾石樂團的傑格（Mick Jagger）和理查茲（Keith Richards）攜手創作的〈有些事永記不忘〉（'Some Things Just Stick in Your Mind'）。但她在電視上唱這首歌時，把臉藏在哈蒂式的頭髮中，兩隻手不知道該往哪裡放。跟德瑞克一樣，她表演時緊張不安，面對同樣的問題：無法靠一九六〇年代的簡單音響系統將自己飄渺的聲音傳出去。她動不動就崩潰落淚，表演到一半就逃離舞臺。這張單曲徹底失敗。

她接著去了奇斯爾赫斯特附近的雷文斯本藝術學校，她的男友劉易斯（Robert Lewis）

43 「一想到要……心驚膽戰」：Morse, *Psychology and Neurology of Fear*, p. 89.

44 「怎樣……不以為意」：Taylor, *A Game of Hide and Seek*, p. 32.

45 「那不是……有收穫的午後」：Rob Young, *Electric Eden: Unearthing Britain's Visionary Music* (London: Faber, 2010), p. 41.

在那裡念書，她就住在學校後面杜鵑花叢下的帳篷裡。一九六八年五月，他們乘坐一輛馬拉式的吉普賽大篷車，出發前往離天空島不遠的艾拉島、明蓋伊島和克雷特島，他們的友人、民謠流行歌手唐納文剛買下這幾座小島，打算建立藝術家公社。旅途中，班揚寫歌描述返鄉的漁夫、泥炭的味道、海鳥的聲音、赫布里底群島的日落——不是傳統的敘述歌詞，而是一連串火焰般短暫燃燒的影像。曲子幾乎寫得像是咒語或魔法，擋掉旅程毫無田園風情的現實，他們大多時候走在繁忙的A5公路上，過往車輛的人以為他們是吉普賽人而朝他們吐口水。一年半後，他們抵達赫布里底群島，才發現藝術家公社老早解散了。一九六九年底，班揚返回倫敦，應鮑伊德的請求，在短短幾天內，在音響技術錄音室把她的歌錄成專輯。

終其一生，班揚追求的是一種空靈的聲音。小時候，她父親收藏七十八轉唱片，其中她最沉迷的錄音是唱詩班少年盧夫（Ernest Lough）演唱〈乘著歌聲的翅膀〉（'O for the Wings of a Dove'）。這張唱片是早年留聲機唱片最受喜愛的一張，錄下處於巔峰時期的優美高音。一九二七年，電動擴音技術才剛問世，在弗利特街聖殿教堂錄製時，盧夫還得站在兩本《聖經》上，才能對到HMV新式移動式錄音機的獨立麥克風。「我很肯定，沒有哪個男孩的聲音可以錄得像他的那麼好，」麥肯齊（Compton Mackenzie）在《留聲機》上寫道，「我也同樣相信，我從沒聽過如此美妙的聲音。」[46]班揚把那張唱片放了一遍又一遍，直到父親因為唱片刮傷、唱針磨鈍訓斥她為止。

世人對羅夫所知甚少，只知道他有一副絕美的嗓音，（在錄音當時）有副唱詩班男童的無邪臉蛋，在他的高音變成中音許久之後，那張臉還印在新版唱片的封面上。他的無聲無息引發奇怪的謠言：他唱到「永遠長眠於斯」時，一條血管爆裂，人倒地猝死；他踢足球時跌倒摔破了頭；敵對的唱詩班指揮綁架了他；死於肺癆；車禍身亡。班揚的第一個志向是成為盧夫——不是傳聞中遇到這些奇怪事件的真實男童（其實他活到八十多歲），而是他在美聲領域立下的塑像。班揚認為，留聲機唱片能把消失者的聲音保存下來。

班揚的高音有點唱詩班最高聲部的味道，尤其在她的嗓音得以在無伴奏情況下飄揚時，比如〈臨著海灣的窗戶〉（'Window over the Bay'）的前奏，或是如同〈閃亮的一天〉（'Diamond Day'）裡，她只是「啦啦啦」哼唱，好像聲音也是一件樂器。鮑伊德的製作功力無懈可擊，利用混音將每個呼吸聲和撥弦聲調整到恰當的輕重。班揚的聲音很容易被過度的音樂伴奏蓋過，但柯比（Robert Kirby）有一雙巧手，以直笛、揚琴和弦樂器伴奏，讓她的歌聲優美地飄揚出來。

可惜，班揚運氣不好，在她開始灌製唱片時，只擁有好嗓子已經不夠了，大眾需要知道這副嗓子的主人是誰。她的專輯《又是閃亮的一天》（*Just Another Diamond Day*）直到一九七〇年底才發行，這時她已經育有一個男寶寶，她只要一拿起吉他，寶寶就哇哇大哭。就算

46 「我很肯定……美妙的聲音」：Trevor Beeson, *In Tuneful Accord: The Church Musicians* (Norwich: SCM Press, 2009), p. 107.

她願意，也無法巡迴演出了，如她所說的，專輯「就這麼紅著臉，拖著腳步，緩緩走遠，直到湮沒無聞」，[47]最後只賣出幾百張。跟德瑞克一樣，班揚體會到一件事：對於害羞的表演者，被漠視的感覺比被敵視更可怕。

她搬回蘇格蘭帶孩子，只有在教兒子時才會重新拿起吉他。三個孩子在家中找到專輯錄音帶，還得偷偷摸摸在車子裡聽，因為他們的母親再也無法忍受聽見自己的聲音。她替拖延許久才問世的第二張專輯造了一個字作為標題——「照看」（lookaftering），這也正是她此時生活的寫照。跟許多其他猶豫的女性表演者一樣，養兒持家給了她停止表演的託辭，讓她把深具創作力的自我掩藏在日常生活裡。

*

在這個時代，留下少許的工作成果，接著就徹底消失的害羞女性音樂人，不只班揚一個。一九七一年，蘇格蘭民謠歌手麥克唐娜（Shelagh McDonald）發行兩張專輯後，回到北方，最後在蘇格蘭各地流浪紮營，過著勉強餬口的生活。Incredible String Band樂團的麥克尼恩（Christina 'Licorice' McKechnie）流浪到加州，傳說她更早以前就在那裡度過一段餐風露宿的日子。一九九〇年，她從沙加緬度寫了訣別信寄給妹妹後，就從此消失在沙漠中。樂團另一位女性成員辛普森（Rose Simpson）也不見了，等到一九九四年再露臉時，已經是亞伯立斯威市的市長夫人。

在一九六〇年代大多數時間，諾丁罕郡民謠歌手布里格斯（Anne Briggs）在酒吧清唱改編過的英國民謠，歌聲宛如天籟之音。後來，她駕著馬車，在愛爾蘭四處遊蕩，有時睡在沙福郡荒野的大篷車中，在森林裡過夜。一九七一年，她被哄進錄音間，灌了兩張唱片，被迫聽見自己的聲音，她非常討厭那聲音。同年五月，她在皇家節日大廳表演，但也非常討厭這件事。她上臺不懂得說場面話，而且有了酒吧演唱經驗後，覺得舞臺演出太過正式。最糟糕的是，她懷孕了，不能喝醉後再表演。她拋下還沒發行的第三張專輯，和丈夫、兩個年幼的孩子搬到蘇格蘭薩瑟蘭地區一個偏僻的村子，方圓幾公里杳無人煙。沒有保母幫忙，她的職業生涯畫上句點。一九九〇年代初期，她被說服做了幾場演出，但相隔二十年後，在都市與倫敦地鐵系統穿梭令她神經不安，上臺後也緊張得無法放鬆歌唱。她又退隱了，這一次退到蘇格蘭內赫布里底群島中的凱勒拉島，方圓三公里內一個鄰居也沒有。

這些音樂人消失到一個相似的世界，很容易就走到地圖上找不到的地方，從此音訊全無。今日，靠著口耳相傳就能讓一個人爆紅，網路時代初期不大可能存在的歌迷出現，重新發現他們的時機成熟了，而這正是發生在羅德里格斯（Sixto Rodriguez）身上的故事。羅德

---

47 「就這麼紅著臉……湮沒無聞」：Claire Walker, 'Return of the flower child', *The Scotsman*, 19 July 2000.

里格斯是墨西哥裔美國籍民謠歌手，一九六〇年代晚期開始在底特律煙霧繚繞的俱樂部表演，他的害羞是出了名的，因為他總是背對著觀眾演出，但他說是因為房間太小，為了避免擴音器回授產生尖銳聲音才這麼做。在他毫無所知的情況下，他成了南非種族隔離時代的地下巨星。一九九七年，他的女兒伊娃發現一個網站，網站架設人西格曼（Stephen Segerman）在開普敦開唱片行，一心一意要找出羅德里格斯的消息。讓西格曼欣喜的是，羅德里格斯在舞臺上縱火自焚或吞彈都是謠言，伊娃告訴他，羅德里格斯遠在天邊近在眼前：他在底特律從事建築翻新工作，在同一間破屋子住了四十年。

同一年，班揚買了生平第一臺電腦，在嘰嘰喳喳聲中，遲疑地用撥接方式連上網路（寬頻時代尚未來臨）。她用兩根食指在搜尋引擎中鍵入自己的名字，讀到的第一條資訊是留言板上一封來自沙加緬度的電子郵件，詢問有沒有人知道班揚後來怎麼樣了。她發現有一群號稱「唱片挖寶者」的人，專門收集罕見的黑膠唱片，正在尋找一九六〇年代末期與七〇年代初期未受重視的創作歌手的唱片，他們把這類唱片稱為「孤僻音樂」。《又是閃亮的一天》如今炙手可熱，一張可賣到數百英鎊。班揚受到鼓舞，說服一家小唱片公司重新發行，也開始挖出她留在弟弟倉庫以醋酸酯唱片錄製的試唱帶。最重要的是，她又開始唱歌了。

她說，她感覺自己的聲音「昏迷了三十年」，[48]站在麥克風前，都不確定自己是否能夠發出任何聲音。但她的嗓子聽起來一如往昔，簡直就像在湮沒無聞的泥炭沼中埋沒保存著。二〇〇三年四月，她在皇家節日大廳表演，登上徹底打垮德瑞克和布里格斯的舞臺。貼著麥克風唱歌，她的聲音晃晃蕩蕩，宛如呢喃，不願打擾到四周的空氣。聽她唱起曾經棄捨的老歌，比如〈閃亮的一天〉和〈冬天是藍的〉（'Winter is Blue'），讓人有點緊張，因為怯場使她的聲音顫抖得更嚴重，感覺會頓時中斷，或者這句還沒完，她就會喘不過氣來。觀眾不自覺往前傾，希望她唱出每個音符。

班揚發現，新錄音技術是克服怯場的利器。有了Pro Tools與Logic一類的數位錄音軟體，她可以自己製作音樂。她還發現，如果無人在場，她可以唱得更大聲、更自在。她對自己的琴藝沒有把握，但現在可以左右手分開錄音，都用右手彈奏，然後以軟體合成。這讓她意識到她與自己那一輩、母親那一輩的某些中產階級女性很像，她們遵循英國客廳傳統，只有自己彈琴伴奏時才表演。在新歌〈母親〉（'Mother'）中，她回憶兒時隔著微敞的門，看到母親以為自己是一個人時跳舞彈琴的情景。

根據義大利歷史學者卡薩格蘭（Carla Casagrande）的說法，大約從十二世紀開始，西歐男性神職人員提倡害羞是女性應當培養的美德，好抵銷她們愛閒聊、抱怨、嘮叨與賣俏的天生傾向，害羞是保護她們貞操的「天佑工具」。他們舉出貞潔女性的沉默典範，也就是聖母馬利亞，並且援引了聖徒保羅的權威。聖徒保羅禁止女性布道與講學，只許她們在需要特別

48 一「昏迷了三十年」：Peter Ross, 'Vashti Bunyan', *Sunday Herald*, 16 October 2005.

訊息時閉門詢問配偶。一個在公共場合愛說話、愛表演的女子與外界接觸太多，有濫交的可能。根據本篤會的沉默規範，女子在少數不得不說話的情況下，也應該是在家中、教堂或修道院的牆內輕聲細語。[49]班揚與她母親那一代的女人覺得，上舞臺像是赤裸裸地暴露一樣，也許正是數百年來阻撓女子拋頭露面公開說話的思想的殘留習慣吧。

除了戰時有一次在全印廣播電臺短暫演出以外，德瑞克的母親莫麗只會在家裡的樂房為家人和少數幾個朋友表演。她按照寇威爾（Noël Coward）或諾韋洛（Ivor Novello）歌舞劇傳統，自己作曲自己演唱，只是情感比較深沉，旋律沒那麼優美，奇特的和弦發展明顯影響到兒子古怪的定弦方式。她的歌聲聽起來猶豫，有著愧歉的意味。她從來沒有打算讓身邊以外的人聽見，若非那臺兒子聚會後用來錄下醉醺醺閒扯的錄音機也記錄下她的歌聲，永遠不會有外人聽過她的歌聲。二〇一三年，在她逝世二十年之後，紐約一家新成立的小唱片品牌發行了她的歌曲專輯。

跟德瑞克、班揚一樣，作家兼音樂家格雷格（Charlotte Greig）成長於一九五〇和六〇年代，當時女性唱歌彈琴只是「持家技能，就像插花和擺放餐具一樣」。[50]格雷格聽莫麗的專輯時，聽出聲音背後的特定背景：中產階級優雅女子不願意賣弄的傳統。以莫麗的情況來說，她在殖民地長大，經常搬家，缺乏穩定感與個人社會地位所暗示的優越感，因此這種傳統心態更加強烈。格雷格也不願意巡迴推廣自己的作品，因為她是忙碌的母親，也因為她對自我炫耀同樣感到厭惡，身為海軍軍官的女兒，她漂泊不定的童年為她孕育出相同的不安全感。她偏愛透露出這種自我懷疑的音樂，比如像是科林斯（Shirley Collins）和班揚等藝術家的作品，聽起來就像是唱給自己聽的。這個特質德瑞克的母親彷彿是遺傳給了他，德瑞克低吟自己的歌，希望聽眾在偶然間能夠聽到。

*

害羞往往無邏輯可言，隨機侵犯生活的一些部分，其他部分卻完全不受影響，因此怯場也以難以捉摸的模式起伏。即使是經年處於緊張狀況的德瑞克，在普羅旺斯地區艾克斯沿街賣藝，或在劍橋大學五月舞會和學生俱樂部表演時，卻似乎沒什有問題。在很多音樂家覺得最可怕的環境——錄音間——以及錄音樂手的環繞下，他歌詞不會唱錯，琴弦也不會撥錯。

但話說回來，害羞者往往是令人驚豔的出色表演者，或者他們至少會受到表演的概念所吸引。乍看之下不合邏輯，其實並不然，畢竟害羞的人跟大家一樣，知道生命就是一場無

49 「天佑手段……沉默規範」：Carla Casagrande, 'The protected woman', in Christiane Klapisch-Zuber (ed.), *A History of Women in the West: Silences of the Middle Ages* (Cambridge, MA: Harvard University Press, 1992), pp. 88, 100.

50 「持家技能……餐具一樣」：Charlotte Greig, 'Molly Drake: how the wild wind blows', *New Welsh Review* 103 (Spring 2014), 42.

休止的演出，站上舞臺時，他們所做的只是用一個角色替代另一個。精神分析學家卡普蘭（Donald Kaplan）曾說過，怯場最恐怖之處在於演員感受到「日常保持鎮定的言行舉止完全被剝奪了，即將由表演的姿態取代」。[51]卡普蘭認為，恐懼來自面對他人，只是少了那些在日常生活中幾乎難以察覺的手勢與姿態，而正是這些近乎無形的手勢與姿態讓我們感覺像自己。

害羞者受吸引上到舞臺，也許就是因為他們沒有這種日常姿態，所以想發掘可能對他們更有效的另一個模樣。對害羞的人來說，危機可能比較輕鬆，起碼不會比日常生活的挑戰更大。當燈光暗下，觀眾席一片闃寂，他們或許跟別人一樣害怕，但就像害羞的警察或車掌據說穿上制服會更有自信一樣，害羞者知道他們又得到一個機會，假扮一個可以完全正常運作的人。

長久以來，我一直覺得在公開場合說話比跟陌生人交談容易，明確的思維與敘述的結構讓我心安，有形的道具和它們的預設用途也會告訴我該如何表現。當我站在架著麥克風的講臺後方，前頭是講稿，左邊有一杯水，手中拿著遙控器，我知道我講話應該不會有人打斷，我也獲得講話的許可。在一個我們必須假裝多數表演是自然的世界中，一場這種不用隱瞞真實狀態的表演感覺是種解脫。當然，如果末了有提問時間，我就不得不跳出這個角色。觀眾提出的另類問題會導致我大腦結冰，在陷入可怕的沉默前，我張皇失措企圖把自己捆在句法亂七八糟的回答上，但結果一定會**漏餡**，恐懼也就再度降臨了。（在真實生活中，我發生這種情況的次數寥寥可數，但那幾次就足以激起我對災難的想像。）當稀疏的掌聲逐漸消失，主席詢問有沒有人要提問，這一刻標誌著兩種類型表演之間的轉換：一個是令人舒適的虛假，另一個是叫人驚恐的真實。

但是，直到我洩底的那一刻來臨以前，我就盡量保持不怯場。德國人用了一個很貼切的字來表示怯場，其實他們還有一個同樣精采的字來表示這種相反的感受，那就是Maskenfreiheit：戴上面具所獲得的自由。詩人海涅（Heinrich Heine）在《柏林來函》（*Letters from Berlin*，1822）中用了這個混成詞，提到在化妝舞會上我們感覺最自由、最具完整的人性，「當蠟製面具藏起平時的肉體面具之後，簡單的Du（德語中非正式的稱呼語）讓親近的原始社會活動恢復了，一件威尼斯式斗篷（附帶眼罩的連帽斗篷）掩飾所有的偽裝，促成最美好的平等與最美好的自由」。[52]

當然，兩者並不完全相同，一個是站在講臺上，一個是戴上真正面具，索討匿名參加晚會的傳統許可證，這樣就沒有人會摘下你的面具。但是，在舞臺上，你仍然虛構一個讓自己

---

51 ｜「日常保持鎮定……表演的姿態取代」：Donald Kaplan, 'Stage fright', in *Clinical and Social Realities*, ed. Louise J. Kaplan (Northvale, NJ: J. Aronson, 1995), p. 132.

52 ｜「當蠟製面具……自由」：Terry Pinkard, 'Introduction', in Heinrich Heine, *On the History of Religion and Philosophy in Germany and Other Writings*, ed. Terry Pinkard, trans. Howard Pollack-Milgate (Cambridge: Cambridge University Press, 2007), p. viii.

覺得更自在的形象，在亦真亦假之間，處於你加以放大渲染的自然狀態中。你那個害羞的自我可能在化妝間對著桶子大吐特吐，但另一個自我總會喚起決心，不因恐懼而逃離舞臺。

06 害羞藝術

Shy Art

一九一〇年三月，一個穿長大衣的男人，把帽子拉低蓋住耳朵，在曼徹斯特紅磚排屋夾道的街上走來走去。他身高一米八八，舉止笨拙，往前邁開腳步時，兩隻扁平足的方向稍有不同。走到朗賽特和休姆等貧困街區，赤腳的孩子就跟在他後面，好像他是童話中的吹笛手。孩童一面辱罵他，一面模仿他蹣跚的步態，他把零錢往鵝卵石地面一扔，孩子就爭先恐後搶著去撿。他在這些地方非常有名，只是因為他是帕爾摩物業公司的收租員。他自認是藝術家，但賣出的畫作卻少得可憐，幾乎不夠讓他買材料繼續畫。

一九三九年，他就在倫敦舉辦首次的個人展，但到了一九五二年仍舊沒有多少人認識他。這一年，六十五歲的他從帕爾摩公司總出納一職退休，開始領取全額退休金。在他工作的四十多年期間，大家都喊他洛瑞（Lowry）先生，連老同事也這麼稱呼他。當時以名字互相稱呼已是很平常的事，但他說自己太害羞，不敢這麼做。在退休的前一天，他漠然宣布自己明天就不來了。退休後，他開始有了名氣，替電視臺拍影片，站在自己的作品前拍照，沒有人知道這些風景就是他收租的街道。他怕別人以為他只是業餘畫家，所以不讓人知道他的正職，即使退休之後也是如此。

如今，他頭髮白了，步伐仍舊搖搖晃晃，整個人帶著一種古怪氣質，還是會丟零錢給追逐在後的孩子。他的朋友、藝術評論家穆林斯（Edwin Mullins）說，他看上去「像假扮戴高樂將軍的賈克．大地[1]」。[2]洛瑞的友人雷麗（Harold Riley）畫過一幅洛瑞走在斯溫頓沼澤的畫，描繪老先生的背影，他頭戴軟氈帽，垂著頭，踩著腳步走遠，拿著眼鏡的雙手在背後交叉。這幅作品生動地刻畫他：望著遠方，向遠方走去，總是遙不可及。

他畫中的人群也是如此——提著腳跟，倉促前進，身體前傾，陷入思考。他們的臉像一抹污漬，有時連代表眼睛的那兩小點也沒有。擠在一塊的人互不交談，成直角站立，手臂無力，好像在玩「一二三木頭人」，身體僵住不敢亂動。「在我畫裡的人都是孤獨的，你知道，」他說，「人群是最孤獨的，每個人對其他人來說都是陌生人。」[3]在洛瑞的畫中，父母的臉永遠不會對著孩子，戀愛中的男女隔著直背椅互望，候診室的病患茫然看著遠方。

一九五〇年代，畫中的人群解散了，他開始畫起孤獨的人影，通常是流浪漢，不然就是因癱瘓或裝義肢而遭到路人閃避的人。畫作標題反映出，在沒有人際關係的支撐下，人們敷衍了事，過著平凡生活：〈吃三明治的男人〉、〈從飲水機喝水的男人〉、〈往垃圾桶裡看的男人〉、〈門口的男人〉、〈從柵欄洞看出去的男人〉。說也奇怪，洛瑞的作品竟成了禮品店販售的冰箱磁鐵和茶巾上的俗麗風景，而它們既不風雅，也無法解慰，甚至跳動著畏懼與孤獨的脈搏。

一九六三年夏天，洛瑞與年輕的藝術家友人費爾（Sheila Fell）上倫敦新開幕的梅菲爾

1　譯註：Jacques Tati，法國電影導演與演員。

2　「像假扮……大地」：Shelley Rohde, *A Private View of L. S. Lowry* (London: Collins, 1979), p. 252.

3　「在我畫裡的人……陌生人」：Alan Woods, 'Community, crowds, cripples', *Cambridge Quarterly* 10, 1 (1981), 7.

戲院，欣賞皮藍德羅（Luigi Pirandello）重新上演的作品——《六個尋找作者的劇中人》（*Six Characters in Search of an Author*）；理查森（Ralph Richardson）飾演其中一角。戲院位於梅菲爾飯店樓下，狹小的觀眾席只是一層傾斜排列的座位，僅能容納三百人。舞臺光禿禿的，兩側暴露在外，只有簡單的聚光燈，空間大小只適合輕聲表演，觀眾與表演者之間的間隔似乎消失了。洛瑞不知不覺著迷了。六個穿著維多利亞時代風格黑衣的角色直視前方，一起緩緩移動至舞臺前方，看上去就像他畫作中不愛說話、冷漠木然的人物。洛瑞又跟費爾去看了兩次這齣戲，獨自則又去了六次。皮藍德羅作品要表達的寓意是，在精神方面，我們都是唯我論者，看似連接我們的語言和社會禮儀，其實無法跨越獨立心靈之間的理解鴻溝。我們，如劇中那個父親所言，「受困於日常對話的交流，成為社會規範的奴隸」。

一九四八年，洛瑞搬到朗登代爾的莫特拉姆村，變得更加孤僻了。他家有十七座鐘，是他已故母親的收藏，設定在不同時間發出響鈴，感覺好像屋子裡住了人。直到有竊賊闖入，他家才安裝電話，而這具電話只有撥出功能。要聯絡他，最好的方式是拍電報，或打電話到鄰居家留話。大門沒有門環，他把沒有打開的信堆在一只瓷碗裡，會計師每六週會把看起來涉及金錢的信函拆開，其他信件泛黃之後，洛瑞連讀也不讀就燒得一乾二淨，朋友都知道要在信封上用很大的字寫上自己的名字。有一回，蘭開夏郡板球俱樂部會計萊加特（Alick Leggat）和他拆開一封這種沒有理會的信，從裡面抽出一張一千六百英鎊的支票。[4]

一九六〇年的某一天，洛瑞前往桑德蘭，在海濱的西本恩飯店停下來用午餐。在往後的十五年，他經常到這間飯店，住在二樓的同一個房間（一〇四號房），有時一住就是好幾週。他經常心血來潮就跑去，搭上計程車，走二百一十七公里，有一回腳上還趿著拖鞋。飯店和惠特本沙灘只隔著一條馬路與海濱步道，他從餐廳就能看到北海。在餐廳裡，他永遠坐在同一張桌子，吃同樣的餐點：烤牛肉、炸薯條、肉汁，接著是切片香蕉和鮮奶油。

在那些年，他畫了一系列海景，描繪薄霧彌漫的陸地與海天融合為一。這些帶有特納（Joseph Turner）堆聚風格的作品，有的畫了孤立在水中的直柱，等待波浪將它們沖倒。他說這些作品是自畫像。一天晚上，穆林斯開車送他回家，他告訴這位朋友：「如果我不孤獨，我的作品都不會出現。」[5]

*

沒有人確實知道，大約在四萬年前人類為什麼要深入洞穴，在穴壁畫下野牛、長毛象和鹿，或用手指描繪出手印。而且，這些洞穴相隔遙遠，散布在南法、西班牙、印尼的蘇拉威西島與澳洲北部的阿納姆地區高原。不管動機是跟巫術、儀式有關，還是對他們獵到的動物

4　有一回，蘭開夏郡板球……：Allen Andrews, *The Life of L. S. Lowry* (London: Jupiter, 1977), p. 108.

5　「如果我不……不會出現」：*L. S. Lowry, 1887–1976* (London: Royal Academy of Arts, 1976), p. 36.

表示敬意，這個人類歷史上的認知大躍進，稱為「創造力大爆炸」，似乎與從社會世界隱退有關，因為這些穴畫在無人可能居住的偏遠洞穴中發現。

人類往往把自己視為至高無上的社會動物、頂尖的交流好手，因為具有交談能力，所以凌駕於野獸之上。但是，鯨魚、海豚和其他動物也有複雜的語言，如果我們能夠破解的話，牠們的語言也許甚至會更複雜。最近發現，鳥類具有溝通網絡，而且傳播得幾乎與網路竄紅的人事物一樣快。牛津大學附近的威薩姆森林有片山毛櫸林，大學的科學家自一九四七年持續研究那裡的大山雀，發現這些鳥是怎麼學會了一件牠們做了將近一世紀的事：啄掉留在門口的牛奶瓶上的銀箔紙，喝光上面的鮮奶油。為了查明鳥如何以驚人速度互相傳遞這些技巧，科學家給威薩姆森林的大山雀設定一個類似任務：把箱子的門滑開，就得能到一條黃粉蟲。科學家發現，原來牠們有一個鼓勵模仿的緊密社交網絡。看來，人類獨一無二的動物特性，絕非是我們的溝通能力，而是我們的昇華能力，能把溝通天性化為抽象的附加形式。只有人類這種生物，可以在不在場的情況下，留下可供閱讀或觀看的記號，就算我們不在場，甚至就算我們已經不在人世，也能向他人傳達意義。

科學家兼作家葛蘭汀（Temple Grandin）患有自閉症，對洞穴壁畫的發生原因有自己的直覺解釋：人類老祖宗中的內向者厭倦了「廢話閒扯」——男性領袖圍著部落篝火坐著，一面磨著火石，一面互相吹噓自己獵殺的野牛數量——他們自行離開，創造出最初的人類藝術。在她的想像中，這些藝術作品與開創性發明（比如石矛和輪子），都是「某個坐在洞穴深處的亞斯伯格症候群患者」創作出來的。[6]

葛蘭汀自己的人生與工作成果，都展現出內心的自閉壓力如何激發出創造力。青少年時期，她內向煩躁，渴望感受被擁抱的壓力刺激，但又迴避與人接觸。她到姑母位於亞利桑那的農場玩，看見牛群關在保定架中，那種畜欄有不停壓縮的金屬側板，讓牛隻在接種、打烙印或閹割時能夠保持冷靜。受此啟發，她設計出人用的「壓縮機」——由兩塊傾斜的木板組成，鋪上厚墊，用絞鍊連結，構成一個V字形的木槽。她跪在槽中，打開空氣壓縮機，木板就會輕輕按壓她，像是在擁抱她一樣。對葛蘭汀來說，在允許旁人觸碰她的路上，這是一個有效的過渡階段。

對自閉症患者來說，正常人好像根據他們神祕習得的奇怪社會規則運作，也許類似害羞者對於在社交方面深具自信者的看法，只是相較之下更加嚴重。葛蘭汀只能死背硬記學習日常禮節，小心翼翼收集線索推斷他人用意。她對節奏韻律不敏感，聲音聽起來沒有音調變化，像是火車站的廣播，抑揚頓挫都是隨意的。她剛開始授課時，總是背對聽眾，不過她也很快發展出講課的天賦，也許因為她正常說話方式本來就非常像在表演。

第一個提出自閉症可能增加人類創造力的是亞斯伯格（Hans Asperger），他是維也納大

6｜「某個坐在洞穴……患者」：Rhys Blakely, 'How we're failing children with autism', *The Times*, 12 April 2014.

學兒童醫院的小兒科醫師。一九四三年——也就是他奧地利裔同事肯納（Leo Kanner）列出自閉症特徵的隔年——亞斯伯格在他幾個小病人身上也發現類似的退縮傾向，而與肯納不同的是，他認為這種傾向可能與特殊天賦共存。

有的自閉症者具有驚人的能力，比如像是背書、拼拼圖或是在城市辨別方位。這些能力表面看來有部分是視覺技巧，屬於辨識重複圖案與分類的訣竅。自閉症者有所謂的「核心統整能力薄弱」，他們專注在個別部分，反而看不清楚全局。自閉症藝術家可能會從單一個細節開始——比方說，精確描繪凸凹不平的膝蓋骨或房屋中的一塊磚——從組成部分開始發展出繪圖，而非採用從輪廓開始再補充內部的普遍做法。有的自閉症藝術家，比如在倫敦發展的威雪爾（Stephen Wiltshire）或是馬來西亞的葉平連（Ping Lian Yeak，音譯），可以憑記憶畫出城市天際線的恢廓遠景，分毫不差勾勒出複雜的建築特徵。也有自閉症藝術家變出自己的龐雜世界，比如法國藝術家特雷安（Gilles Tréhin）的〈於爾維爾〉（'Urville'），就是一個想像出來的島城，位於離蔚藍海岸不遠的海上，林立著精心繪製的高堂巨樓，其中人物就像洛瑞筆下的柴枝人。

洛瑞同樣也專注於細枝末節，他的畫是由細節組合累積而成。他常常在索爾福德、斯托克波特或阿什頓安德萊恩的街道散步，在塞在口袋的紙片上素描，然後把這些零雜的草稿組成繪畫作品。在他的畫作中，街道無車，煙囪冒出滾滾濃煙，行人戴帽子包頭巾。即便是晚期的作品，也彷彿停留在該世紀的初期，就這一點，他最常說的解釋是，他覺得自己迷失在貧民窟移除、大廈林立的戰後世界，所以心還繼續走在與童年時代的索爾福德相同的街道上。但是，他其實並不關心景觀如何隨著時間改變，他的興趣在於北部工業區的自然幾何，排屋街道與工廠煙囪稜角分明的縱橫線條（水平線和垂直線）。某天，來自湖區阿斯佩特里亞的費爾（Sheila Fell）帶著洛瑞，一塊去斯基多峰前作畫，將近傍晚時，她偷看了一眼他正在畫什麼：又是工業城鎮景象。

洛瑞如果喜歡某組階梯或艾威爾河的某處河灣，那麼它就會在他的畫中再三出現。他的作品由線條凸角構成，不講究筆法，所以不畫陰影，建築也就看起來不像立體的。他承認人是後來才安插到設計中，「說真的，我不太思考人的事，」他說，「我不像社會改革家那樣關心人，他們是縈繞我心頭的神祕之美的一部分。」[7]

亞斯伯格症直到一九八一年才為英語世界所知，當時英國精神科醫師溫（Lorna Wing）在《心理醫學》（*Psychological Medicine*）期刊發表一篇相關論文。此時，洛瑞已經逝世了，幾個人察覺他有亞斯伯格症專注細節的性格，也有這種高功能自閉症其他幾個特點：喜歡按照慣例做事，肢體笨拙，缺乏臉部表情，不喜歡與他人有眼神接觸，不喜歡與人群交際，但也會對人不停說話，好像在對寵物說話一樣：「你喜歡那幅畫嗎？真的？**真**有趣啊，我**是**很

7 「說真的……一部分」：Michael Howard, *Lowry: A Visionary Artist* (Salford: Lowry Press, 1999), p. 123.

高興啊。」[8]

溫並不像葛蘭汀覺得亞斯伯格症就是害羞，但跟葛蘭汀同樣相信「自閉頻譜」在人群中普遍存在，自閉症並非單單一個狀況，而是有各式各樣的障礙。她堅持認為——再次引用邱吉爾對英國人的描述——大自然「畫直線時一定會弄髒它」。[9]在溫看來，自閉症鮮明地捕捉住人與他人關係的普遍問題，她跟葛蘭汀同樣認為，具有若干自閉症特徵可能是創意生活的必備要素。

要理解經驗，就必須基於策略退出社交生活——藝術源自這種內向性的能力嗎？所有人多多少少都有這種特質，就像大腦必須睡眠作夢才能恢復，我們也需要孕育期或休耕期來萌生新思想。榮格在《心理類型》（*Psychological Types*，1921）指出，內向者會比外向者花更長時間收集想法、領略意義，他們需要獨處，才能將這些思想整理成有意義的形式。和太多人接觸太長時間，他們的大腦會過度受到刺激，在喧鬧的人群中，內向者的大腦皮層會像記憶體不夠的電腦超載當機。

有些自閉症者走上內心旅程後，再也沒有回來，無止盡地著迷於指尖上的幾粒鹽或指紋，無法將創造力向外引導到交流溝通上。自閉症藝術家帕克（Jessy Park）早期畫的是收音機旋鈕、里程錶和電毯控制開關，畫得十分精美，但除了工程師以外，可能誰都不會感興趣。漸漸地，在她母親的協助下，她順利突破沉迷於世界隨機細節的孤立狀態，創造出更具廣泛感染力的作品：細膩精緻的建築畫，比如紐約的熨斗大廈、倫敦的國會大廈，精確到連一根排水管也沒漏掉。她以粉色和鮮橘色的粉彩顏色描繪，上方紫黑色的天空星光閃爍，每顆星星都在正確的星座位置。帕克曾想出一個絕妙的新詞來形容不善辭令的人：「speako」（說話錯誤），[10]從「typo」（打字錯誤）衍生而來。這些學會表達出內向性格的「他者」（otherness）的人，幫助所有人從新的角度看這個世界。

*

我們常常把瘋狂、抑鬱和其他疾病視為藝術的刺激因素，也許必須用同樣的角度來看害羞。我們往往把二十世紀藝術世界與自信不羈的前衛藝術家典範畫上等號，比如畢卡索或達利，但是，有一點值得注意，那就是不少藝術家與洛瑞一同支持**中庸之道**，始終在可以實現平凡資產階級生活的環境中獻身於工作，其中一個就是波隆那畫家莫蘭迪（Giorgio Morandi）。一九五八年，莫蘭迪六十八歲時，評論家羅迪蒂（Édouard Roditi）來探望他，

8—「你喜歡那幅畫……很高興啊」：Andrews, *Life of L. S. Lowry*, p. 23.

9—「畫直線時一定會弄髒它」：Lorna Wing, 'Syndromes of autism and atypical development', in Donald J. Cohen and Fred R. Volkmar (eds), *Handbook of Autism and Pervasive Developmental Disorders* (London: John Wiley, 1997), p. 160.

10—「說話錯誤」：Clara Claiborne Park, *Exiting Nirvana: A Daughter's Life with Autism* (London: Aurum Press, 2001), p. 129. See also p. 126.

他告訴羅迪蒂，他「非常幸運能夠過著……平平淡淡的生活」。[11]

莫蘭迪幾乎不曾離開過波隆那一步，直到六十六歲才第一次離開義大利，出席一場就在瑞士邊界的展覽。訪客到他位於方達查街的簡樸公寓拜訪時，他會禮貌敲敲門，停下腳步，等到同住的姊妹允許後，才穿過她們的臥房到他的工作室，他工作睡覺都在同一張床上。羅迪蒂覺得他過著「有限的社交生活，就像他故鄉城市大多數的大學老教授與專家，但多了一點純粹出於個人的謙虛、害羞與苦行精神」。[12]當地人都叫他「僧侶」，跟洛瑞一樣，他的行為非常拘謹，除了家人和少數童年時代朋友以外，對每個人他都稱呼「您」。他寫信時，就算是寫給認識最久的朋友，也都克制冷靜得可怕，以一般的結尾作結，而且簽署的是他的姓。

波隆那以大學、美食及共產主義聞名於世，在義大利則以博學、肥胖和赤色著稱，莫蘭迪的作品恰好相反：不用典故，禁欲，且非關政治。他一生工作時間都用在畫畫上，每一幅都命名為〈靜物〉，不停交換排列同樣的東西——他每週在琵雅左拉小古董市集找到的牛奶罐、餅乾盒、拿鐵咖啡杯和阿華田罐子。這些撕下標籤的物件落滿了灰塵，他使用大地色彩作畫，諸如黃赭色和焦棕色，也就是洞穴壁畫所使用的顏色，不過他用各式藍色和紅色的底漆，讓柔和的表面顏色多了一抹暖意。

莫蘭迪的作品讓人想起另一個害羞的隱居藝術家：蒙德里安（Piet Mondrian）。蒙德里安的畫以幾何形體與各種方格組成，使用基本原色，像工廠生產那樣分毫不差，感覺同樣安詳穩重，難以形容。蒙德里安的作品完全是抽象的，比現實世界更整齊乾淨，莫蘭迪的作品則紮根於具體和細項上。但是，在徹底拒絕誘騙、迎合及打動資產階級等方面上，他們的態度是一致的，很難不把他們儉樸的繪畫手法視為出自相仿的儉樸生活風格，他們的藝術感覺是從羞怯中強擰出來的。

不得不說，莫蘭迪屬於不以羞怯著名的國家。義大利語沒有「隱私」這個字，義大利人的性情通常公認是熱情洋溢、愛打手勢的，許多藝術形式似乎明顯有反害羞傾向：義大利歌劇中誇大通俗的劇情，未來主義運動對暴力和速度的喜愛，象徵主義頹廢派的自我放縱，墨索里尼從他們的領袖鄧南遮（Gabriele D'annunzio）偷學來的獨裁儀式（比如在陽臺演說，一下捶胸頓足，一下恫嚇要脅，義大利人稱為protagonismo，統御力）。

但許多義大利作家與藝術家卻有害羞與逆來順受的傾向，尤其是在法西斯陰影下創作的人。大家很容易想到蒙塔萊（Eugenio Montale）冷峻的詩歌，抒發對於雪茄菸圈或墨魚骨頭這種瑣碎小物的感受，刻意避開了義大利鮮明的抑揚語調與呆板的虛華詞藻。布羅茨基（Joseph Brodsky）說蒙塔萊的作品是「一個男人自言自語的聲音——往往是嘟嘟囔囔」。[13]義大利最著名的現代詩出自翁加雷蒂（Giuseppe Ungaretti）之手，他與蒙塔萊同為隱逸派

11 —「非常幸運……平平淡淡的生活」：Édouard Roditi, *Dialogues on Art* (Santa Barbara, CA: Ross-Erikson, 1980), p. 106.
12 —「有限的社交生活……苦行精神」：Roditi, *Dialogues on Art*, p. 105.

詩人，這首詩只有兩個字長，在空白無聲的紙張上留下寥寥幾塊語音碎片：「m'illumino/d'immenso（我照亮自己／以無垠）。」

在這時期許多義大利小說家中，比如斯韋沃（Italo Svevo）、帕韋斯（Cesare Pavese）和迪・蘭佩杜薩（Giuseppe di Lampedusa），類似的害羞孕育出對孟浪言行與添枝加葉的類似懷疑。在傑作《與琉科的對話》（*Dialogues with Leucò*，1947）的前言，帕韋斯可能是想到了莫蘭迪，宣稱：「我與實驗主義者、冒險家、那些在陌生地區旅行的人沒有任何共同點，我們要激起驚奇感，最可靠、最快速的方式是無畏地盯著一個物體。」[14] 蘭佩杜薩直到五十九歲才完成他第一部、也是唯一一部小說《豹》（*The Leopard*），而且直到死後才出版。他對人性喜劇別具慧眼，顯然是畢生謹慎觀察的成績。他是西西里島貴族，非常矜持，得意地自稱擁有英國人的性情。他英語很好，去英國多次，但太害羞，不敢開口講英語。「與英國人打交道總是很愉快，」一九二七年八月他從倫敦寫信回家說，「他們彬彬有禮，動作迅速，表面的愚笨只是因為難以控制過度害羞的性格。」[15]

當然，在墨索里尼統治的年代，許多義大利作家有充分理由保持緘默，拐彎抹角，不讓審查員發現他們的觀點。有人寧可保持沉默，也不願意讓他們的作品遭到扼殺，比如帕韋斯就是這樣。在此同時，猶太人不許出書，名字甚至不能印在電話簿上。「我從來沒有認真想過分析我的害羞個性，」義大利猶太裔作家萊維（Primo Levi）告訴美國作家羅斯（Philip Roth），「但墨索里尼的種族法律絕對起了很大的作用。」[16] 害羞的存在有許多地方性的原因和獨特的理由，但它是各地作家及藝術家都理解的一種語言，不管是因為有人審查還是因為自己的恐懼與神經官能症而噤口，他們的作品是讓人聽見自己聲音的管道。

*

莫蘭迪的重要啟發不是來自他的同胞，而是來自法國人塞尚。塞尚畢生都牢牢記著作家司湯達爾在《義大利繪畫史》（*History of Italian Painting*，1817）中的一段話，這段文字描述了以「迂迴方式達成目標」的憂鬱藝術家，「他如果進入房間，會緊貼著牆壁，充滿熱情的羞怯是偉大藝術家天分中最清晰的特徵」。[17] 塞尚的害羞絕對是充滿熱情的，他敏感的性

---

13 —「一個男人……嘟嘟囔囔」：Joseph Brodsky, 'In the shadow of Dante', in *Less Than One: Selected Essays* (London: Penguin, 2011), p. 101.

14 —「我與實驗主義者……盯著一個物體」：Cesare Pavese, *Dialogues with Leuco*, trans. William Arrowsmith and D. S. Carne Ross (London: Peter Owen, 1965), p. vii.

15 —「與英國人打交道總是……過度害羞的性格」：Giuseppe Tomasi di Lampedusa, *Letters from London and Europe (1925–30)*, eds Gioacchino Lanza Tomasi and Salvatore Silvano Nigro, trans. J. G. Nichols (London: Alma Books, 2010), p. 63.

16 —「我從來沒有認真……很大的作用」：Philip Roth, 'Conversation in Turin with Primo Levi', in *Shop Talk: A Writer and His Colleagues and Their Work* (London: Vintage, 2002), p. 6.

17 —「迂迴方式……清晰的特徵」：Alex Danchev, *Paul Cézanne: A Life* (London: Profile, 2012), p. 225.

格似乎來自他童年開始出現的被觸碰恐怖症，根據他自己的敘述，他有次從樓梯扶手溜下來時，一個男孩踢了他的後背。後來，他在野外畫畫時，一旦有人靠近，他就會快速收拾顏料畫架，匆匆離去。

有件事令塞尚的妻子荷登絲常年苦不堪言，那就是經常得當他的模特兒，因為塞尚在其他模特兒面前很害羞，擔心在艾克斯這種鄉下地方鄰居會不喜歡這種事。他描繪的裸體入浴者，多半參考了葛雷柯和魯本斯的作品，或是運用自己的想像，所以只畫出一系列缺乏生氣的人物。但是，他的靜物畫卻是生氣蓬勃。他著名的承諾（「以一顆蘋果震驚巴黎」）透露出他多麼渴望認同，但要按照他的方式來做。晃動的線條與不加掩飾的潤色痕跡反映出他的遲疑，但就像也喜歡把線條邊界弄得模糊的莫蘭迪一樣，在狹隘的範圍追求卓越暴露出塞尚內在的自信。你需要健康的自我，才能像他們那樣克己忘我，把那種絕不妥協的態度帶入人生。

莫蘭迪的謙遜是鋒利的，他很少讓買家來選擇，而是自己決定要讓出哪一幅畫。[18]完成一幅作品後，他會把它跟其他畫作一起按照順序掛在床邊的牆壁上，過了一段不算短的時間，再把幸運的新主人名字寫在畫布框上——但繼續掛在牆上，直到他做好讓出的心理準備。他的作品賣得很便宜，簡直無異於免費贈送，如果得知某幅畫的主人為了利益轉手賣出，他會非常生氣，因為他認為讓出作品就像切下自己的一塊肉。他知名作品的目錄在他過世十三年後整理出來，他控制癖的最後一舉才得以曝光。他讓人以為他一年只完成大約十二幅作品，如今真相大白，他非常多產，創作了逾一千四百幅油畫與數不清的素描。

與洛瑞先生一樣，不管就廣泛的意義，還是照字面的意義，莫蘭迪都是一位行者——受制於習慣，他長期孤獨從事枯燥工作，在走路上花了不少時間。他身高一米九三，在大多數男人矮他一顆頭的城鎮非常顯眼，他也是波隆那一帶熟悉的風景。他總是抽國際牌濃煙，穿同一套深灰色西裝，打著黑色領帶。每個工作日，他走去商店買咖啡和鮮魚，到波隆那藝術學院教授蝕刻和版畫，寧可傳授技術，而不是指導「藝術」。他一週走去聖馬利亞教堂參加彌撒幾次，這個樸素的柱廊教堂是波隆那窮人做禮拜的地方。

一九二八年，評論家朗家內西（Leo Longanesi）描寫莫蘭迪時，把他信步而行的姿態寫得跟洛瑞的走路習慣一樣古怪。「他走路時，好像一艘老帆船，首先看到船頭，他那戴在頭頂上的軟氈帽是完美的上桅帆，高聳入雲，」朗家內西如此描述，「他慢慢吞吞，拖著腳步，不時掃到牆壁，神情就像第一次穿上長褲的人。」[19]跟洛瑞一樣，莫蘭迪的害臊孕育出一種善於觀察的獨行生活，這些自然也滲到他的作品中。他繪畫中的暗紅灰赭在波隆那大街

---

18 — 他很少讓買家來選擇……：Janet Abramowicz, *Giorgio Morandi: The Art of Silence* (New Haven, CT: Yale University Press, 2004), p. 216.

19 — 「他走路時……像第一次穿上長褲的人」：Karen Wilkin, *Giorgio Morandi: Works, Writings, Interviews* (Barcelona: Ediciones Polígrafa, 2007), p. 39.

小巷處處可見，其中微妙的明暗對比也是穿過城市無盡柱廊時所見到的情景。一九九三年，作家暨符號學者艾可（Umberto Eco）在波隆那莫蘭迪博物館演講，說他的作品「只有在你穿過這座城市的街道拱廊，領悟表面一致的淡紅色在每棟房子、每條街道上其實有所不同之後，才能真正理解」。[20]

*

在一九五〇年代末期，洛瑞與莫蘭迪仍舊在各自的城市街道踩著沉重的步伐，另一個孤零零的藝術家也正走在一條更孤獨、更井然有序的獨行途中。他比他們要難以發現，因為他的領地是英格蘭湖區最荒涼的山地，位於分隔農田和山坡的矮石牆上方。只要有健行者經過想打聲招呼，他就躲到大石頭後面，假裝正在方便。如果他們宣稱認得他，他會搖搖頭，指著遠方一個離去的小點說：「那才是你們想找的人。」他把自己比成路德（Lobby Lud），路德是《新聞紀事報》（*News Chronicle*）的匿名員工，走訪各地的海濱度假勝地，只要有讀者根據報紙描述認出他，他就會給他五英鎊。只是溫賴特（Alfred Wainwright）從不承認他是誰，也從不發出獎賞。你最好的辦法，是透過雙筒望遠鏡，發現他那熟悉結實的身影。

在布萊克本長大的溫賴特，年少時始終非常害羞。一頭濃密的紅髮令他感到羞愧，也幫他得到一個奚落的外號：「紅蘿蔔」。雪上加霜的是，連母親也感到難為情，在鄰居來訪時，把這個髮色奇怪的兒子藏在櫥櫃，以免他們問起他的父親是誰。如今，到了中年，他的害羞凝結成了乖僻。「他們說，要一直與人同行，」他在不多透露的回憶錄《山地旅者》（*Fellwanderer*）中寫道，「對於缺乏一般進取心或明顯愚蠢的人，這是絕佳的建議，這種人不該到山地健行，他們要是果真來了，可以更進一步建議他們混入大隊人馬中，讓其他人冒汗的身體把他包圍起來。」[21]

其實，他有時的確會與他人一塊健行，只要大家都不說話，稱呼他「AW」或「溫賴特先生」就好。其中一個健行友人歐文（Weaver Owen）是駿懋銀行肯德爾分行經理，在信中冒昧直呼他的名字「阿弗雷德」，結果回信的開頭寫著：「親愛的歐文先生（或是韋佛，如果你更喜歡這個稱呼，但我個人並不喜歡……）」。[22]他搬到坎布里亞郡後非常開心，這裡羊隻的數量是人的四倍，本地人對「外鄉人」——他們對來此定居的外人的稱呼——明顯害羞，就像湖區那句諺語：「他們對你像夏天，他們對你像冬天，他們對你又像夏天，接著，他們可能就會開口打招呼。」因此，在世界的這個角落，溫賴特並不顯得稀奇，尤其在男人

---

20 「只有在你穿過……真正理解」：Wilkin, *Giorgio Morandi*, p. 128.

21 「他們說……把他包圍起來」：A. Wainwright, *Fellwanderer: The Story behind the Guidebooks* (Kendal: Westmorland Gazette, 1966), no pagination.

22 「親愛的歐文先生……」：Hunter Davies, *Wainwright: The Biography* (London: Orion, 2002), pp. 125, 111.

之間表現出當地人所謂的「神遊天外」——恍惚望著遠方，露出沉思和分神的神情。

溫賴特白天在肯德爾市政廳擔任市府會計，這份工作很適合吝於言語的男人。工作場合是電腦時代來臨前的那種辦公室，主要的產物是寫在聯絡便條和會計表格上的文字數字。幾乎不用開會，也沒有影印機或飲水機可以流連閒聊，溫賴特的主要談話是對打字員和祕書口述。他在一九六七年退休，也就在這個時候，市政廳財部務門開始停止使用他熱愛的手寫帳本。在計算機的新時代，他感覺自己喪失人生目標，雖然只住在一兩公里以外，卻再也沒回辦公室看一看。

他的妻子露絲也害羞，夫妻之間不交談，彼此都很痛苦。他們搬去肯德爾後，他仍會搭車南下觀賞布萊克本流浪者足球比賽，與其他三萬個汗流浹背的肉體擠在埃伍德公園球場裡，他似乎不以為意。偶爾，在他不知情的情況下，露絲搭上同一班火車，坐在另一節車廂，也去看了比賽。她坐在另一個看臺觀看，在終場哨聲響起前離開，好早他一步回到家。[23]

一九五二年的某一天，溫賴特在書桌前坐下來，把湖區兩百一十四個陵峰分成七區。在接下來的十三年，他週末就帶著相機、筆記本和三明治，坐上早晨八點三十分那班公車，前往安布賽德或凱西克爬山，然後親手將每一個細節記錄描繪下來。他希望他的作品完全按照他所寫所繪複製，別讓印刷機弄亂了排版與字體。他在位於肯德爾公園的住家客廳工作，妻兒默默坐在一旁，他的花園與洛瑞的花園一樣荒蕪了，他的婚姻也在令人枯萎的沉默灌木叢中窒息了。

溫賴特開始將他單獨工作的天分發揮在他真正喜歡的事上。他的湖區指南是一種複式記帳法，記下他所鍾愛的山野，表中的資產與負債充滿著愛與生活。溫賴特拿一枝繪圖筆，注滿品質最好的墨水，一筆一畫勾勒出每座山峰丘陵優美的楔狀地形。他用力壓扁筆尖，讓字體變粗；他傾斜筆尖，描畫出斜體字。他的地圖和素描包圍著文字，一絲不苟畫出上山路徑與通往下一座山的山脊路線。他的巧手生出了立體圖，山中小湖是平的，岩壁是彎的，石南一叢一叢，圓石帶有暗影，一筆一畫都下盡功夫。如同設計倫敦地鐵路線圖的貝克（Harry Beck），為了方便讀者辨識，溫賴特並沒有嚴格符合正確的地理，而是把凌亂的現實情況變成大腦可以立刻接收的圖案。他像屠宰好手將每座山去骨切片，為了清楚顯示細節，不惜扭轉上坡路，改變立視圖，讓地形一目瞭然。他稱這種做法是「在平坦的紙張上蓋起高山」。[24]

隨著這一系列作品的出版，溫賴特贏得一票忠實讀者，人也稍微放鬆，話變多了起來。中古世紀修士抄寫員覺得無聊或想惡作劇時，會在裝飾華美的手抄本邊緣寫下評語、畫上塗鴉，溫賴特也一樣放下戒心，寫下戲謔的旁註。一個對話泡泡突然從一隻開口的山羊嘴中冒出，又或是信筆閒聊幾句登山者最重要的裝備：「耐穿的膠底」，下山時提供「寶貴的摩擦力，是抵抗重力的最後超級靠山」。[25]但溫賴特現在也沒那麼努力掩飾自己對人群、對女性

23 — 他們搬去肯德爾後……Hunter Davies, 'The fan', *New Statesman*, 13 March 2006, 59.
24 — 「在平坦……蓋起高山」：Richard Kelly, 'The guide who shuns his followers', *Guardian*, 18 December 1982.

的厭惡，開始更尖銳地抱怨週末湖區充斥著「邋遢懶人，男女都有」。[26]他說，熱門丘陵的頂峰快被週日午後駕車的旅客的鞋子磨平了，女人高跟鞋也把地面弄得坑坑洞洞。在美麗的景點，比如小鬼門關或羅賽特峽谷，健行者不只言語喧嘩（「無能者的共同特徵」），[27]而且穿著製造噪音的靴子，把草皮連根拔起，將石頭踢離了位置。相比之下，好的健行者走路很輕，不會留下痕跡，靴子靜靜踩在既有的路徑上，讓路變得更好走。

*

溫賴特總是說，他一開始寫書是為了自娛，他的書是一封給寫給坎布里安山地的情書，寫於「在它們聖壇前多年說不出祈禱後」，[28]只打算自己衰老到無法登山健行時在火爐邊閱讀。他給自己整整十三年的時間完成這一系列的七卷書，一九六五年九月，比預計提早了一週時間，他爬上最後一座山：史達林多德。過沒多久，夏季公車就會停止運行，民眾也到不了那裡。然後，他退到書桌前，完成最後一本書《西部山地》（*The Western Fells*）的收尾工作。

對於手繪內頁的排版，他非常堅持，在每一行結尾，也絕不能把一個字分成兩段用連字符處理。這種執著的確似乎具有自閉頻譜藝術的自我激勵，那是一種內在賣弄的形式，旨在滿足他自己基於直覺的正確感與完整感。第一本書《東部山地》（*The Eastern Fells*）寫了八個月後，他竟把百來頁的稿子扔到垃圾桶，接著從頭來過，因為他不喜歡文字右邊邊緣沒有對齊。

但內頁排版對溫賴特非常重要，理由就像堅持只能走在小徑上一樣：關心在意字體和鉛字，顯示你在乎自己的行為怎麼以難以傳達的方式影響他人。也許，沒有人會注意到內文靠右對齊，但在不知不覺中，分外整潔的排版提高了美感，讓人讀起來更加愉悅。溫賴特相信，陳腐的溝通禮節很重要，它們就像是山地的人行小徑，是逐步累積、眾人共享的文化的一部分。

「為什麼人**就是**要爬山呢？」他在第四本《南部山地》（*The Southern Fells*）說出他的疑惑，「越來越多人開始爬山，他們在這些曠野找到某樣在其他地方找不到的東西。」[29] 他覺得這某樣東西是「逃離日常生活的喧囂紛擾……在孤獨寧靜的山巔，舒緩飽受刺激的神經」。並非人人都像溫賴特覺得湖區友善客氣。在《大不列顛全島遊記》（*Tour through*

---

25 「耐穿的膠底……超級靠山」：A. Wainwright, *The Western Fells* (Kendal: Westmorland Gazette, 1966), Yewbarrow 7.

26 「邋遢懶人，男女都有」：A. Wainwright, *The Southern Fells* (Kendal: Westmorland Gazette, 1960), 'Some personal notes in conclusion'.

27 「無能者的共同特徵」：Wainwright, *Fellwanderer*.

28 「在它們聖壇……祈禱後」：A. Wainwright, *The Eastern Fells* (Kendal: Westmorland Gazette, 1955), 'Introduction'.

29 「為什麼人……找不到的東西」：Wainwright, *The Southern Fells*, Scafell Pike 24.

the Whole Island of Great Britain，1722），作家笛福（Daniel Defoe）認為昆布蘭和威斯特莫蘭的山陵「又高又可怕」，「它們有某種冷淡的恐怖」。就連熱愛山野的華茲渥斯（William Wordsworth），在《序曲》（*The Prelude*）中也寫道：「龐大又有力的形體，沒有生命。」對笛福和華茲渥斯而言，山野是崇高的——康德和伯克（Edmund Burke）等哲學家所認為的崇高——在冷漠之美中，它們將美學層次的敬畏與恐懼感結合起來。

害羞者往往受到自然界的吸引，因為與大自然相處似乎比跟人相處更容易。但是，他們遲早要面對大自然與自己之間難以抹滅的差異，大自然對他們缺乏興趣，也拒絕給予他們任何回報。如同害羞又易怒的詩人豪斯曼（A. E. Housman）在〈告訴我不在這裡，它無需說〉（'Tell Me Not Here, It Needs Not Saying'）一詩的描述：「無情的，無智的大自然，不關心亦不知曉。」大自然不會想要與我們建立關係，這一事實安慰了害羞的人，卻又安慰得不夠，因為它無法減輕他們的寂寞。

溫賴特堅持認為，山是「和藹的巨人」，[30]與它們無聲交流時，是他最快樂的時刻。不過我懷疑他的抗辯太過激烈，他的書中有些暗示洩漏了他其實還是在乎他人的想法，他孤獨走在矮石牆上方的山野，其實是希望回來可以跟人分享。在不大迷人的北部山地，他走了幾個月，只遇過三個人，讓他感覺自己「正在準備一本根本不會有讀者的書，一部沒有演員、也不會公開的劇本」。[31]在這一點上，溫賴特就像一般神經兮兮的作家，苦惱他的苦心孤詣是否能夠贏得讀者。

就算獨自在山地中行走，溫賴特對山地的興趣，也不在於它們是地質變化過程的永恆產物，而是在於它們是人類的集體創作。他把著作獻給無名英雄，比如「英國地形測量局工作人員」或「砌築石牆者」，他們讓人得以享受在山地行走的樂趣。他把最深的輕蔑保留給兩種人。一是破壞堆石界標的人，他們非但不按照傳統在石堆上加上石頭，反而還褻瀆這些即興搭建的山峰神龕。二是偏離無數無名腳步創造出的公共藝術作品——山徑——的健行者。他的著作不只是寫給山地的情書，也獻給創作它們的人與他的讀者，只是這些人沉默寡言，多半是男性，而且嚴禁高跟鞋。溫賴特在書中緩緩滴注了個人細節——他的小狗欣蒂或他與老雄鹿相似之處——來逗弄讀者，每一本中也放了一張自己的照片，當成「給讀者的特別優待」。[32]在照片中，他通常坐在大石頭上觀賞景色，面容模糊，嘴中叼著菸斗，一頂便帽讓他又多隱藏一點。

後來，他想到另一種與讀者交流的方式。在最後一本湖區山地的著作中，他宣布在朗瑞格山頂地形測量柱附近的扁石底下留了兩先令，「展現不尋常的慷慨，事後卻懊悔了」。[33]

30 —「和藹的巨人」：Wainwright, *Fellwanderer*.

31 —「正在準備……公開的劇本」：A. Wainwright, *The Northern Fells* (Kendal: Westmorland Gazette, 1962), 'Some personal notes in conclusion'.

32 —「給讀者的特別優待」：A. Wainwright, *The Central Fells* (Kendal: Westmorland Gazette, 1958), Raven Crag 4.

這本書發行的第二天，就有一位讀者找到零錢——從這一點就可以判斷溫賴特越來越受人崇拜。一九六八年，他出版了《奔寧山徑指南》（*Pennine Way Companion*），位於科克耶特姆的博德旅館是山徑的公認盡頭，他在書末承諾，只要跟店主提起他的名字，就請他喝一杯啤酒（就像《新聞紀事報》的路德）。店主定期把帳單寄給他，到他過世時，他總共付了一萬五千英鎊。

在漫步者和步行者構成的離散社會中，有一個間接溝通傳統流傳已久，溫賴特這種做法正是利用了這個傳統。一八五四年，達特木國家公園嚮導佩羅（James Perrott）在偏僻的克蘭米爾澤地疊了一小堆石標，擺上一只醃黃瓜玻璃瓶，裡面放著他的名片。發現佩羅名片的人把自己的名片也放了進去，到了一八八八年，瓶子升級成了大錫鐵盒。到了一九〇五年，兩個健行者添加一本訪客簽名本，接著更有人放了貼妥郵票、寫好自家地址的明信片，讓下一個訪客寄出去。這個風俗源於一個古老慣例：把信留在鄉間小徑的某處，讓其他步行者帶到下一個地點。「信箱尋寶」的慣例傳播到世界各地，如今光在達特木國家公園就有數千個信箱，各種造型材質都有，可能是地形測量局地圖上所標示的砌石堆岩，也可能是食品密封罐。這種信箱等同一則內陸的瓶中信，比海上漂流的瓶中信被發現的機會稍高一點，正是溫賴特所喜歡的虛擬人際關係類型——非強制性的羞怯問候形式，只要求對方確認收到了。

第一本有關湖區山地的書問世之後，讀者開始來信，起初只有零星幾封，很快就多到數不清了。有的是臥病在床的讀者，有的是海外軍人，感謝他鮮活勾勒出他們無法親眼一睹的山地。他把未讀的信件疊在書桌上，如果信垮了下來，他就回個幾封信，然後再繼續往上堆放。他和洛瑞不同，他每一封信都會回，而且往往就這樣開啟了持續數年的通信。就連寫私人信件，他寫好後也會再謄寫一次，寄出的版本乾乾淨淨，沒有刪塗的痕跡。

溫賴特的善意不指望回報，而且在火爆脾氣後面藏得很好，因此更加叫人覺得感動。「沒錯，我不愛社交，年紀越大越不愛。」他上BBC廣播四臺「荒島唱片」節目，不等勞萊（Sue Lawley）開口問這問題，他就這麼告訴了主持人。「起初是害羞，現在不害羞了，我可以面對任何人，也不覺得比人家低一等。但是，我寧可獨處。」[34]他說，他很難選出八張唱片帶到荒島，因為他更喜歡安安靜靜。

一九八〇年代，他終於答應上電視，跟著採訪者羅布森（Eric Robson）一塊走上山，但直截了當拒絕錄製節目無可避免的取巧手法——回答採訪與受訪雙方都已知道答案的問題。工作人員很擔心拍不到什麼內容，但錄影快要結束時他變得比較健談，再次說出他著名的心願：把骨灰撒在他鍾愛的山丘「乾草堆」上。好幾位讀者寫信告訴他，他們要效法他，也把骨灰撒在那裡。「那麼，我就有伴了，」他輕聲說。在死亡這件事上，他似乎並不在意和他人分享這些山地。

33 「展現不尋常……卻懊悔了」：Wainwright, *The Western Fells*, Lank Rigg 7.
34 「沒錯，我不愛社交……寧可獨處」：*Desert Island Discs*, BBC Radio 4, 26 March 1989.

*

溫賴特是典型的英格蘭北方男人，看上去自給自足，滿足於寡言的生活。他是蹩腳的受訪者，不只因為害羞，也因為他拘泥於字面意義。他認為那些尋找言外之意的人，說好聽是走錯了方向，說難聽則是多嘴多舌。他堅稱，寫書是為了自娛，獨行是因為喜歡與自己作伴，話少是因為他沒什麼可說的。他每個答案都在暗示：快走吧，這裡沒看頭。

對弦外之音解碼大師佛洛伊德，溫賴特鐵定沒什麼好感。佛洛伊德認為，藝術與寫作是要補償無法以更直接的方式溝通，彌補無法按照欲望行事。對佛洛伊德來說，寫作的「起源就是缺席者的聲音」。[35]但是，寫作允許我們在紙上留下預先思索好的印記，代替我們的肉體自我，讓我們超越了即席講話的缺點。不過，對佛洛伊德來說，寫作永遠是這種未經琢磨的溝通的劣質替代品，他說過文辭的魔力「能讓另一個人幸福快樂或陷入絕望」，[36]但他指的是口語文辭，也就是教師用來傳授知識或演講家用以吸引聽眾的那些珍貴新詞鮮語。

一個建立在「談話治療」的學派傾向重視談話，把不擅談話視為病態，也許也不令人驚訝。嚴謹的佛洛伊德派認為，害羞是錯位的侵略或自戀，退縮到一個起初能夠給予安慰但終究無法滿足的內在生活，以補償和他人交往的痛苦。「害羞的個人表現得像是無能的孩子，渴望獲准加入強而有力的成人（父親）團體，同時又怕低人好幾等，擔心自己因為冒失的心顧而遭受冷落。」一九四一年，陸文斯基（Hilde Lewinsky）在《英國心理學期刊》（*British Journal of Psychology*）寫道，「就比喻來說，這種被冷落的恐懼代表著閹割恐懼。」[37] 佛洛伊德派認為，害羞者壓抑自己的重要本能，太害怕他人的敵意，所以無法徹底真正成為一個人。

因此，當一九五八年九月四日，害羞到痛苦地步的紐西蘭作家弗萊梅（Janet Frame）走進倫敦丹麥丘莫茲利精神醫院，準備與考利醫師（Robert Cawley）第一次約談時，她有所警惕也是對的。這時，佛洛伊德派已經主導了戰後精神病學領域，相信與他人的親密關係對精神健康非常重要，源於自負和不安全感的害羞則會阻止我們達到這樣的關係。

此次會面是在倉促中安排的——弗萊梅從滑鐵盧橋附近的公共電話亭打電話到醫院，告訴他們她要跳河。清脆高雅的英國腔，令人生畏的黑框眼鏡，整潔熨燙的套裝，閃閃發亮的鞋子——考利給人的第一印象讓弗萊梅並不放心。她心想，又是一個冷漠自信的專業人士，

---

35 —「起源……聲音」：Sigmund Freud, 'Civilization and its discontents', in *Civilization, Society and Religion*, trans. James Strachey, ed. Albert Dickson (London: Penguin, 1985), p. 279.

36 —「能讓另一個人……陷入絕望」：Sigmund Freud, *Introductory Lectures on Psychoanalysis*, trans. James Strachey, eds James Strachey and Angela Richards (London: Penguin, 1991), p. 41.

37 —「害羞的個人……代表著閹割恐懼」：Hilde Lewinsky, 'The nature of shyness', *British Journal of Psychology* 32, 2 (1941), 112.

準備要把她當瘋子關起來。不過，她立刻折服於他溫和態度和自我保護的微笑之下，開始發現他和自己一樣害羞：「一個聰明、猶豫的男人，在我們的面談中，唯一的成就是精確地錄下談話內容」。[38]弗萊梅用剛好聽得見的細聲回答他的問題，顧左右而言，略帶著嘲諷的懷疑。她喜歡玩語言遊戲，享受詞語的聲音和形式，反而不顧詞語的意義，考利把這一點診斷為一種矛盾：想說話又不願說。接著，他慢慢拼湊出弗萊梅的故事。

弗萊梅從小就天性害羞，有一頭毛躁的紅色捲髮，一口爛到讓她講話會掩嘴的牙齒，紅髮和爛齒讓她尷尬，也都加重了她的害羞。一九四三年，她十九歲，進入紐西蘭南島但尼丁的師範學院就讀，寄住在阿姨艾希家中，姨丈喬治正在樓上房間慢慢地死去。她很害臊，無法跟阿姨同桌用餐，就告訴阿姨她沒什麼胃口，而且喜歡邊吃邊讀書，所以寧可在洗碗槽旁的吃個點心就好。所以，她總是飢腸轆轆，為了減緩飢餓，她躲在房裡吃一先令一條的焦糖牛奶巧克力，趁著阿姨沒注意時，從她的髒盤子偷拿燉牛肉的碎軟骨來吃。

在學校裡她也很尷尬，不敢走出廁所隔間，穿過會發出回音的磁磚地板，把用過的衛生棉丟到焚化爐中。因此，有整整兩年的時間，她把髒衛生棉帶回家，再趁阿姨外出時，丟到垃圾桶，或是藏在附近墓園的墓碑之間。她後來聽說其他同輩年輕女子也同樣讓害羞給逼瘋了，繞路到小鎮外圍尚未開墾的森林，丟棄用過的衛生棉。她聽說還有一個同儕，在學生公寓摸黑度過第一週，因為她太害羞，不敢開口要求更換燈泡。

在為期兩年的培訓尾聲，督學來考察她講課情況，結果她怕得說不出話，突然就離開了，再也沒有回去。此事發生不久後，她服用過量阿斯匹靈企圖自殺，就診態度令人費解，醫師於是診斷她有精神分裂症。她在精神治療機構待了七年，在未使用麻藥的情況下接受兩百回電療。如果不是有個醫師發現她處女作《潟湖》（*The Lagoon*）曾經得獎，取消了預約，她可能就做了前額葉切除術。她逃到西班牙伊維薩島，然後前往倫敦。在倫敦莫茲利醫院，有個精神科醫師告訴她，她根本不是精神分裂症。少了可以界定她的病症，她覺得一無所有，隨後就威脅要投入泰晤士河。

自從一位老師跟全班指出她很害羞後，她就開始利用害羞，把它當成一種藝術家和詩人專有的特質。她開始把一切投入寫作中，退避到她命為「鏡市」的平行世界。在真實世界裡，她像沉默羞怯的幽靈漂浮，到了平行世界，有了更多牢靠的立足點。她很不願花掉她在真實世界唯一可能有所價值的貨幣——談論在她鏡市的生活——擔心它的魔法會失效。在駛往英國的船上，她甚至不肯向陌生人透露她的著作名稱，因為她說她的寫作有「原始的害羞」，她「不願將上述的能量供應降貶或排空到言詞中」。[39]

*

38 —「一個聰明……談話內容」：Janet Frame, *The Envoy from Mirror City: Autobiography 3* (London: Flamingo, 1993), p. 127.

39 —「原始的害羞……言詞中」：Frame, *Envoy from Mirror City*, p. 173.

每個作家都覺得他們的文學自我與真實自我分裂；對弗萊梅來說，這個對比定義了她的生活。「在對話中，我受到惡魔折磨，」她在一九五五年寫道，「在文字表達中，會有天使造訪。」[40]由於沉默或不擅言語，許多人以為她是智障，她把性格中所有聰明和清醒的部分，都灌注到獨坐在寫字檯前等待天使現身的那個自我中。使用筆名的作家非常普遍，但弗萊梅則是採取比較少人選擇的做法——以本名出版作品，以假名過日子。一九五八年五月，在她認識考利的前幾個月，她通過合法手續，改名為克魯薩（Janet Clutha），但繼續用弗萊梅的名字寫作。

如果考利是嚴格的佛洛伊德派，他會輕易從弗萊梅身上取得豐富的題材。但他不是，所以反而得出非同尋常的診斷。弗萊梅一生都被催促走出自己的殼，接觸更多的人，考利的治療方式卻是要她獨居寫作。他給她開的第一劑藥物，是建議她寫一寫在精神病院的時光。弗萊梅照著醫生的要求去做，寫出了小說《水中臉》（*Faces in the Water*），描述孤僻寂寞的依思蒂娜遭誤診為瘋子，被迫住在精神病院，當眾出醜是那裡的生活日常，對害羞的她來說簡直是懲罰。病人必須在護士的嚴厲監督下使用無門廁所，被迫穿上晚禮服，用圍巾包頭繫上蝴蝶結，遮掩他們接受前額葉切除術的光頭。考利讓弗萊梅出院的九個月後，弗萊梅彷彿產下新生兒，把稿子交給考利。「不夠精采，」考利對她說，「但可以了。」[41]

當考利建議弗萊梅乾脆學會接受害羞時，等於無視精神病學領域的共識，與有自殺傾向的患者一同冒險。考利特立獨行的想法是從他的個性中自然發展出來的，這一點弗萊梅已經猜到了。他們認識時，考利三十四歲，跟弗萊梅同齡，但還在當實習醫師。他青春期時得了貧血和其他重病，大病一場，差點沒命，也使得他讀書晚了幾年。日後的侮辱——比如全裸站在好幾名醫師面前，他們在四周踉踉蹌蹌，吐出帶有威士忌的氣息，判定他不適合服兵役——擊垮了他的自信。他第一次見到弗萊梅時，正處於部分胃切除手術後的康復階段。紐西蘭導演珍·康萍曾以弗萊梅的人生為題，拍了電影《天使與我同桌》（An Angel at My Table），飾演考利的演員將角色詮釋成像傳奇精神科醫師連恩（R.D. Laing）似的存在主義醫師，留著時髦的鬍鬚，肩上披著小毛毯，一副漫不經心的模樣。但連恩的反精神病學運動已經是多年前的事，考利也沒有抱著顛覆的思想，只是性格固執，這種性格在害羞者中非常普遍。

精神科醫師史托（Anthony Storr）發現心理治療師有一個典型的形象，考利恰好就符合了這個形象：「充滿警覺、過度焦慮的孩子」，成為「其他人求助的聽眾，但不會在互相暴露自我的平等條件下建立互惠的關係」。[42]當害羞的治療師遇上害羞的病患，他們會發現這

40　「在對話中……有天使造訪」：Janet Frame, 'A statement', in Denis Harold and Pamela Gordon (eds), *Janet Frame: In Her Own Words* (Rosedale, New Zealand: Penguin, 2011), p. 50.

41　「不夠精采……可以了」：Frame, *Envoy from Mirror City*, p. 133.

個分析關係的收穫特別多，因為諮商室提供他們相互交談傾聽的空間與關係結構。

史托跟考利一樣，幼時害羞，沒有朋友，感染幾乎致命的疾病（哮喘和敗血症）。他在西敏寺長大，父親是助理主教，他在音樂中找到慰藉，晚上常捧著留聲機到管風琴樓閣，讓教堂中殿悠揚響起他最愛的巴赫與韓德爾。和考利一樣，史托逐漸感覺孤獨自有其用，救贖未必寄託在他人身上。佛洛伊德認為，創作藝術是性衝動第二好的替代品，史托卻不認同，他相信富有想像的生活是我們演化遺傳的一部分，生性孤獨的人接受這個遺傳，就能從生活找出意義，不該遵循佛洛伊德的主張，試圖以冰冷的理由去糾正假象。

治療弗萊梅讓考利明白，我們永遠不可能完全了解另一個人，徹底治癒往往是不可企及的。佛洛伊德渴望把心理分析變成一門精確的科學，考利卻認為心理分析的重點是追隨線索與直覺，是一種傾聽與講述故事的方法，協助人找出若干的生命意義。他後來寫道，弗萊梅教他認識到「知識與想像、藝術與科學之間多變無常的界線具有稍縱即逝的本質」。[43]弗萊梅一輩子對他也有類似的感激，相信他拯救了自己，就像那位取消前額葉切除術的精神科醫師。

*

一九六三年二月某個星期五，是英國在二十世紀最糟糕的冬天裡最糟糕的一個月，也是壓垮詩人普拉斯（Sylvia Plath）的最後一根稻草，倫敦櫻草丘的人幾乎足不出戶。某個週五，弗萊梅前往曼徹斯特附近斯托克波特郊區的希頓莫爾，到一幢維多利亞時代風格的雙拼屋。她受《衛報》作家摩豪斯（Geoffrey Moorhouse）之邀，到他與紐西蘭妻子、兩個幼子同住的家中過週末。幾個月前，弗萊梅第一次接受媒體訪問，採訪者就是摩豪斯。她發現受訪是非常痛苦的經驗，在其後四十一年的人生中，她很少再接受訪問。摩豪斯這樣形容她：「身形略矮的女人，薑黃色捲髮像一大團光圈，她說話很小聲，經常用笑來填補話語之間可能令人不安的停頓。」[44]

弗萊梅在死後才出版《迎來又一個夏天》（*Towards Another Summer*），這部小說其實在那個週末之後就立刻寫下，以不能再薄的虛構面紗遮掩事實。克莉芙是十分害羞的作家，心靈脆弱，有頭難以馴服的亂髮。她魯莽地接受了瑟凱托的邀請，前往他位於溫切利的住家，與他的妻子安及兩個幼子共度週末。克莉芙覺得那個週末成了折磨。瑟凱托是熱心的主人，但他尖銳的問題與窮追不捨的追問使克莉芙倉皇失措。當他停下來等待克莉芙說話時，期望

---

42 「充滿警覺……建立互惠的關係」：Anthony Storr, *Solitude* (London: HarperCollins, 1997), p. 115.

43 「知識與想像……稍縱即逝的本質」：Robert Hugh Cawley, 'Janet Frame's contribution to the education of a psychiatrist', in Elizabeth Alley (ed.), *The Inward Sun: Celebrating the Life and Work of Janet Frame* (Sydney: Allen & Unwin 1994), p. 11.

44 「身形略矮的女人……不安的停頓」：Geoffrey Moorhouse, 'Cold comfort', *Guardian*, 5 July 2008.

把克莉芙壓得雙膝發軟，講話「慌慌張張，躲到語無倫次的枝葉裡」。[45]

克莉芙發現，只要有人聽得見她說話，她就完全無法將主語和述語組成條理分明的句子，所以她在腦中反覆練習陳腔濫調——「我很喜歡土司上面放乳酪」，「我也好喜歡你做的菜」、「對，我喜歡溫切利這地方」——再找時機把這些話說出來。她知道會被問到什麼問題，比如有沒有回紐西蘭的打算，也會「從為此預存的簡單樣品庫」中挑選答案。她覺得遭受軟禁，一有機會，就立刻逃到冰冷的臥室，哭著哭著就睡著了。她渴望回到倫敦兼做起居室的臥房，坐在她 Olivetti 打字機前，工作燈的溫暖光線照耀著鍵盤，「對自己發送吵雜的信號」。[46]

弗萊梅愛極了她的打字機，沒有它，她感覺自己像個孤兒，就像今日的青少年被迫與智慧型手機分開一樣。打字機是把她與世界連結的義肢，在給經紀人的信中，她是這麼寫的：「我是如此缺乏自信……一旦離開書桌和我的打字機的話。」[47]在紐西蘭精神病院中，獲准使用打字機是得來不易的特權，也為她贏得難伺候的名聲。她喜歡打字時的感官感受：把紙插入時，棘輪會發出喀嚓聲，按下回車鍵後，鈴鐺則是叮叮響，最後，抽出紙時，還會有「咻」的一聲。

弗萊梅用兩根手指打字，一點也不膽怯。紐西蘭作家薩格遜（Frank Sargeson）曾把花園小屋借給她寫作，無意間聽到她打字機鍵盤叨叨不停的聲音，好像一把卡拉什尼科夫衝鋒槍，形容她「打字不顧死活」。[48]打字給她一種勤勉的感受，好像她確實正在製作文字，跟織布一樣具體真實。一九六三年春天，她使勁敲出了《迎來又一個夏天》的草稿後，寫信告訴一個友人：「我的打字機快壞了；鍵盤變得很惡毒——咬住紙張不放……o、a和n的鍵盤小模板已經躺在書桌上。」[49]

會結巴的人做白日夢時總是口舌伶俐。在《迎來又一個夏天》中，克莉芙在腦中想像出一個鏡像城市，她在裡面說話流暢，見解令人驚豔，主人「沉浸在喜悅中」。但她豐富的內在生活始終沒有找到出口。在一段絕妙的段落中，克莉芙和瑟凱托到城裡走走，瑟凱托帶她去看溫切利高架橋——指的應該就是斯托克波特高架橋，這座鐵路時代留下的巨石紀念碑，以上千塊磚頭搭建，令洛瑞十分著迷，不時出現在他的畫作中。克莉芙為了讓瑟凱托聽清楚，清了清喉嚨，並且意味深長地凝視著高架橋，彷彿深深受到感動。她的腦中開始一段漫長的即興感想：這建築是「人類肉體和精神的露頭，像玉米，像癌症，像禱告石……是嘆

45—「慌慌張張，躲到語無倫次的枝葉裡」：Janet Frame, *Towards Another Summer* (London: Virago, 2009), p. 88.

46—「從為此預存……發送吵雜的信號」：Frame, *Towards Another Summer*, pp. 14, 41.

47—「我是如此缺乏自信……打字機的話」：Michael King, *Wrestling with the Angel: A Life of Janet Frame* (London: Picador, 2001), p. 438.

48—「打字不顧死活」：*Wrestling with the Angel* (dir. Peter Bell, 2004), available at http://www.nzonscreen.com/title/wrestling-with-theangel-2004 (accessed 10 June 2014).

49—「我的打字機快壞了……書桌上」：King, *Wrestling with the Angel*, p. 248.

息，是聲明，是否認」。她讚嘆凡人的勇氣，在時間和自然力的打擊下，仍舊能夠創造出牆垣屋頂以外的偉大建築。結果，從她嘴裡出來的卻只有：「對，我明白你的意思，它是這方面最好的。」[50]

法國哲學家德希達指出，西方思想的整個傳統，一直追溯到柏拉圖的《理想國》，都存著他稱之為語音中心主義的知識偏見，也就是認為比起拐彎抹角學會的寫作，人類本能學會的語言是更自然的表達形式。弗萊梅所虛構的另一自我，是不擅言語的害羞者，結果陷入這麼一個強調語音中心主義的世界。這個世界堅持寫作是說話窮酸又低賤的親戚，同時又全都相信相反的情況：口語嘮叨無聊，絕對無法與寫作的深度和微妙相提並論。在弗萊梅一九六三年的小說《盲人的芳香花園》（*Scented Gardens for the Blind*）中，葛萊斯有個女兒叫埃琳，埃琳立志不說話，獨自坐在寂靜的黑暗中。「說話有什麼用？」埃琳反思，「一直說一直說，什麼內容也沒有，破爛廉價的語詞，打起紅旗舉辦瑣事大拍賣，是要出清思想嗎？」她心想，別人害怕她的沉默，因為「它清澈透明，就像清水一樣，揭露每個障礙……不要的語言思想一丟進來，就弄渾了清澈的水流」。[51]

弗萊梅從小就喜愛燈塔，她的父親常常開著家裡那輛福特T型車，載一家子南下到懷帕帕角海灘。父親去釣魚，其他人在看得見燈塔的地方野餐。在《盲人的芳香花園》中，葛萊斯年輕時也隨著家人去懷帕帕角度假，那裡有個獨居的燈塔看守人，為他送燃料與食物的船隻在冬天經常會延誤好幾週時間，因此他與世界唯一的接觸是路過船隻發出的臨時訊號。有一天，葛萊斯在海灘野餐，發現有人划著小船從燈塔離開，有兩個男人壓制住大喊大叫的看守員——他已經瘋了。

在弗萊梅的小說中，燈塔與燈塔看守人代表與他人聯繫企圖的脆弱性，就像為了過往船隻掃過水面的燈束，我們必須與他人溝通，即使應當將我們連繫在一塊的語言非常難懂，不足以勝任這個任務。「什麼也不能讓我們的聲音沉寂，」葛萊斯如此反省，「我們必須互相呼喚……隔著大海和沙漠，不用鏡子和燈光，而用語言打出閃光。」埃琳贊成語言就像燈塔的說法，「燈塔的燈束在海上巡遊，拯救思想，或警告它們當心危險的潮汐、逆流與逼近的暴風雨」。[52]但是，直到小說結局我們才明白，埃琳原來只存在葛萊斯這個三十年不曾開口的老姑娘心中，她就像懷帕帕角燈塔看守人一樣遙不可及。

一九八〇年代，弗萊梅的自傳讓她的名氣提升到新的高度，她勉為其難開始在紐西蘭的藝術活動中露臉，見到她的每個人都說同樣的話：儘管明顯不安，個子矮小，長相平凡（現在裝了整齊的假牙，頭髮不僅白了，也不亂了），她是個充滿能量的人物。一九八六年三月，她在威靈頓國際藝術節公開朗讀，兩千個位子座無虛席，晚來沒位子的聽眾沿著牆壁走

50 —「對，我明白……最好的」：Frame, *Towards Another Summer*, pp. 119–21.

51 —「說話……清澈的水流」：Janet Frame, *Scented Gardens for the Blind* (London: The Women's Press, 1982), pp. 12, 87.

52 —「什麼也不能……逼近的暴風雨」：Frame, *Scented Gardens*, pp. 106, 180–81.

廊排排站。說也奇怪，結巴一輩子的人，聲音竟可以深深打動聽眾：她銀鈴般清脆的聲音猶如孩子，不知怎麼可以同時傳達力量與無助。當觀眾起身為她鼓掌時，她看上去是真的感到困惑。

這段躋身於超級巨星之列的短暫生活後，在她一反常態表現出高度熱情的新科技協助下，弗萊梅退出了公眾生活，那樣東西就是電話答錄機。她把現實拒於門外的企圖變得更加急切，她經常搬家，躲避他人的喧囂，在但尼丁郊區，加速的摩托車、週末的ＤＩＹ迷與「陽具般電動割草機」的噪音讓她難以忍受。[53]她把毯子垂掛在窗邊，以降低噪音音量。如今她越來越少接待訪客，紐西蘭舞蹈藝術家萊特（Douglas Wright）卻在一九八〇年代晚期與她結為朋友，對弗萊梅老在搬家一事，萊特認為她像「一場永無休止的刑事審判的主要證人，證詞非常有用，足以將兇嫌定罪，所以她必須從一個庇護所搬到另一個庇護所，才能得到周全的保護」。她講話是由一連串簡短的喘息和低語組成，但「像正在讓嗓音休息的偉大女歌唱家那樣響亮清楚」。[54]她聽別人講話時很專心，還會喃喃低語鼓勵對方，這種專注是罕見的天賦，萊特覺得只有清楚完全遭人忽視感受的人才會擁有。

與以往一樣，鍵盤是她與世界的脆弱聯繫，習慣了按鍵的觸覺，她繼續用值得信賴的打字機寫書。不過，在人生的最後幾年，她成了剛問世的筆記型電腦早期使用者。她瀏覽在萌芽階段的網路，發出最早的電子郵件，寄給眾多仍願意把她這位不愛交際的女人當成朋友的人——這時，在螢幕光芒的照射下，她的臉龐煥發著容光。

*

內向者必須經常迴避社交世界，但仍舊必須與這個世界保持聯繫，燈塔或許對他們有一定的吸引力，因為燈塔具體表達了我們共同的人性。信號燈永遠不停旋轉閃爍，因為我們承認我們也會關心自己可能永遠不會遇見的人，關心我們頂多只能在黑暗中為他們打著閃光的人。芬蘭作家兼藝術家楊笙（Tove Jansson）與弗萊梅同樣對燈塔這個特點十分著迷，燈塔在她的作品中變成孤獨藝術家的象徵。藝術家出於一己的選擇，脫離了其他個體，卻緊抓住將我們與未知的他人連結的那一條細線。

楊笙從小就會與家人到芬蘭灣外海佩靈厄群島的一個小島避暑。一九四七年夏天，她三十三歲，在小島上建了一棟小木屋。她把小屋蓋在海邊最遠的岩石上，卻還是覺得離文明太近了，又計畫與弟弟拉塞移民到波西尼亞的湯加島。她另一個計畫是成立藝術家聚落，地點是巴斯克地區吉普斯夸，或是摩洛哥丹吉爾附近有空中花園的別墅。一九六四年，她搬到離海再近一點的地方，在佩林格群島的荒蕪小島克洛哈倫蓋了簡陋小屋，與人生伴侶、藝術家

53 「陽具般電動割草機」：King, *Wrestling with the Angel*, p. 367.

54 「一場永無休止……響亮清楚」：Douglas Wright, *Ghost Dance* (Auckland, New Zealand: Penguin, 2004), pp. 140–41.

皮提拉（Tuulikki Pietilä）同居了半年。但這還是不夠遙遠，她渴望到古梅爾斯卡島生活，那座岩礁位於最偏遠的石島群，沒有港灣，也沒有淡水。

還是小女孩時，楊笙就非常著迷於古梅爾斯卡島上的兩座小燈塔，夢想在那裡蓋一座巨大的燈塔，打出的光束能夠照亮整片海灣。但是，當成年以後，她發現島上無法生活，那裡沒有木材可以建造小屋，想購買木材，必須先取得建築許可，而當地的漁夫工會否決了她的申請，因為擔心她的存在會干擾魚群。直到晚年，她的身體逐漸虛弱，連在克洛哈倫也無法生活時，她才放棄到古梅爾斯卡島過日子的夢想。

在偏僻島嶼上看守燈塔的夢想，成了她嚕嚕米系列作品中故事最嚴峻的《海上的嚕嚕米爸爸》（*Moominpappa at Sea*）的靈感。嚕嚕米爸爸不知為何開始感到厭世，帶著一家人出海，來到一座岩石島。島非常小，非常遙遠，在地圖上看起來好像只是一粒灰塵。抵達以後，他們發現島上很荒涼，只住著一個神經緊張的漁夫，他只會用哼聲來回答他們的問話。嚕嚕米一家開始隱居，嚕嚕米爸爸動不動就生氣，經常躲到雲霧中。嚕嚕米媽媽在燈塔的白牆上畫了嚕嚕米村的植物，抒發她對村子的思念。他們的兒子嚕嚕米很想與沉默的海馬交流。原來，不說話的漁夫以前是燈塔看守人，因為太過寂寞而發瘋了。

楊笙十分欣賞精神分析家荷妮（Karen Horney）的著作《精神官能症與人類成長：朝自我實現努力》（*Neurosis and Human Growth: The Struggle toward Self-Realisation*），這本書在一九五三年翻譯成瑞典語。荷妮認為，神經官能症患者有三種「解決辦法」，以面對缺乏安全感或覺得自己缺少關愛，分別是狂妄法、認命法與自謙法。狂妄的精神官能症患者企圖支配他人，認命的力求獨立自足，自謙的則是恐懼衝突，在他人有機會批評自己前就開始批評自己。

嚕嚕米系列作品充滿自謙型的精神官能症患者，倚賴他人支撐自己力不從心的感受，但自我輕蔑中又有某種變態的得意。而楊笙僅是透過微乎其微的筆觸——也許是瞳孔微微放大，眉毛下彎，或是腳跟謹慎踩在雪地上——就傳達出他們的羞怯與畏懼。她用刮拓版畫設計插圖，從黑色油墨的背景雕鏤出人物，彷彿他們從陰鬱中戰戰兢兢走出來。他們抱著臂膀，一副保護自己的模樣，不是驚恐地睜大眼睛張望，就是不安地把目光轉向一旁。暴躁的人物躲在水槽或桌子底下，或是在世界漫遊，尋找地平線，從來不說一句話。有個小女孩被照顧她的女人嚇得隱身起來，在嚕嚕米一家的照顧下才慢慢又現身，當她用牙齒咬住嚕嚕米爸爸的尾巴時，小臉蛋才終於出現——楊笙提醒了我們，唯獨讓他人知道我們存在，我們才算真正存在。

楊笙說，有個小男孩寫信給她，說他覺得其他人忽視他，他害怕每一樣東西。她寫了《誰來安慰托弗爾》（*Who Will Comfort Toffle?*，1960）回應小男孩，故事描述一個害羞驚恐的小怪物，覺得很孤單，直到找到米弗爾——一個受到驚嚇、需要安慰的小女孩。兒童心理治療師常常用這本書當教學輔具，鼓勵害羞孩子交朋友。「如果我的故事是寫給某種特定類型的讀者，」楊笙告訴一名採訪者，「那麼大概就是某個米弗爾，我指的是那些站在外頭、站在邊上、到哪裡都難以適應的人。」她說她收到很多「米弗爾」的來信，那些孩子「羞怯、焦慮，而且很孤單」。[55]

但若是這讓楊笙聽起來像是比較肉麻的蘇斯博士（Dr Seuss），那就大錯特錯了。她的作品講求實際，以令人振奮的姿態反對感傷。祖先住在火爐後面的嚕嚕米一家非常內向，喜歡在森林漫無目的地獨自走動，享受森林的萬籟無聲，只有遠處傳來的斧頭回音，或是偶爾雪堆從樹枝咚一聲落下，才會打破這片平靜。他們熱愛冬眠，鑽進溫暖的私密空間就會感到安全。在嚕嚕米系列最後一本《十一月的嚕嚕米谷》（*Moominvalley in November*）中，他們搬走了，沒有跟任何人說一句話，留下孤兒托夫特、有強迫症的菲玉夫人、龜毛的哈爺爺這群缺乏安全感的精神官能症患者思念著他們。

楊笙帶給讀者的，不是害羞者應該從他們的殼中走出來，而是該學著成為不會神經質的內向者。因為嚕嚕米一家也許會生氣、會短暫躲起來，但是大多數時候他們不會缺乏安全感，也不會神經質。面對問題，他們的反應是深入思考，然後做出一樣東西，像是一棟小屋、一幅畫、一首詩、一艘樹皮雕出的船，用這個方法從令人恐懼的世界慢慢削出意義。

*

根據荷妮的分類，楊笙把自己教成認命的精神官能者，把獨處的天賦引導到創意工作上。但是，終其一生，她和其他藝術家共處時仍會感到害羞。從開始寫作後，她對自己的畫就少了信心。此外，她是徹徹底底的內向者，一想到得在公開場合說話，心理壓力就會導致胃痛，使她臥病在床。她必須定期躲到克洛哈倫，才能再次進入世界——這是典型的內向者行為。她寫道，島嶼「是積極孤獨的象徵……有時，人必須逃離，才能夠愉悅回歸，而非無奈回歸」。[56]隨著年齡增長，她對獨處一事變得更加固執，說自己畫了夠多的嚕嚕米，想把自己關起來，創作靜物畫。「我可能會因為嚕嚕米而嘔吐，」她寫道。[57]

楊笙後來寫給成人讀的故事傳達了同樣的觀念：所有溝通終究注定失敗，孤獨也可以是快樂的，積極向上的。在〈輕裝前行〉（'Travelling Light'）中，無名的敘述者放棄人生，上了一艘船，當船遠離碼頭，聽不到任何人的呼喚時，他覺得心情好輕鬆。他想要獨處，不理會「任何一丁點鼓勵周圍世界那個不可抗拒的需求——開始談論它的難處——的傾向」。[58]

55｜「如果我的故事……而且很孤單」：Tuula Karjalainen, *Tove Jansson: Work and Love*, trans. David McDuff (London: Particular Books, 2014), pp. 125–6.

56｜「是積極孤獨……無奈回歸」：Boel Westin, *Tove Jansson: Life, Art, Words: The Authorised Biography*, trans. Silvester Mazzarella (London: Sort Of Books, 2014), p. 431.

57｜「我可能會因為嚕嚕米而嘔吐」：Westin, *Tove Jansson*, p. 283.

58｜「任何一丁點鼓勵……的傾向」：Tove Jansson, 'Travelling Light', in Tove Jansson, *A Winter Book: Selected Stories*, trans. Silvester Mazzarella, David McDuff and Kingsley Hart (London: Sort Of Books, 2006), p. 185.

在〈松鼠〉（'The Squirrel'）中，有個女人獨自住在一座島上，唯一與人的接觸是用對講機聽路過船隻之間的對話。她與一隻松鼠發展出奇怪無言的友好關係，松鼠最後坐著女人的船揚帆遠去，留下她又是快樂的一個人。

在〈傾聽者〉（'The Listener'）中，葛爾達姑媽非常勤於寫信，牢記每個人的生日。她有善於傾聽的美名，原因之一是她很難說出自己的想法。當她聆聽時，「一張扁平的大臉動也不動，微微前傾」，其實就「只是沉默而已」。[59] 接著，對於寫信一事，她突然開始拖拖拉拉，內容也變得冷淡。她忘了人的名字、人的長相，完全不再聽人說話，只傾聽雨聲，或公寓大廈電梯上上下下的聲音。她現在把生命投入在繪製一張地圖般的關係圖，上頭畫了她所認識的人以及他們之間的關聯——浪漫關係用粉紅色表示，離婚用紫色，厭惡用深紅色——大筆一揮就能創造或破壞掉一段關係。但這個任務是不可能完成的，人際關係變化無常，就算是最大張的抽屜襯紙，也容納不下所有的修修改改。如果這故事是一則寓言，它的寓意並不清楚，是說人際關係無法只存在於紙上，得在亂哄哄的真實人生中才能蓬勃發展？還是說這些真實生活中的關係與其說是提供滋養，不如說是讓人失去活力，過於善於傾聽者可能在他人需求的重壓下崩潰？

但有一點是清楚的：在所有故事中，楊笙描寫出一己的心願——與世界隔著可以控制的距離。在位於赫爾辛基的工作室中，她把信件分門別類堆放在樓梯上，諸如「有所需求」、「懇求答案」與「可以延緩處理」。她特別討厭妄自在信末寫上「先行感謝」的信。[60] 在晚期作品〈信息〉（'Messages'）中，她整理了幾封這類略有敵意的纏人信件，我的貓死了。快寫吧。有關在廁紙印上粉色嚕嚕米一事，我們期待盡早收到妳的回覆。我會過去坐在妳的腳邊來了解。[61]

保護築巢鳥類的法律禁止人類在禁獵季節打擾牠們，楊笙建議應該有類似的法律來保護作家。[62]有個學校老師要全班四十個同學寫信給楊笙，楊笙事後告訴一個採訪者：「我實在討厭那些孩子，真希望可以用橡皮筋勒死他們。」[63]其實，她是盡責的通信者，不靠祕書就答覆了成千上萬封來信，還經常在信紙空白處畫上美麗圖畫。但她的確也學會巧妙地將她感到膩煩的通信關係畫上句點——在最後一封信的末尾，寫上「致上擔心的問候」。[64]

*

---

59 「一張扁平……沉默而已」：Tove Jansson, 'The Listener', in *The Listener*, trans. Thomas Teal (London: Sort Of Books, 2014), pp. 13–14.

60 「有所需求……先行感謝」：Westin, *Tove Jansson*, pp. 495, 306.

61 「我的貓死了……來了解」：Tove Jansson, 'Messages', in *A Winter Book*, pp. 164, 167–8.

62 保護築巢鳥類……。*She proposed an authors' law …*：Karjalainen, *Tove Jansson*, p. 270.

63 「我實在討厭……勒死他們」：Adrian Mitchell, 'Valley of the trolls', *Sunday Times*, 6 December 1992.

64 「致上擔心的問候」：Westin, *Tove Jansson*, p. 496.

在這些靦腆的作家和藝術家中，有許多人到了晚年會把未讀的信件堆積起來，以不同的勤勉程度回信。將藝術或文字寄送給世界各地的害羞者，終究同意開始做一種類似不對稱溝通的練習，這種溝通不保證一定能收到回覆。藝術背後的驅動力是，意識到其他對話失敗了，如果一定要溝通，那我們必須缺席，隔著一段距離來溝通。藝術和害羞都依賴一種「事後諸葛」的做法，也就是對方都走了，我們才在腦海中展開交談。

這種溝通形式是一種賭博，也許需要承受多年的自我封閉，因此本來要矯正或應付害羞的機制最後反而加劇了害羞。害羞的藝術家無法承受當下溝通潛在的尷尬風險，於是冒了更大的風險，孤注一擲，把賭注通通押在一種感同身受的交流上。如果他們幸運的話，在某個延宕多時的未來將出現美好的結果。然而，即使成功了，他們的結局可能也是跟洛瑞一樣，獨自走在惠特本沙灘上，用手杖在沙灘上畫畫，眺望大海，不知一生孤獨獻身於藝術是否算是美好的人生，或者如他所說的，僅是一種「打發日子」的方法。[65]

但是，如果讓別人理解我們很容易的話，如果我們可以像聖奧古斯丁的天使或《星艦迷航記》裡具有心靈融合能力的瓦肯人，可以直接把我們大腦中的內容輸入到別人的大腦中，那麼我們就用不著畫畫、創作音樂或寫作了。當其他所有嘗試都失敗時，有些非常成功的人際往來反而隔著一段距離實現了。當我們無法讓人明白我們的想法，必須改由祕密行動或找個藉口才能聯繫他人時，我們表現出最感人的人性。在別人面前，我們都會感受到懷疑與遲疑，而害羞的藝術家懂得如何利用失敗來建立連結。

65 「打發日子」：Frank Kermode, 'What Lowry did', *The Listener*, 27 September 1979, 418.

07

對害羞宣戰

The War against Shyness

一九五九年一月二十二日，二十一歲的足球員查爾頓（Bobby Charlton）上英國獨立電視臺，參加益智節目《一本萬利》。節目的規則是，參賽者從一英鎊問題開始作答，如果答對的話，可以選擇繼續作答，有機會贏得加倍的獎金，但也可以放棄作答。最高是獎金是一千英鎊。節目綜藝氣氛濃厚，主持人葛林（Hughie Green）十分熱絡，內向的查爾頓上這個節目顯得有些奇怪。攝影棚離溫布利球場只有三百公尺遠，在球場上沉著代表英國踢球的他，在攝影棚裡卻是呆若木雞。在接下來兩集中，他繼續答對題目，結果反而越來越說不出話來。他必須走進隔音亭回答問題，可一進去就開始發抖，差點連耳機也戴不上。

但他很會回答問題，一路闖關，到了最後，獎金已經累積到五百英鎊。好了，只要再答對一題，他就可以奪下頭獎。但是，他失去了勇氣，不肯走進隔音亭。前一年，他才在慕尼黑機場遭遇空難，二十三名乘客罹難，其中八位是他的隊友，該次事件後，他的幽閉恐懼症就變得更嚴重。一番驚慌之後，製作單位通融讓查爾頓留在舞臺上回答問題，結果他贏得了首獎。他用這筆錢替在諾森伯蘭郡經常放無薪假的礦工父親買了一輛奧斯丁汽車。

一九五三年，他十五歲，加入曼聯做學徒球員。由於想家，加上當地人無法分辨他諾森伯蘭郡的鄉音，天性害羞的他更加羞赧。大約在他上《一本萬利》節目前後，記者哈伯克夫（Arthur Hopcraft）在他宿舍的門階採訪他，面紅耳赤的受訪者握著門把想客氣回答問題，但句子只能講出一半，話語懸在半空中。慕尼黑空難事件使天性寡言的他更加沉默，之前大家都知道他在培訓基地會低聲哼法蘭克．辛納屈的歌，之後再也沒有人聽過。

一九六一年七月，另一個天才足球少年加入曼聯，他出身貝爾法斯特工人階級新教家庭，全家住在克瑞加社會住宅。貝斯特（George Best）的害羞也影響了他的生活，遇到老闆故意少找錢時，他永遠不敢開口質疑。在他十八歲時，哈伯克夫去訪問他，他聲音顫抖，說話斷斷續續。後來，他咬住下唇，目光不是盯著採訪者的胸前口袋，就是從他的頭頂上方看出去。他從租屋處要搭公車前往培訓基地時，一定會帶著剛好的零錢，因為他跟查爾頓有相同的問題：車掌聽不懂他的口音。

曼聯的總教練巴斯比（Matt Busby）就住在附近，有一回在公車站牌停下他的捷豹載他一程。巴斯比是一個具有個人魅力的領袖，大多數時候像慈父一樣，但能用一聲嘆息或一個眼神表現出剛強意志。哈伯克夫問他是否覺得球員見到他會害羞，他看來不清楚自己的魅力，承認學徒球員「剛加入球隊時，往往很緊張，說不出話來」。[1] 貝斯特上了巴斯比的車子後，一句話也說不出來，從此以後，一瞥見巴斯比的車子開來了，就躲在等公車的隊伍中。巴斯比注意到他的窘態，也就假裝沒有看見他。

儘管如此，查爾頓和貝斯特一跨過足球場邊緣的白石灰線後，就把害羞拋到腦後，光榮實踐巴斯比的足球理念：足球是一場兼備熱情和風度的比賽。查爾頓後來說過，年輕球員

---

1 「剛加入球隊時……說不出話來」：Arthur Hopcraft, *The Football Man: People and Passions in Soccer* (London: Collins 1968), p. 127. See also pp. 86, 12.

非常害怕總教練，在球場上只敢間接跟他說話。「他一出現，所有人就像充了電一樣，」他回憶說，「我們像獅子一樣在比賽中猛撲直撞，在某種意義上，這是我們與他溝通的唯一方式。」[2]查爾頓在中場襲擊，自三十碼外轟隆一聲射門。貝斯特則像鬥牛士，靠著搖擺與急轉彎等豐富的個人招數，捉弄連滾帶爬的中後衛。西班牙貴族蘇洛是他孩提時代的偶像，會用黑色麻布面罩掩藏身分，讓對手摸不著頭緒。貝斯特則是引誘後衛靠上來，激他們過來阻截他。有一回，他甚至脫下一隻靴子，用穿著襪子的腳傳球。但一回到更衣間，他就摘下他的蘇洛面罩，再次變成溫良恭謹、講話含糊的人。

*

英國工人階級文化傾向容忍、甚至尊重男人的害羞個性。在二十世紀初期，歷史學家柯恩（Deborah Cohen）指出，可敬的工人階級開始讚揚一個與維多利亞時代中產階級有關的特點，也就是沉默寡言，用這種方式區分自己與社會階層低於他們的人。[3]對害羞的好感也是歌舞廳角色受大眾歡迎的原因，譬如老福姆比（George Formby Sr）所塑造那個怕老婆又頭腦簡單的「傻瓜約翰・威力」，譬如廣告上宣稱他是「害臊極限」的普萊森茲（Jack Pleasants），他的招牌歌是〈我害羞，瑪莉・艾倫，我害羞〉（'I'm Shy, Mary Ellen, I'm Shy'）。小福姆比（George Formby Jr）在電影裡基本上重複了他父親的角色，飾演不擅交際、笑容緊張的蘭開夏郡小伙子，害羞地追求上流階級的女主角，高唱〈我害羞〉與〈女人為何不喜歡我？〉（'Why Don't Women Like Me?'）。害臊的工人階層在單獨從事的嗜好中尋求慰藉，比如養鴿子，釣魚，在近郊租一小塊地種菜，窩在車棚做瑣碎的工作。

根據大眾紀錄資料庫，交際舞很流行，因為跳舞不需要用到語言。蘭貝斯舞和土風舞一類比較喧鬧的團體舞蹈，則根本不要求個人從舞蹈中獲得樂趣，同樣也受到歡迎，因為它們打破了「害羞與陌生感」的障礙。[4] 一九三八年，大眾紀錄資料庫共同創辦人哈瑞森（Tom Harrisson）做了一項研究，到波爾頓一間大多是棉織廠年輕工人的舞廳研究跳舞的禮節。他發現，當年輕男子想要邀請某位女子共舞時，他只是碰了碰她的手肘，等待她投入自己的懷抱。以這種方式組合起來的男女，可能跳了一整晚的舞，彼此之間卻什麼話也沒說，然後就分道揚鑣，男子甚至不會護送女子走出舞池。這一夜結束後，男女各自歸隊，回到門口附近原先的團體。為了確保沒有人打破禁忌，舞廳不申請賣酒執照，而且往往禁止接吻。哈瑞森

---

2 「他」出現……與他溝通的唯一方式。」：Gordon Burn, *Best and Edwards: Football, Fame and Oblivion* (London: Faber, 2006), p. 223.

3 歷史學家柯恩……：Deborah Cohen, *Family Secrets: Living with Shame from the Victorians to the Present Day* (London: Viking, 2013), p. xviii.

4 「害羞與陌生感」：Tom Harrisson and Charles Madge, *Britain by Mass-Observation* (London: The Cresset Library, 1986), p. 183.

提到，對於連這樣環境也覺得太可怕的人，舞蹈學校「開發出一種特別的輔助角色，保護害羞、安靜、笨拙、討厭人多或有自卑感的人，讓這些像是萬年學生的人能接觸異性跳舞，但不用去選擇爭奪，也不用在大型舞廳中公然調情」。[5]

十年後，第二次大戰結束了，在一九四八年五月一篇名為〈尷尬時刻〉（'Awkward Moments'）的報告中，大眾紀錄資料庫轉述自願者對「讓你尷尬的主因？」問題的回答。這個問題收到五花八門的回答：拜訪陌生的房子；第一次拉馬桶卻沒有沖水；有人在幾公尺遠的地方背詩；被撞見正在用鏡子照臉；發現拉鍊沒拉；被告知「今天早上鬍子刮得很糟」；被看見進出公廁；當狗出現在電影畫面中，有人「啊！」一聲；同伴在公車上講話太大聲；無意間聽到黃色笑話；別人說「掰囉」、「敬你！」或「了不起」。[6] 戰時強制的團結似乎並沒有瓦解害羞與陌生感，尷尬仍舊深入擴展到英國社交生活中。

一九四七和四八年，朗特里（Benjamin Seebohm Rowntree）和拉佛斯（G. R. Lavers）進行了英國文化與精神生活的社會學調查，發現若干令人心碎的害羞例子。R先生，十九歲的辦公室職員，除了在耶誕夜宴會上，幾乎沒有跟女孩子說過話。他喜歡看足球賽，但從來沒有踢過足球，因為他的雙親認為踢足球的男孩很粗俗。他上電影院，只因為「享受戲院的黑暗，沒有人看得到他」。F女士，五十歲的寡婦，替鄰居做了許多善意的小舉動，但做了之後「又急忙回到她孤獨的居所」。她不再上教堂，因為無法忍受那麼多人看到她。R先生，四十歲的單身漢，訂過兩次婚，但兩個未婚妻都解除婚約，「被她們誤以為是冷漠的害臊給嚇跑了」。[7]在朗特里與拉佛斯的字裡行間，充斥著朗特里抱持的維多利亞時代晚期的清教主義，他們認為，在賭博、飲酒、看電影和下注足球等孤獨的異教麻藥中，英國人的矜持天性找到了新的避難所。

一九四〇年代末期，劇作家班尼特（Alan Bennett）還只是十來歲的孩子，就繼承到母親的觀念：害羞代表敏感與教養。在他母親看來，害羞是麻煩的美德，你也許寧願不要擁有，但它至少讓你免於落入害羞的對立狀態「平庸」，「在一定的程度上推動自己前進」。[8]當時，班尼特一家度假的投宿地點剛從民宿升級到旅館，但是他們還是覺得旅館是「羞辱劇院」，在公共場合用餐「從頭到尾都充滿了風險和羞恥，好像要把衣服脫掉一樣」。[9]這種經驗給班尼特灌輸一種感覺：生活是充滿了社交尷尬的沼澤；因此，他日後成了高夫曼的好學生。

5　「開發出一種……公然調情」：Tom Harrisson, 'Whistle while you work', in John Lehmann (ed.), *New Writing, New Series I, Autumn 1938* (London: The Hogarth Press, 1938), p. 51.

6　「讓你難堪……了不起」：Mass-Observation, 'Awkward Moments', File Report 3002, May 1948.

7　「享受戲院的黑暗……給嚇跑了」：B. Seebohm Rowntree and G. R. Lavers, *English Life and Leisure: A Social Study* (London: Longmans, 1951), pp. 119, 74, 80.

8　「平庸……推動自己前進」：Alan Bennett, 'Written on the body', in *Untold Stories* (London: Faber/Profile, 2005), p. 148.

9　「羞辱劇院……脫掉一樣」：Alan Bennett, 'Dinner at noon', in *Writing Home* (London: Faber, 1994), p. 32. See also p. 34.

其實，在開始出入於各家旅館的青少年時期，班尼特就發現了一件他很感興趣的事，那就是高夫曼的社交尷尬理論是在一個類型非常相似的環境醞釀出來的，也就是安斯特島巴塔桑德的觀光旅館。在進行博士論文的田野調查期間，高夫曼在旅館的洗碗間擔任洗碗工的副手，對來自島外的遊客，巴塔桑德旅館上上下下必須偽裝出優雅的外表，這個需求把巴塔桑德旅館變成舞臺背景。女侍隔著廚房窗戶觀察新到的客人，由於光線強弱不同，客人看不到他們，他們就像是從舞臺布幕偷窺逐漸聚集的觀眾的演員。在旅館的廚房裡，他們刮掉湯裡的黴菌，補好挖走一半的奶油塊再利用，髒杯子只是快速擦個兩下。

在巴塔桑德旅館的時光，替高夫曼帶來了第一本著作《日常生活中的自我呈現》（*The Presentation of Self in Everyday Life*，1959）的靈感。他在書中將社會生活分成兩個領域，在前臺的人永遠裝腔作勢，到了後臺，互相熟悉的人就會卸下社交妝容，「繃著臉，陷入沉默易怒的交感情緒中」。[10]對班尼特的家人來說，旅館是前臺，不只在那裡工作的人，客人的演出也必須盡善盡美。他父親笨拙地給了挑夫小費之後，房間只剩下他們，大家如釋重負鬆了一口氣，彷彿蒙混闖入了敵營。

*

一九五五年，人類學家戈拉爾（Geoffrey Gorer）出版《探索英國人的個性》（*Exploring*

English Character），以一種小心翼翼的自信概括主張：「大多數英國人害羞，害怕陌生人，所以非常寂寞。」依據戈拉爾的調查，逾半數的英國人自認「異常害羞」。[11]但是，只有四分之一的人認為他們的害羞是好事，五分之四的人則認為他們沒有以前那樣害羞了，這也許是一種心態轉變的跡象。在戰後的幾年，英國人開始告訴自己這個說法，尤其是在沉悶的一九六〇年代，階級差別越來越模糊，民眾面對比自己優秀的人沒有那麼畏怯，嚴重不已的社會腐氣逐漸消散，英式矜持的冰冷外表也開始融化了。

到了一九六〇年代中期，只差九歲的貝斯特與查爾頓之間的性格鴻溝似乎預告了這樣的轉變。查爾頓成為曼聯的資深職業球員時，隊友把他的害羞解釋成高傲，很少有人注意到他中場休息抽菸時手會顫抖。貝斯特走了相反的路，他穿上修身西裝與尖頭皮鞋，頭髮長及衣領，成了英國足球世界第一個流行偶像，他的臉替福爾牌鬍後水、西班牙橘子、史戴洛牌足球鞋與倍兒樂牌胸罩背書。他喜歡見到自己的名字出現在報紙上，而且他親切無比，如果攝影師要求的話，他也樂於倒立。一九六六年，他在曼徹斯特開了他第一家時尚精品店，說這

---

10 —「繃著臉……交感情緒中」：Erving Goffman, *The Presentation of Self in Everyday Life* (London: Penguin, 1971), p. 133. See also p. 120.

11 —「大多數英國人……異常害羞」：Geoffrey Gorer, *Exploring English Character* (New York: Criterion Books, 1955), pp. 18, 77.

家店是「給性格外向男人的摩登商店」。[12]

一九六〇年代，泰倫斯・史丹普、米高・肯恩、大衛・貝利、貝斯特和披頭四等明星，成了工人階層男子氣概的新典範，都是大有可為的年輕人，他們膽冒風險，講求時尚。一九六〇年代年輕人膜拜敢作敢為的精神，不喜歡英式矜持的兜圈子與委婉。正如保守黨議員艾特肯（Jonathan Aitken）一九六七年討論「搖擺青年」的《年輕流星》（*The Young Meteors*）一書所指出的，「大張聲勢已成了現代英國惡習」。[13]

貝斯特看似擺脫了害羞，成為他那時代最著名的浪蕩子，但其實他這時仰賴心理學家所謂的「流動的外向」。清醒時，他依舊十分害羞，不敢打電話到餐廳訂位，寧可過馬路，也不想經過公車站牌的排隊人群。他不參加訓練或重大比賽成了習慣，坐飛機隨便去哪裡都好。有一次，他錯過火車，沒趕上一場與切爾西隊的比賽，結果被媒體發現躲在演員庫薩克（Sinéad Cusack）位於伊斯林頓的公寓。又有一次，他乾脆拒絕從他在布拉姆霍爾住家的臥室走出來。一九七二年五月，他沒有去北愛爾蘭隊報到，而是潛逃到西班牙馬貝拉的旅館，在那裡跟一名記者說他不踢球了。後來，他還是斷斷續續再替曼聯與其他球隊披掛上陣，但以同樣模式反反覆覆鬧失蹤。問題不只是喝酒，而是不管喝什麼都是為了澆愁。幾年之後，貝斯特在自傳中說：「我從來沒有真正克服我的害羞。」[14]

事實證明，害羞與一九六〇年代要掃除的其他東西（比如階級勢利眼、性偽善、中年自滿）一樣深具恢復能力。劇作家拉提根（Terence Rattigan）以探索英國人的節制、孤獨的堅忍與善意的迴避建立起事業，在信奉情緒強度和社會憤慨的劇場風氣中過了二十年，結果到了一九七〇年代，他發現自己對拘謹與壓抑的興趣已經過時了。但是，即使站在一九六〇年代的另一面，不管艾特肯和他的年輕流星是怎麼想的，拉提根也沒有改變過他對於英國問題本質的看法。「你知道英國惡習究竟是什麼嗎？」在他一九七三年的劇本《愛的讚歌》（*In Praise of Love*）中，克魯特威爾這麼問，「不是鞭笞，不是雞姦——不管法國人怎麼想。而是我們拒絕承認我們的情感。」

一九九八年，在哈羅蓋特皇冠酒店，班尼特替ＢＢＣ製作了一部紀錄片，也在片中思考英國人羞怯個性的不死之謎。除了美國消費者開放態度以外，柴契爾主義厭惡舊勢利的自由市場主張也同樣改變了世界，在這個常有出差日與短假期的新世界中，他絕對找不到年輕時那麼多的尷尬例子。「階級不再是原來的樣子；或者說，今日人會尷尬的地方或許不同了，」他對著鏡頭沉思。然而，班尼特的文字跟拉金（Philip Larkin）描述一九六三年首次交媾的那首詩一樣，透露出一種揮之不去的感受：世界變了，但人性是不變的。班尼特說，

---

12 「給性格外向男人的摩登商店」：Duncan Hamilton, *Immortal: The Approved Biography of George Best* (London: Century, 2013), p. 115. See also pp. 58, 118, 11.

13 「大張聲勢……英國惡習」：Jonathan Aitken, *The Young Meteors* (London: Secker and Warburg, 1967), p. 299.

14 「我從來沒有……我的害羞」：George Best, *Blessed: The Autobiography* (London: Ebury Press, 2002), p. 54.

他的父母認為社會適應能力來自他們沒有接受的教育，但他們不明白「令他們不及格的是性情，就像我雖然受過完整的教育，性情同樣也使我不及格。令我們裹足不前的是尷尬」。[15]

出於對尷尬的恐懼，一九六三年在紐約時，班尼特錯過了和《超越界線》（*Beyond the Fringe*）劇組一塊與賈姬．甘迺迪、政治家斯蒂文森（Adlai Stevenson）共進晚餐的機會，也錯過與他的偶像作家康諾利（Cyril Connolly）共進午餐的機會——他假裝沒有收到邀請卡。「我堅持得太久了，以為害羞是一種美德，而不是令人討厭的東西，」他四十年後這麼寫，「我明白得太晚了。」[16]

害羞也持續出現在班尼特筆下人物的身上，不管他們是《糖裡的炸薯條》（*A Chip in the Sugar*）那個仍與母親同住的寂寞中年單身漢惠塔克，還是《年事日高》（*Getting On*）中的年輕安迪——一個純真的青少年，他父親誤以為他活在「大麻和廉價友情的迷霧中」。對他們的恐懼和遲疑失去耐心的生活開始將他們拋在身後，不只有害羞之死被誇大了，承受害羞折磨者也活在一個新時代，害羞不再是班尼特曾經認為的曖昧美德，也並非維多利亞時代人們所謂「體質性害羞」的不變症狀。如今，它是一個你有責任克服的殘疾。

*

在對抗害羞的戰爭中，首次真正小衝突發生在紐約中央公園一個半街區外某幢褐沙石屋中。一九六五年，精神科醫師艾利斯（Albert Ellis）新成立理性生活研究所，開始在週五晚間舉辦免費的工作坊。在每一次工作坊上，他大動作免除了少話的治療師對著躺椅上的患者說話的傳統，改採他稱為「爭論」的治療方式，公開分析二或三位志願者。在觀眾面前，艾利斯用響亮的鼻音告訴病患，不要再這麼不理性了。他告訴他們，佛洛伊德的觀念「從頭到尾都是胡說八道」，大多數人是「他媽的瘋了」。[17]

身為在紐約布朗克斯區長大的年輕人，艾利斯非常害羞。他曾想要結束這個折磨，所以給自己一個任務：天天到植物園和獨自坐在石凳上吃便當的女人說話。一個月後，他宣布這項訓練成功了，雖然他接近的一百三十個女人中有三十個什麼也沒說就走了，唯一約好見面的女人也爽約，但「沒有人嘔吐跑開」。[18] 他發現害羞者最大的畏懼——排斥社交——是可以忍受的。

艾利斯開始指示病患「練習攻擊羞恥」，這種治療方法類似他成長過程中讀到的古代斯多葛學派和犬儒學派哲學家的策略，這些哲學家設法羞辱自己的門生，要他們相信自己沒有

15—「階級……是尷尬」：Bennett, 'Dinner at noon', pp. 46, 42.
16—「我堅持得太久了……太晚了」：Alan Bennett, 'What I didn't do in 2007', *London Review of Books*, 3 January 2008, 4.
17—「從頭到尾都是胡說八道……他媽的瘋了」：Jules Evans, 'Albert Ellis', *Prospect*, August 2007, 56.
18—「沒有人嘔吐跑開」：Dan Hurley, 'From therapy's Lenny Bruce: Get over it! Stop whining!', *New York Times*, 4 May 2004.

理由感到羞恥。攻擊羞恥練習是很奇怪的行徑，會讓人感到尷尬，但對他人卻是無害的，比如：在百貨公司大聲宣布時間（「上午十點三十分，一切平安！」）；在街上攔下陌生人說：「我剛從瘋人院出來，現在是幾月？」；在繁忙的街道上拉著一條香蕉散步；去藥局買好幾包保險套，要求大宗折扣。艾利斯的做法構成認知行為治療的基礎，它帶給我們的經驗是，我們的負面反應並非針對事件，而是出於我們對於事件的信念。如果我們可以避開社交情境，停止培養我們的害羞，我們就會意識到自己的焦慮用錯了地方。

跟艾利斯一樣，津巴多（Philip Zimbardo）也在布朗克斯區長大，是來自西西里島大家庭的長子。一九三九年，五歲的津巴多得了雙肺炎和百日咳，由於藥物和抗生素治療尚未普及，他被迫在專治傳染疾病的威拉德帕克醫院的兒童病房住了六個月。[19]在陰冷昏暗的病房中，擺著一張張的鐵架病床，硬木地板發出消毒水的氣味，病童不許接觸或親吻其他人，以免傳染。年幼的津巴多目睹許多病友夭折，在這段地獄般的經驗中，他學會了討護士的歡心，好從他們那裡多拿到一點奶油或糖。他也帶著其他孩子一起玩趣味遊戲，比如把病床假想成哈德遜河上的木筏。他這是在教導自己社會適應力。

津巴多有一個弟弟，名叫喬治，有小兒麻痺症，必須穿戴矯正支架，從小就很害羞。[20]只要有人來敲他們家的門，喬治就會數一數，看看全家是否都在，如果家人都在，他就去躲起來。他有兩個藏身處，一個是他的床鋪底下，一個是臥室上鎖的門後。他第一天上學時哭個不停，怕得緊揪著母親的裙子。津巴多太太便想了一個可能有用的點子，要他假裝自己像他的偶像「獨行俠」一樣是蒙面人。他們用褐色紙袋做了一個套頭面具，塗上顏色，並在眼睛口鼻的地方裁出小洞。老師叫全班同學不可以把新同學的面具拿下，喬治於是一直戴著面具，戴到那年年底他不再害羞為止。這是一個帶有救贖力量的美國式故事：害羞可以透過毅力、創意和母愛來克服。

一九七一年，年輕的心理學教授津巴多進行了著名的史丹佛監獄實驗。在史丹佛大學心理系大樓地下室的假監獄中，志願參與的大學生扮演囚犯和獄卒。獄卒粗暴對待囚犯，許多囚犯進入自己所扮演的從屬角色，開始羞怯地聽從折磨他們的人。後來，情況變得非常可怕，研究不得不提早一週結束。隔年，在一堂心理學課上討論監獄研究時，津巴多想到害羞者可能把自己監禁在無聲的監獄中，扮演自己的獄卒，對自己的言行訂定限制，卻覺得不由自主。他策畫了「史丹佛害羞調查」，從自己的學生開始，然後擴大訪談了數千人。受訪者中，有八成的人表示在人生某個時候害羞過，有四成說他們常常害羞，而百分之四的說他們一直很害羞，幾乎跟誰在一起都會害羞。[21]津巴多認為害羞是自我定義的問題，擴大了害羞

---

19 一 一九三九年，五歲的津巴多得了雙肺炎……Christina Maslach, 'Emperor of the edge', *Psychology Today* 33, 5 (2000), 35.

20 一 津巴多有一個弟弟……Philip G. Zimbardo, *Shyness: What It Is, What To Do About It* (Reading, MA: Addison-Wesley, 1977), pp. 10–11.

21 一 有八成的……Zimbardo, *Shyness*, pp. 13–14.

的意義，證明在不同情境下，害羞有時高漲，有時減弱，就算是自信滿滿、八面玲瓏的社交高手也會害羞。

布朗克斯區的鄰里關係親密，街頭文化蓬勃，在這種環境下長大的津巴多，逐漸將害羞視為現代特有的問題。他週末在加州購物中心看到一些孩子，當母親購物時，他們就百無聊賴坐在噴泉旁，吃著大麥克或批薩，聽著喇叭播送的沙發音樂，直到母親帶他們回到郊區的統建住宅區——看到這情景他很難過。[22]一九七七年，津巴多成立史丹佛害羞診所，向青少年和成人免費開放。有人覺得，診所設在矽谷真是太巧了，當地的男性電腦科學家之中，可能有相當高比例的科技隱士，窩在只有螢幕光照亮的房間，用電腦代碼互相交談。

*

在此同時，抵抗害羞的戰役也在牛津大學開闢第二前線。阿蓋爾（Michael Argyle）是英國社會心理學先鋒，他對這個領域的興趣可以追溯到學生時代對一個朋友的關心，該友人由於害羞，生活非常痛苦。一九五〇年，他在劍橋大學應用心理學中心從事研究，裡面的人都在研究運動技能，而他開始好奇社交技巧是否與運動技能類似，因為不管是與機器互動或是傾聽注視他人，這兩件事都仰賴回饋。他突然想到，社交技巧或許是可以教的，習慣成自然，就像高爾夫球揮桿擊球或開車換檔一樣。

阿蓋爾開始研究人類互動的不成文規則，將這些通例稱為「非語言溝通」。一九六三年，他在牛津大學實驗心理學研究所成立社交技巧研究小組，並且開始設計實驗，研究眼球運動與點頭的細節。一個叫肯頓（Adam Kendon）的年輕研究員日後將成為手勢的領導權威，當時充當業餘電影攝影師，在研究所拍下自願參與實驗者之間的交談。從影片可以清楚看出兩個交談者跳著某種「手勢華爾滋」，讓他們非語言的暗示同時發生。

一九六五年，阿蓋爾發表一篇廣受引用的論文：〈眼神接觸、距離和從屬關係〉（'Eye-Contact, Distance and Affiliation'）。阿蓋爾在文章中指出，身體親近、眼神接觸和其他親密關係徵兆之間存在著平衡，如果其中一方面改變了，其他方面就會產生變化來補償。[23]因此，兩個人站得越近，他們的眼光接觸就會越少，如果他們閉著眼睛，一個人甚至可以更靠近另一個人。眼神接觸非常重要，所以光是戴上面具，甚至戴上墨鏡，就能讓對話脫軌。不過，如果雙方都沒露面，那就不成問題，也許是因為電話讓人習慣了這種情形。在另一項研究中，阿蓋爾和他的小組把語言訊息和非語言表達方式分成敵意的、友善的與中立的，互相搭配出不同的組合，觀察它們對聽眾所產生的效果，結果得到一個有趣的統計數據：在傳達意

22 他週末在加州購物中心……Zimbardo, *Shyness*, p. 50.

23 一九六五年，阿蓋爾……Michael Argyle and Janet Dean, 'Eye-contact, distance and affiliation', *Sociometry* 28, 3 (1965): 289–304.

義上，非語言溝通比語言強上十二點五倍。[24]

一九六六年，有篇文章在阿蓋爾共同創辦的《英國社會和臨床心理學期刊》（*British Journal of Social and Clinical Psychology*）發表，引起英國媒體廣泛報導。佛羅里達大學心理學教授祖拉德（Sidney Jourard）做了一項實地研究，他到不同城市觀察坐在咖啡館裡的情侶。他發現，在波多黎各首都聖胡安，情侶每小時互相接觸一百八十次，包括握手、撫摸背部、愛撫頭髮或拍拍膝蓋。在巴黎是每小時一百一十次，在佛羅里達州根茲維是每小時兩次——在倫敦，則一次也沒有。[25]

在另一項實驗中，祖拉德給數百名學生一張類似牛肉部位分割圖的圖表，圖裡的人體輪廓分成二十二個編上號碼的區域，比如頭部、手、臀等等。祖拉德請學生標出自己哪些身體部位露出來讓人看見，哪些部位是家人和朋友會觸碰到的，而他們看到這些人哪些部位裸露在外，又會觸碰到他們的哪些部位。由於比基尼和三角泳褲越來越多人穿，所以露出哪裡讓人看見的問題沒有出現非常有趣的結果，比較有意思的發現是，除非是戀人關係，大多數的人只會短暫接觸他人的手、胳膊和肩膀。波多黎各則是相反，男人互挽著手臂在街上行走非常普遍，女人也是一樣。

祖拉德得出一個結論——美國和英國是「不接觸社會」。在美國，這個「觸碰禁忌」甚至擴展到理髮師，他們把電動頭皮按摩器綁在手上，這樣就不會碰到顧客的頭。不過，祖拉德認為，英美城市有大量按摩院，這個現象洩漏了在正常關係中無法獲得滿足的接觸欲望。

許多美國汽車旅館房間裝有「魔術手指」，只要投進一枚二十五美分的硬幣到這種取得專利的設備中，床就會輕輕震動十五分鐘。祖拉德由此推斷，「機器接管了人的另一項功能——給予慰藉的愛撫」。[26]

一九六〇年代末期，新療法與會心團體在加州出現。他們利用公開表達情感、大量擁抱和瑞典式按摩等方式，企圖治療西方社會有礙身心的不接觸問題。在加州大瑟爾溫泉的伊色冷研究所，岡瑟（Bernard Gunther）傳授全身按摩和頭部指壓按摩技巧，作為通往「知覺甦醒」的道路。岡瑟有些更加怪異的方法，例如互相洗頭和「岡瑟英雄三明治」（全體成員彼此擁吻），未能流行起來，但按摩治療師很可能的確讓英美成了更愛觸碰的社會。到了一九八〇年代，「魔術手指」大半從美國汽車旅館房間消失，按摩治療的興起是原因之一（另一個原因是，竊賊很容易撬開機器偷走硬幣）。

阿蓋爾外表整潔好看，定時上教堂，沒有人會把他誤認為加州的嬉皮。但是，他同樣是一九六〇年代那場豐富生動的革命之子，只是表現出比較沉穩的作風。在英國科學促進會一

24 — 在另一項研究中，阿蓋爾和他的小組……：Michael Argyle, Florisse Alkema and Robin Gilmour, 'The communication of friendly and hostile attitudes by verbal and non-verbal signals', *European Journal of Social Psychology* 1, 3 (1971): 385–402.

25 — 一項實地研究……：Sidney M. Jourard, 'An exploratory study of body accessibility', *British Journal of Social and Clinical Psychology* 5, 3 (1966), 221–2.

26 — 「不接觸社會……慰藉的愛撫」：Sidney Jourard, 'Out of touch: the body taboo', *New Society*, 6 July 1967, 660.

場會議中，他引用祖拉德的研究，哀悼我們「不觸碰文化」。[27]但這些文化差異也強化了他的判斷——社交技巧是可學可教的；阿蓋爾的新社會心理學指出，人的個性不是在童年或青春期成形，而是可以改變的。佛洛伊德派認為，許多心理問題源自童年早期的精神失調，阿蓋爾的暢銷著作《人際行為心理學》（*The Psychology of Interpersonal Behaviour*，1967）則主張，許多問題是因為缺乏社交技巧。

一九六八年，在牛津附近的利圖摩爾精神醫院，阿蓋爾推出社交技巧訓練課程，開創與病人進行小組會談的方式，代替使用約束衣限制患者，將他們關在軟墊保護室的傳統做法。阿蓋爾想繼續發揚這種開明的慣例，他相信，交不到朋友是精神病人的共同特徵，原因在於他們對人產生不了興趣，或是無法明白他人觀點，因此「對他人的回報非常低」。[28]

他替這些患者設計了練習，糾正他們的態度，讓他們的表情多了生氣，手勢更加活潑。他們學習按照談話對象的聲調、表達和身體語言來「匹配心情」，如果聲音呆板單調——害羞者或者常有的弱點——就教導他們改變音調。由於降調往往是害羞者音調中最難糾正的一點，患者會分到一把聲音鑰匙，它是一種記音器，在某個音量時，麥克風會啟動計算器，如果累積到足夠的大聲說話「次數」，就會得到獎勵。[29]對這些患者而言，他們必須做的最難的一件事是，看到自己的錄影畫面證明自己在他人眼中是多麼乖戾、厭煩或心懷敵意。接著，他們必須拆解這些出自本能的姿勢表情，重新組合成更令人愉快的模樣，就像球技不佳的高爾夫球手重新調整揮桿動作。

阿蓋爾的方法流行開來，運用在人生許多領域。精神分裂患者被教導社交技巧，克服他們置身其外的疏離感。暴力囚犯被教導如何禮貌應付可能導致衝突的情況。除了這類阿蓋爾稱為「社會能力不足」的人，還有生產線管理人員、醫師、教師、服務業員工，任何工作涉及與人或大眾打交道者，也必須接受社交技巧訓練。現在每個員工培訓日似乎都包括角色扮演，以及如何與其他人類成員說話的影片教學。

阿蓋爾大力推廣蘇格蘭鄉村舞蹈，自己每逢週三都會去跳，而且一跳就是好幾年。他建議把跳舞當成治療害羞的萬能藥，就像詩人伯恩斯（Robert Burns）開始跳蘇格蘭舞，「給我的行為刷一刷」，阿蓋爾也認為，跳蘇格蘭舞蹈需要謹慎依循一套既定行進舞步，能夠教人社交技巧。「三人迴轉」和「大連串」等舞步編排，皆是小型輔導課，讓舞者明白有禮有序的重要，學會協調肢體接觸與眼神，頗像嬰兒享受用微笑和眼神連續回應母親的微笑和眼神。蘇格蘭舞蹈歡迎新手，不容易有衝突或小團體形成，而且規則十分清楚，很少會引起失敗的恐懼或怯場。它也有一種無風險的浪漫暗示，參與者不須言語，也無須承諾。

27 —「不觸碰文化」：'Touch of reserve over tea', *Daily Mirror*, 2 September 1966.

28 —「對他人的回報非常低」：Michael Argyle, Peter Trower and Bridget Bryant, 'Explorations in the treatment of personality disorders and neuroses by social skills training', *British Journal of Medical Psychology* 47, 1 (1974), 71.

29 — 患者會分到一把聲音鑰匙……：Peter Trower, Bridget Bryant and Michael Argyle, *Social Skills and Mental Health* (London: Methuen, 1978), p. 218.

在對抗害羞一役上，就像他的美國戰友，阿蓋爾懷抱著的是傳教士般的傳教精神，而非同病相憐的同理心。他性格外向，笑聲爽朗，參加聚會時常打著會轉動、會閃光的粉紅色領結。他相信，外向的人比較快樂，因為他們期待與人和睦相處，也確實能做到這一點。「快樂的人受歡迎的程度遠遠低於他們所自以為的，」他說，「憂鬱的人沒那麼受歡迎，但整體來說，憂鬱的人一般而言比較接近真相。」[30]他認為沒有合理的理由讓人害羞和寂寞，百思不解聰明人何以不願學習讓他們更快樂的社交技巧。一九六七年，他首度在牛津舉辦非語言溝通研討會時，怎麼也搞不懂「世上幾個頂尖社會行為專家表現出驚人的笨拙與社交能力不足，這一點有諸多討論，但尚未找出令人滿意的解釋」。[31]

*

一九七八年十二月某個週六深夜，一名無業的十九歲少年不在酒吧，也不像大多數同儕正在收看《今日賽事》節目。在曼徹斯特附近斯特雷特福德的國王路上，有著阿蓋爾可能會說是「不回報他人」個性的莫里西（Steven Morrissey），獨坐在父母的公有住宅客廳，觀看獨立電視臺播放新一季班尼特戲劇的首集。《我，我怕維吉尼亞·伍爾芙》（*Me, I'm Afraid of Virginia Woolf*）講的是霍普金斯的故事，他是北部理工學院的英語講師，坐公車時一定帶著書，不是因為他喜歡看書，而是因為書讓他有地方可以看。他的膀胱有點狀況，上公廁時，如果還有別人，他就尿不出來。莫里西頭一次感覺到，螢幕拍出了他自己對於拉提根所說的「英國人惡習」的幽默感。

一九九二年，莫里西三十出頭，班尼特就住在康登鎮格洛斯特新月街，離莫里西家很近。莫里西把一張ＣＤ丟到班尼特的信箱，附上一張便條邀請他喝茶，班尼特接受了，兩個男人成了朋友。不過班尼特用姓氏稱呼莫里西時覺得尷尬，諷刺的是，他年輕時代正是直呼其名顯示來之不易的親密關係的過渡時期。到了最後，他對莫里西什麼也不喊。

莫里西的性格是在一九六〇和七〇年代發展形成，在文化品味方面，他往往超越那個年代的流行文化，參考年長的榜樣，幫助自己塑造出害羞寡言的個人神話。他喜愛當時已經過時的詩人豪斯曼（A.E. Housman），豪斯曼每隔數十年才發表一次短詩，描述未曾說出口也未曾得到回報的愛情。他夢想成為保加第，獨自住在切爾西區的大樓公寓，上街時藏在鴨舌扁帽底下，這樣就不用跟任何人說話了。他十分喜愛小福姆比，尤其是那首〈女人為何不喜歡我？〉，在史密斯樂團音樂會中，他演奏這首歌當中場休息的音樂。他對克萊特羅（Jimmy Clitheroe）格外著迷，這位廣播喜劇演員曾在黑潭隱居，一九七三年在母親下葬當日

---

30 — 「快樂的人……接近真相」：Julian Champkin, 'The secret of happiness', *Daily Mail*, 7 June 1993.

31 — 「世上幾個頂尖社會行為專家……令人滿意的解釋」：Michael Argyle, 'Why I study … social skills', *The Psychologist* 12, 3 (1999), 143.

服用過量巴比妥鹽鎮靜劑過世。

莫里西的害羞是在一間嚴格的現代中學形成的，學校體育老師要全班繞著體育館跑步，拿著健身球亂砸他們。一名同時期的校友回憶說，莫里西只是走來走去，專心看著某些東西，好像他「周圍有一面盾牌」。[32]他多多少少還是會戴上他非常討厭的眼鏡，那副眼鏡是標準版的五二四鏡框，自從一九四八年英國國家健保局成立後，不計其數的英國人鼻樑上架了這款又粗又黑的眼鏡。到了一九七二年，十三歲的莫里西不得不戴上眼鏡，多數人會自費購買市售鏡框，搭配健保提供的鏡片，戴著五二四鏡框，既意味著你是「四眼田雞」，也代表你家太窮了，買不起其他鏡框。一九七五年，莫里西沒有拿到文憑就離開學校，然後前往斯特雷特福德技術學院，參加一年期文憑考試補習課程。到了那裡，他就不再戴眼鏡，少了眼鏡，他看不見幾公尺外的東西，所以贏得了怠慢他人的名聲，使得他更加害羞。在接下來短短幾年，套用他自己的話，他成了一個「內室受害者」。[33]

人生中，當我們經歷弗萊梅稱為「青春期自我無家可歸」的時期，[34]害羞是再自然不過的事。在青少年階段，我們對未來沒有把握，身分認同實驗失敗，加上賀爾蒙作祟，情緒不穩，外表難看，社交表現笨拙。青少年經常擁抱自己（這成為莫里西與眾不同的舞臺動作之一，也許並非巧合），因為他們覺得被剝奪了身體的親密接觸，不確定如何才能得到。取而代之的溝通方式吸引了他們——傳送簡訊、寫信給筆友、附有鑰匙鎖頭的日記本、在練習本上胡亂寫下裝腔作勢的詩詞——藉此迴避臉紅咕噥的自我。

但是，害羞孤獨的青少年也是現代發明，是戰後青少年可支配金錢增加與住家格局改變下的產物。大多數人直到晚近才有自己的臥房與隱私，在一九五〇年代末期，第一批不再與家人共看電視的年輕人出現了，他們躲到自己的房間，用手提式Dansette牌錄音機播放四十五轉單曲小唱片，或把電晶體收音機調到盧森堡廣播電臺。盧森堡廣播電臺發射臺的信號只有天黑後才能清楚收聽到，因為此時信號才能克服地球曲率，射到電離層再反射折回英國。夜深了，廣播還在播放，青少年就把收音機塞到枕頭底下收聽，這種行徑加強了一個意識：新青少年文化需要透過親密與祕密方式體驗。

英國流行音樂史發展與青少年開始擁有自己的臥室有關。臥房得到門上「非請勿入」牌子的保護，成為年輕人孵育戀情、呵護暗戀對像的地方。莫里西就是這種孤僻行為的極端例子，他在房間關了好多年，直到二十出頭為止。在他小盒子般的小臥室，他把窗戶漆成黑色，拉上窗簾，將全世界都關在外頭，只渴望「就要介紹那一張唱片的細瑣爆裂聲」。[35] 他

32 | 「周圍有一面盾牌」：Tony Fletcher, *A Light That Never Goes Out: The Enduring Saga of The Smiths* (London: Heinemann, 2012), p. 77.

33 | 「內室受害者」：Fletcher, *A Light That Never Goes Out*, p. 154.

34 | 「青春期自我無家可歸」：Janet Frame, *To the Is-Land* (London: Flamingo, 1993), p. 136.

35 | 「就要介紹……細瑣爆裂聲」：Simon Goddard, *Mozipedia: The Encyclopedia of Morrissey and the Smiths* (London: Ebury Press, 2012), p. 512.

經常好幾個月不出家門一步。

他偶爾還是會出門到萊曼連鎖文具店買喜愛的文具，也會去寄信，因為他開始寫信給音樂媒體，內容尖酸刻薄，佯裝出與現實生活的自我大相逕庭的角色。《新音樂快遞》（*New Musical Express*）沒有充分讚許Buzzcocks樂團，他就寫信去說：「先去看看他們吧，然後你才可能有膽來反駁我，你們這群愚蠢的婆娘。」[36]他痛批《天籟》（*Sounds*）一名樂評太笨，無法欣賞他所喜愛的New York Dolls樂團，「要是這些搖滾經典不能讓你感受到生命喜悅的激動，那麼我建議你繼續聽性手槍（Sex Pistols）好了，他們幼稚的手法和毫無特色的音樂絕對配得上你的智商」。[37]

在這個網路尚未來臨的時代，莫里西和許多害羞的英國青少年一樣，仰賴著皇家郵政奇蹟似的組織效能和廉價的平信郵資，與遠方的同類保持聯繫。他日後用他那混合了浮誇與肅穆的招牌口吻說過，他青春期最嚴重的危機是郵資漲了一便士。[38]史密斯樂團的歌〈問〉（'Ask'）似乎在勸誘某個人，也許就是年輕時代的莫里西，回憶這段寫信的青少年生活。開始替《唱片鏡》（*Record Mirror*）寫稀奇古怪的演唱會樂評時，莫里西替自己取了筆名，懷特賽（Sheridan Whiteside），這個名字出自電影《來吃晚飯的人》（*The Man Who Came to Dinner*），該角色的靈感來自評論家伍爾科特（Alexander Woollcott），由伍利（Monty Woolley）飾演，他坐在輪椅上，經常說出尖刻的妙語。對幻想成為一號人物來報仇的羞澀青少年，這個筆名是非常適合的面具。這種交混著羞怯和獸性的性情，日後成了他個人的特色標誌。

*

莫里西二十三歲時，一個叫馬爾（Johnny Marr）的年輕音樂人，跑去斯特雷特福德敲他家的門，問他想不想組樂團。馬爾是害羞者的理想救星：他沉著大膽，話又多，一點也不害羞，但又非常喜歡憂鬱教信徒與社會局外人。史密斯樂團的節奏樂器組則沒那麼寬容，貝斯手魯克（Andy Rourke）住得離莫里西不遠，兩人團練後一起搭公車回家，但都不說話。魯克回憶說，這時「你就會開始數路燈桿」。[39]他和樂團鼓手喬伊斯（Mike Joyce）都認為，他們的新主唱很不適合當明星。

---

36 — 「先去看看他們……這群愚蠢的婆娘」：Pat Long, *History of the NME: High Times and Low Lives at the World's Most Famous Music Magazine* (London: Portico Books, 2012), p. 160.

37 — 「要是這些搖滾經典……你的智商」：Johnny Rogan, *Morrissey and Marr: The Severed Alliance* (London: Omnibus Press, 1993), p. 84.

38 — 他青春期最嚴重的危機……：Simon Goddard, *The Smiths: Songs That Saved Your Life* (London: Reynolds & Hearn, 2002), p. 201.

39 — 「你就會開始數路燈桿」：Fletcher, *A Light that Never Goes Out*, p. 230.

但莫里西在一個幸運的時間點上選擇了當明星。一九八〇年，有一小群獨立唱片品牌發起獨立排行榜，每週在《新音樂快遞》發表。獨立樂團往往把傳統的宣傳方式視為「為私利背叛原則」，不願循著上前衛樂迷雜誌、開小型演唱會、接著登上有影響力的暢銷音樂媒體等管道，而是選擇逐步累積樂迷。一九八〇年代，商務西裝、墊肩、設計師品牌和健美身材是主流時尚，為了抵抗這股潮流，獨立音樂人的衣著規範，是樂施會二手商店的老爺爺款式和無領襯衫，他們敞著開襟毛衣，膚色蒼白，一副營養不良的樣子。

獨立樂團很少以自己的照片做專輯封面，當媒體拍照時，他們也不笑，噘著嘴，眼睛無神——這是認真用心的公認表情。他們在公開場合的害羞帶有一絲壞脾氣，在廣播或電視上受訪時，講話音量像呢喃一樣，在舞臺上不懂得講幾句話也很正常。蘇格蘭後龐克樂團Josef K主唱海伊格（Paul Haig）常常錄製歌曲介紹，在演出時以廣播播放，卻不願對觀眾說話。

當然，在學校被當成異類排擠的年輕人，長久來以組成樂團當成迴避害羞的手法，他們做著明星夢，洗刷力不從心的恥辱。但是，獨立文化不只如此，害羞是個人與政治哲學，是對契爾夫人執政時期英國文化粗俗化的回應。都市男孩對著交易大廳另一頭叫喊，紅髮嬉皮在酒吧高談闊論房價，公關主管低頭對著磚頭大的手機吼叫——這些屢見不鮮的場景，對那十年站在不同立場的人來說，似乎象徵一種自誇但擾人的新國民生活。柴契爾主義反對獨立音樂文化所不可或缺的精髓，擁護保守派的思想家萊特溫（Shirley Robin Letwin）所說的「有力的美德」，認為幹勁、抱負、獨立勝過於謙虛、節制或寡言等「比較柔弱的美德」。

柴契爾主義站在英國特有的羞怯輕蔑文化的對立面，而這個文化則認為柴契爾主義過於急切或出風頭，有損了禮貌。

害羞跟幽默一樣是柴契爾就是無法理解的概念。從她音調一成不變的健談，到她果決的步姿（提包像方向盤緊握在前），關乎她的一切幾乎都暗示著她是一個不怎麼欣賞英式矜持的人。以榮格著名的性格類型來看，她是典型的外向者：「所有自我交流令〔他們〕厭惡，潛伏的危險最好是淹沒在說話聲音。」[41] 她不信任猶豫不決和優柔寡斷的人，有人講求細微差別時，她認為那只是胡說八道與逃避的遁辭。她的外相侯艾（Geoffrey Howe）就是其中一個不幸者，起初她容忍他一臉正經的矜持，但最後還是覺得惱怒。另一個人是克諾斯（Oliver Knox），也就是一九三〇年代初期泰勒擔任他家庭教師的那個布萊切利園解密專家，他這時在政策研究中心的自由市場智庫任職，柴契爾對顧問說話坦率，也喜歡顧問以同樣態度對她，不喜歡克諾斯閃爍其詞的舉止，給他取了「呃嗯先生」的外號。[42]

當然，柴契爾真正討厭的是懶於工作者（work-shy），這不僅是一個雙關語，[43] 一九八〇

40 ─ 「有力的美德……比較柔弱的美德」：Shirley Robin Letwin, *The Anatomy of Thatcherism* (London: Fontana, 1992), pp. 33, 39–40.

41 ─ 「所有自我交流……淹沒在說話聲音」：C. G. Jung, *Psychological Types* (London: Routledge & Kegan Paul, 1971), p. 550.

42 ─ 「呃嗯先生」：'Obituary of Oliver Knox', *Daily Telegraph*, 19 July 2002.

年代似乎難解的高失業率意味著，除了無數非自願失業者以外，愛做白日夢的羞怯藝術家和音樂家發展出一種小眾的次文化，他們把領取失業救濟金視為可靠的徽章，這個徽章具有既苦澀又甜蜜的吸引力。儘管柴契爾的政治辭令支持工作者，反對懶骨頭，但政府直到她卸職後才開始認真削減福利、改革制度。因此，在她擔任首相期間，失業率數字可說是促使創意工作快速發展，新興樂團一面等待機會到來，一面靠著失業救濟金與租屋津貼熬了過來。有個叫卡克（Jarvis Cocker）的畏羞年輕人，成立了Pulp樂團，希望名氣能補救他的社交無力感。一九九四年，他總算成名了，稱自己大部分時間忙著領取失業救濟金的一九八〇年代，是「失業救濟金文化的黃金時代」。[44]

許多意氣風發的人物領導著獨立唱片品牌，比如工廠唱片的威爾森（Tony Wilson），創意唱片的麥克吉（Alan McGee）。但有些則是由頑固的內向者所經營，比如修道士一樣講話輕柔的崔維斯（Geoff Travis）。4AD的瓦茲-羅素（Ivo Watts-Russell）個性非常害羞，他的宣傳照拍的是他的後腦勺，他對怪異的黑潮音樂家很感興趣，像是Cocteau Twins、Bauhaus和Pale Saints。4AD旗下的Dead Can Dance中的派瑞（Brendan Perry）說，瓦茲-羅素「吸引那種能量，那種相當害羞的人，好像他正在尋找躲藏在石頭下的音樂家，創造這種脆弱的音樂」。[45]

在獨立樂團的發展生涯中，期待已久的突破是上皮爾（John Peel）的廣播節目。那個時代，皮爾在ＢＢＣ廣播一臺的同事只會輕鬆閒聊，而他卻把羞怯藏在簡潔談吐的背後。他的音樂品味支持英式諷刺與婉轉低調的理想，反對MTV文化和在大體育館演出的樂隊，視這些為華而不實、缺少靈魂的美國主義。他更喜歡不出風頭的行為，如果某樂團做了太過轟動的事，像是簽給大唱片公司或作品風行一時，他就會對他們失去興趣。

獨立音樂最重要的一點是，在孤獨內省時刻也照樣很耐聽。史密斯樂團進錄音間時，馬爾總會自問，他們的音樂在歌迷的臥房聽起來怎樣。[46]一九八〇年代是黑膠唱片最後的輝煌時代，它那感性的儀式也同時畫下句點：小心翼翼自封套抽出，拇指扣住中間的孔洞，謹慎將唱針放到唱片上，劈啪一聲，指針順著溝槽開始滑動，然後一面聽著音樂，一面細讀唱片說明和背面的歌詞。跟大多數獨立樂團一樣，史密斯樂團討厭光碟片閃亮的空白，在竭力阻止黑膠唱片退出主流的戰役上，莫里西在史密斯樂團唱片內圈刻上神祕的訊息，語帶嘲弄地對歌迷說：你今晚討人厭嗎？你願意為了一塊餅乾去冒險嗎？我不認識快樂的人，你呢？

一九八四年六月，史密斯樂團上「流行之巔」節目，表演〈老天知道我現在很悲慘〉（'Heaven Knows I'm Miserable Now' on）。歌曲可憐地與照例放置的氣球、玻璃鏡面球、迪

43 — 譯註：work-shy的字面意義是羞於工作。

44 — 「失業救濟金文化的黃金時代」：Miranda Sawyer, 'An absurdist Englishman', *Observer*, 18 December 1994.

45 — 「吸引那種能量……脆弱的音樂」：Martin Aston, *Facing the Other Way: The Story of 4AD* (London: The Friday Project, 2013), p. 144.

46 — 史密斯樂團進錄音間……：Fletcher, *A Light That Never Goes Out*, p. 350.

斯可燈錯搭在一塊，莫里西演唱時眺望著高處，好像公然表明自己與四周的俗氣無關。到了最後，他轉身避開觀眾，沒有特地跟任何人鞠躬。他戴著他並不需要的助聽器，不像平日戴著隱形眼鏡，而是戴上他少年時期拒絕的保健部門鏡框。國家健保局眼鏡早成了政府支持弱視者與窮人的象徵，而在史密斯樂團這次上「流行之巔」的一年之後，這項措施廢止了，改採用發券制度。既然厚重的復古眼鏡成了穿著緊身西裝的科技宅時尚的一部分，它對於這種「阿宅」文化狂熱最初流行具象徵意義，不過這一點很容易遭到忽略。「莫里西，史密斯樂團的主唱，是美國高中生會稱為怪咖的那種人，」一位《衛報》樂評家寫道，「怪咖長得高高瘦瘦，動作笨拙，功課很好，但在社交場合總是一副尷尬的樣子，戀愛注定失敗。」[47]

莫里西將害羞變成一種真假難分的表面形象，而這種做法是英國傳統，可以追溯到二十世紀初期弗班克和田納特等唯美主義者。莫里西與獨立音樂界稱之為「瞪鞋搖滾」的風格剛好相反，在現場表演時，瞪鞋搖滾派樂團盯著舞臺地板過長的帷幕穗飾，因為他們不是非常羞於面對人群，就是忙著注意腳下的效果器踏板。莫里西不一樣，他從他所說的「我人生中擠成一團的害羞」跨出來，[48]成了表演家，叫史密斯樂團節奏樂器團員非常驚訝。

靠著澎湃的旋律線與裝飾樂句，馬爾將他符合尷尬韻律的言談轉為激盪人心的音樂，莫里西則以狂野的假音彌補他有限的音域，同時在頭頂上方旋轉劍蘭，擺動雙手或雙手交握做出激勵的姿勢，把五彩紙屑拋到空中，脫去上半身衣物，在地板上扭動。史密斯樂團演唱會變成歌迷的信仰復興活動，之前孤獨聆聽他們音樂的歌迷，現在與人分享這種莫名歡樂的愁苦主義。莫里西協助他們通過保鑣緊戒線，上臺與他擁抱，彷彿靠著一雙手治癒了他們的害羞。

*

一九八六年，我在魯斯赫姆開始就讀預科學校。那個雜亂無章的地區位於曼徹斯特內城區，由於史密斯樂團的〈魯斯赫姆無賴〉（'Rusholme Ruffians'）一曲而名垂千古。當時樂團剛解散，我許多新同學哀歎不已。曼徹斯特已經進入後工業時期，再過幾年才會開始後來所謂的都市更新。曼徹斯特經年細雨紛紛，透過水氣朦朧的公車車窗，可以看見籠罩在煤灰中的倉庫與磚砌排屋，一切彷彿都沉浸在憂鬱中。我逐漸明白，在這些背景下與樂隊夥伴擺出姿勢拍照的莫里西，把年輕時代的風景變成宏大的感情誤置[49]，一個存在主義式的孤獨寫照。

學校有不少男同學模仿莫里西，穿著老舊的克倫比大衣，在孤伶伶的泡泡中走來走去，窩在臥房寫著不成熟的詩歌，等待一個話多的主音吉他手來敲門拯救。每週《城市生

---

47 「莫里西……戀愛注定失敗」：Mary Harron, 'The Smiths', *Guardian*, 14 February 1984.

48 「我人生中擠成一團的害羞」：Lynn Barber, 'The man with the thorn in his side', *Observer*, 15 September 2002.

49 譯註：pathetic fallacy，把情感投射到無生命或無情感的對象上。

活》——曼徹斯特版的《Time Out》——徵友廣告中，都有蒼白有趣的年輕男子隨意引用莫里西的歌詞，暗示自己的害羞跟他的同樣迷人。

曾經支撐莫里西的各種書信關係現在開始繞著他形成了。十來歲的歌迷用剪刀、口紅膠和字母轉印貼紙，在狹小的臥房剪貼拼編樂迷雜誌，志趣相投的樂迷把硬幣用膠帶貼在信上寄去，支付「期刊售價」。這些樂迷雜誌起了「就是史密斯」和「這個迷人男子」一類的名字，催生了活潑的讀者來函專欄與筆友網絡。在電子郵件和部落格圈子開始負責此類功能以前，英國皇家郵政最後一次出手拯救了這群害羞不擅言語的人。

莫里西給羞怯的人指出一條出路，那就是把人生受挫或不得要領的遭遇以戲劇般的誇張形式表現出來。在一本集結史密斯樂團歌迷反省的書中，有個年輕人投稿寫道：「去年秋年，坐在一輛從里茲到倫敦的城際火車上，有個四十多歲的迷人女性吸引了我的目光，她的笑容很溫暖。當時，我的隨身聽正在播放〈珍妮〉，她立刻成了珍妮，我彷彿就在腦海中對她唱著這首歌。可惜，她在下一站（唐卡斯特）就下車了，我們沒有交談。」[50]十分理性的艾利斯認為，害羞和浪漫愛情所引發的神經質幻想生活形式非常相似，對莫里西樂迷把無回報的感情自行化作神話，他一定會感到絕望。

一九六〇年代中葉，在康乃狄克州橋港大學，心理教授田諾夫（Dorothy Tennov）對單戀令害羞者萬般痛苦的原因產生興趣。她第一次會注意到這種現象，是因為平常認真的學生上課分心，作業遲交，在她的辦公室痛哭失聲，原來他正暗戀著同學或助教。訪談數個受暗戀之苦的學生後，她創造了新字limerence，更貼切地描述了我們一般稱為熱戀或墜入愛河的狀況。limerence是一種不由自主的狀況，不分男女，跨越文化，也遍及各種性格類型，會出現「擾人且難以釋懷的念頭、感受和行為，從狂喜到絕望不等」。[51]田諾夫不同意佛洛伊德著名的斷言——墜入愛河只是因為性衝動阻礙所造成——她注意到性與limerence距離很遠，反而與人類對他人認同或拒絕之信號的敏銳感有關。

田諾夫認為，limerence會讓人在愛慕對象面前表現出一種「偶爾令人喪失行動能力、但總是叫人惶惶不安的害羞」，甚至有他人在場也一樣。它的症狀類似極度尷尬：心悸、顫抖、臉紅、胃翻攪、尷尬、結巴，也可能暈厥，但比較罕見。陷入這種痴戀狀態的人，十二萬分焦慮他們的感情能否得到回報，不湊巧的是，感情可能得不到回報的恐懼既令人痛苦，也增強了他們對愛慕對象的渴望。這些人需要大量具說服力的證據，才會接受愛情得不到回報的事實，尤其是如果他們因為害羞而僵住，根本沒有讓愛慕對象知道他們的感情。因此，他們也就無法利用消滅所有希望——作家阿特爾（Diana Athill）認為最快速又最可靠的方

50｜「去年秋年……沒有交談」：Tom Gallagher, Michael Campbell and Murdo Gillies (eds), *The Smiths: All Men Have Secrets* (London: Virgin, 1995), p. 102.

51｜「擾人且難以釋懷……不等」：Dorothy Tennov, *Love and Limerence: The Experience of Being in Love* (New York: Stein and Day, 1979), pp. 16, 24.

式——來治療一顆破碎的心。[52]

相思病和令人遲鈍的害羞之間的關聯，在最早留存下來的詩歌片段中也可以得到證明。在莎弗（Sappho）大約寫於公元前六百年的詩中，她列舉出她注視自己所愛女人時的症狀：「噢，布洛琪歐，我看到妳／說不出話來，／舌頭碎了，／皮膚燃起嬌弱的／火焰……」十二世紀，普羅旺斯的宮廷出現了「儒雅之愛」，鞏固了愛與害羞之間的關聯，德．特魯瓦（Chrétien de Troyes）與卡佩拉努斯（Andreas Capellanus）以文字記下這種愛情理想，吟遊詩人將它引入法國鄉間。這個理想奠基於基督教純潔派，這種非正統的新摩尼教相信精神與物質屬於對立領域，人類精神禁錮在肉體的邪惡欲望中。在《儒雅之愛的藝術》（*Art of Courtly Love*，c.1184–6）中，卡佩拉努斯寫道：「看到愛人時，每個人都會變得蒼白，情人總是害羞的。」

「儒雅之愛」愛上的是愛情的概念，比起圓滿完婚的愛情，更喜歡未能滿足、未說出口的欲望。它自命不凡的甜蜜渴求後來主宰了西方的浪漫觀點，根據西德尼（Sir Philip Sidney）在《艾斯特菲爾與史黛拉》（*Astrophil and Stella*，1691）的說法，戀人總是舌頭打結，如「啞了的天鵝，而非饒舌的喜鵲」。司湯達爾在《論愛》（*On Love*，1822）中提到，情人自責在愛慕對象面前「缺乏機智或膽識」，而其實「唯一表現出勇氣的方法是少愛她一些」。

抒情詩是害臊情人的自然表現形式，因為在平靜中回味感情時，與所愛對象隔著安全的距離，個人的尷尬將在經典的文學形式範疇內化為永恆。里克斯（Christopher Ricks）在著作

《濟慈與尷尬》（*Keats and Embarrassment*）中主張，詩歌公開表達了熱烈的私人情感，給人帶來莫大的慰藉，其中之一就是協助我們表達尷尬，將尷尬變成創作力，在過程中減緩孤獨感與疏離感。他認為，濟慈是特別理解尷尬的詩人，對尷尬也具有深刻見解。濟慈覺得尷尬的事包括：沒有受過正規教育，身為藥劑師學徒的身分低微，詩作反響不佳，身高（不滿一米六），對布朗（Fanny Brawne）有時不求回報卻過度的愛情。里克斯認為，濟慈之所以著了迷地與大自然親密交流，起因來自一個領悟：「在理性、堅強和慰藉的力量中，〔大自然〕具有從尷尬中解救我們的能力，使尷尬成為不可能的。」[53]

里克斯認為，濟慈願意直接在詩歌和其他作品中直接面對尷尬的話題，讓他得以將尷尬轉化為「人類的勝利」。他有膽表現出笨拙，認同青春期是我們最害羞尷尬的人生時期，但也是最容易接受這類感受所激發之創見的生命階段。在濟慈看來，年輕的天真與不成熟「不僅是可以原諒的錯誤，也是優勢」。里克斯將他與拜倫做了對照，拜倫把濟慈貶為「意淫」，提供另一種冷漠偽裝的榜樣，「作為對抗有感染力的尷尬的防疫封鎖線」。[54]

從里克斯這種坦然面對自己尷尬的觀念來看，莫里西顯然屬於濟慈型，他許多歌曲，比

---

52 | 阿特爾（Diana Athill）認為……：Diana Athill, *Stet: An Editor's Life* (London: Granta, 2011), p. 85.

53 | 「在理性……尷尬成為不可能的」：Christopher Ricks, *Keats and Embarrassment* (Oxford: Clarendon Press, 1974), p. 38.

54 | 「人類的勝利……防疫封鎖線」：Ricks, *Keats and Embarrassment*, pp. 77, 12, 85, 83.

如〈半個人〉（'Half a Person'）和〈從來沒有人〉（'Never Had No One Ever'），都是在訴說寂寞與單戀——爬上空蕩蕩的床，覺得自己長相醜陋，沒有人要。但當莫里西願意時，他也可以改走拜倫路線，好像要獻出一顆真心，就像他所說的「將日記啟動為音樂模式」，[55]然後在情況還沒變得太過尷尬前撤退。他的歌詞在第一人稱和第二人稱之間轉換，掏心挖肺與支吾其詞交織出戲謔的語氣，文字中的尖酸幽默讓他靈活繞過某個問題，不必文文謅謅。

同樣的弔詭也明顯頻繁出現在他與記者說話的場合，因為他是該時代最常與人交談也最常有人討論的害羞者。在這種時候，他會誤闖可能令人不舒服的區域，比如他的憂鬱症、獨身生活、把愛情與無回報及痛苦連結在一起。但他用尖銳的機智和諷刺形成一張防護膜，把一切遮蔽起來，他仔細選擇遣詞用字，架構出優美的句子。他屬於壓制理智主義和虛榮做作所有暗號的學派，自學了修辭的藝術，只是所走的路線有點歪斜，過度喜愛艱澀用語，也過於愛堆砌形容詞，好像他在腦海中查閱著《羅氏詞典》：「這個建議經常讓我苦惱……儘管明知不可為，我還是死追著電視劇《東區人》……我有一種充滿激情、無法撼動、無法閃避的念頭，老是想著死。」[56]

在一個對單相思越來越不安的時代，莫里西必須用拜倫式的虛飾包住他濟慈式的尷尬。社會學家易洛斯（Eva Illouz）在《愛，為什麼痛？》（*Why Love Hurts*）中認為，在普羅旺斯吟唱詩人的詩歌，暗戀被理想化，成為深刻和敏感的象徵，在當代文化中，暗戀則成了一樁尷尬的事。現代愛情意味著開明的自我利益結合，對方同樣以親密和承諾作為回報。依據這個社會思潮，當愛情受傷時，只是兩個不合的人犯下一個錯誤罷了。在重視感情相互關係的年代，暗戀暗示著不成熟與低落的自尊心，有一個新詞正是用來描述這種不值得羨慕的狀態，這個字以前的意思是貧困與需要救助，現在卻意味著黏人與缺乏安全感，那就是：needy。

*

在這個歌頌情緒素養卻又提防過度黏人的新時代，莫里西是理想的流行偶像典範。在他的歌詞中，雖然讓人討厭自己的膽怯偶爾還是會驚鴻一現，他多數時候迴避了不敢把自己的心交給另一個人的怯懦。他個人魅力源自他能夠坦露心靈，卻不用成為社會犧牲品，他給自己戴上魯蛇之王的王冠，但又能從充滿力量的地方對他的臣民說話。其他獨立樂團那些瞪著鞋子的害羞成員，由於無法與關注融洽共處，失去了職涯上衝刺的動力，莫里西卻能夠陶醉其中。我們很難得遇見了一個在厭世中這麼安心的人，在一心尋找親密感與情感共鳴的年

55 一「將日記啟動為音樂模式」：*The Importance of Being Morrissey*, Channel 4, 8 June 2003.

56 一「這個建議……老是想著死」：Stuart Maconie, 'Morrissey: Hello, cruel world', *Q*, April 1994; Len Brown, 'Stop me if you've heard this one before', *NME*, 20 February 1988.

代，他既不要親密感，也不要情感共鳴。在對抗害羞這一場漫長但勝負未明的戰役尾聲，莫里西成了恰如其分的矛盾人物，他證明了害羞仍舊是沒關係的，害羞甚至可以獲得一種倒置的魅力，只要你能讓害羞看上去像是一種文化異議，一樁反對過時世界的無聲挑戰。

史密斯樂團解散以後，莫里西的厭世觀成了噱頭，表達得太過自信，反而轉為自我嘲弄。他對一個採訪者說，他在「黏滑、無法抵擋的衝動」驅使下生活。[57]他告訴另一個採訪者，音樂最棒的一點就是，它「讓人交流，不用**超級**不方便地打電話給別人」。[58]至於那些無法用歌曲傳達的訊息，他靠傳真來交流。上「荒島唱片」廣播節目時，他說他等不及要逃到孤島，他選擇的奢侈品是床，因為「上床是我一天中最精采的部分……我喜歡藏起來，我喜歡倒下……睡覺是死亡的兄弟」。[59]

不過莫里西這樣的人確實很少，他運用害羞塑造出完美的形象，走在自憐與自信之間的音調鋼索上。他孤立，他不滿現狀，他活得很好；我們大多數人做不到這樣。一個十分沉著且毫不費力就置身事端之外的人，對害羞的人來說，是具有無比魅力的行為榜樣，他讓你不必去面對「那個低三下四回報他人的自己」。終於，我們大多數人明白了，我們無所歸依的感覺不是特例，真正的英雄行徑是繼續嘗試和他人建立聯繫，儘管持續做一件不擅長的事可能會叫人氣餒。

和世界達成這樣的和解，或是在平凡中表現出平庸，都不會獲得什麼讚揚。別人從來不會因為你看起來不害羞而稱讚你，大概是因為他們更擔心的是自己也在用同樣的伎倆欺騙你。查爾頓終其一生頑強地與害羞纏鬥，即使到了現在，不用筆記，往往靠著感覺，他就能說得非常好，但還是寧可用電話接受採訪，因為他還是非常害怕公開說話。對他來說，這不是自恃害羞的挑釁態度，只是用一種值得欽佩的態度繼續活下去，繼續過日子——這一點本身就是英勇的行為。他從來不談論自己的害羞，他所寫的兩部自傳都徹底忽略了這一點。他只會承認，他真希望當年更用功一點，「這樣的話，我今天就能更清楚解釋自己的行為」。[60]

57—「黏滑、無法抵擋的衝動」：Tony Parsons, *Dispatches from the Front Line of Popular Culture* (London: Virgin, 1994), p. 93.

58—「讓人交流……給別人」：*The Importance of Being Morrissey*.

59—「上床是我一天……死亡的兄弟」：*Desert Island Discs*, BBC Radio 4, 4 December 2009.

60—「這樣的話……自己的行為」：Leo McKinstry, *Jack & Bobby: A Story of Brothers in Conflict* (London: CollinsWillow, 2002), p. 21.

08

新冰河時代

The New Ice Age

一九九〇年，精神科醫師齋藤環甫獲行醫資格，在離東京不遠的船橋市的爽風會佐佐木醫院看門診。沒多久，他注意到許多病人都帶著很類似的問題來找他：他們青春期或剛成年的孩子，通常是長子或獨子，不願上學或工作，反鎖在自己的房間，用膠帶封住窗戶，除了上廁所或拿取母親留在門外托盤上的飯菜，一步也不肯走出房門。他們往往白天睡覺，晚上則看電視、聽CD、打電動遊戲，用日本威士忌「燒酎」自行療傷。

這群年輕人可能就這麼隱居多年，直到二十多歲，甚至是三十多歲。齋藤形容這是「結束不了的青春期」。父母往往自認有責任，對孩子的狀況也感到慚愧，所以少有人揭露這個問題，實際的數字難以估計。當然，不管用什麼方法企圖衡量任何形式的害羞，都會遇到這樣的困境：由於它的本質，害羞很可能是無聲無息、無影無蹤的，但缺乏證據並非它不存在的證據。不過，齋藤遇到這種病例的次數，與精神分裂症患者一樣多，而精神分裂症患者在日本約有一百萬，所以他大膽估計這種遁世的年輕人也有一百萬之多。他把這些年輕人命名為「繭居族」，這是一個從自一九八〇年代就流傳開來的詞，意思是撤離或禁閉自己。

二〇〇一年，日本厚生勞動省正式將「繭居族」列為社會問題，拒絕離開家門達六個月以上的年輕人，就是繭居族。名為「出租姊姊」的服務人員受雇去探訪繭居族，在一個獨生子女比例極高的國家，這些替代性的手足設法哄誘繭居族走出家門，住進中途之家，在宿舍透過紙牌遊戲或排球學習和同儕互動。

繭居族似乎是日本一九八〇年代「過勞死」問題的另一個極端，也像是日本就學緊接就職的單向人生進程的受害者。一九九〇年代初期亞洲經濟泡沫化後，這條道路更加殘酷，能夠仰賴「就職活動」（大公司大規模招聘應屆畢業生）與終身雇用制度的人變少了，年輕人只能進入一個朝不保夕的世界，從事沒有前途的低薪工作。而這樣一紙新的社會契約，讓繭居族這種年輕人覺得孤單，或是感覺被拋棄了。繭居族的家庭往往很富裕，在這個仍舊繁榮的國家，即便他們沒有為家裡賺錢，家裡仍舊可以供他們吃住。反正，在一個租金昂貴、居住空間狹隘的國家，二十多歲的日本人原來就常常仍與父母同住。社會學家山田昌弘用一個簡練卻無情的詞來稱呼這種人：「單身寄生蟲」。[1]

許多人相信，繭居族只可能出現在具有獨特「島國」集體意識的日本。有人將起源追溯到武士傳統——武士必須學習獨處，避免讓人看穿自己的弱點。也有人認為，這個現象與支配日本日常生活那些叫人焦慮的繁瑣禮儀有關。日本人在街上講電話低聲細語；公共廁所安裝「音姬」，用假的沖馬桶錄音聲掩蓋撒尿聲；普遍的鞠躬行為甚至擴展到販賣機，當機器送上飲料時，還會恭敬地上下擺動。日語的害羞（人見知り）字面意思是「認生」，特別指會分辨母親與陌生人的嬰兒被陌生人抱時哇哇哭的那一刻。在兒童發展過程中，認生被視為一個健康的階段，引而伸之，日本人往往也認為害羞是好事。

1 「單身寄生蟲」：David Pilling, *Bending Adversity: Japan and the Art of Survival* (London: Penguin, 2014), p. 191.

繭居族的高功能表親是「御宅族」。這幫年輕的電玩迷與漫畫迷助長了日本的相關產業，他們經常光臨東京電子街秋葉原的女僕咖啡館，女服務生裝扮成法國女僕（日本動畫和漫畫所盲目崇拜的形象），陪同客人下四子棋或玩剪刀石頭布，跪在桌畔替他們的咖啡攪拌糖奶，甚至一面以茶匙餵客人，一面尊稱他們「主人」。二〇〇四年的小說《電車男》描述一個害臊的程式設計師，在電車上邂逅了一個練達老成的美女，挺身阻擋醉漢騷擾她。顯然，是在同樣的美夢成真的幻想助長之下，這部小說才得以暢銷熱賣。

日本作家村上春樹的作品所探討的主題，經常是他年輕同胞的孤僻和孤單。他的小說《黑夜之後》以東京某夜生活區（很可能是「不夜城」新宿的歌舞伎町）周遭為背景，情節發展時間只有從半夜到清晨七點鐘的一個晚上，在開往郊區的末班地鐵駛離之後，主要人物躲到通宵營業的小餐館和卡拉ＯＫ店的隱蔽包廂中。小說中心人物是兩個類似繭居族的年輕女子，惠麗與瑪麗是一對姊妹，但彼此之間不交談。惠麗陷入沉睡狀態達兩個月之久，她不靠靜脈補充營養輸液，而是只做維持生命所需最低限度的事——吃一吃留在桌上的餐點，趁沒人在時去上廁所。瑪麗就學時受到霸凌，導致她一吃就吐，嚴重胃痛，於是十五六歲時就不再去上學了。如今，她的身體好了，但大部分時間仍舊只在夜間活動。阿爾發城愛情賓館吸引了她，來這裡休息的情侶，從大廳展示的大幅照片和編號，按下按鈕，挑選按照鐘點收費的無窗房間。

如同許多村上的小說，《黑夜之後》描述典型的日本，也廣泛地影射了所有現代資本主義城市的存在主義式脫序狀態：社群焦慮，社會連結薄弱，漂泊不定的生活方式。日本愛情賓館的謹慎作風（透過自動櫃員機結算費用，或是將現金交給從毛玻璃後方伸出來的手），與平價連鎖旅館的全球化「非處所」（non-place）沒有太大差別，在那樣的世界中，只要一張智能晶片卡，透過密碼刷卡支付系統，我們就能完成交易，無需同任何人說話。在這些讓人麻痺的匿名場合，害羞者往往會找到安慰，因為冷漠對我們而言是一大仁慈，這種地方讓我們可以同時存在於公共場合與私人空間，猶如半群居的鬼魂，沒人理會，也沒人看到，可四周又都是人。

當然，齋藤並不以為繭居族是純粹日本式病狀的後果，反而認為這是自由市場經濟支配的後工業社會都會面臨的問題之一，年輕人不得不應付不定期的臨時工作與不確定的未來，不同之處在於年輕人表現出疏離的方式和方面。西方是一個尊重行動能力的文化，將青少年限制在家中——美國人稱為grounding（禁足）——是一種懲罰。但是，日本兒童自幼就被教導安全的私人空間（「內」）與令人膽怯的規範世界（外）之間的區別，進屋脫鞋的慣例強調了這種過渡到另一個領域的意識。齋藤認為南韓、義大利和西班牙等歐洲部分地區也有繭居族，[2]這些地方有許多年輕人仍舊與父母同住，而在英美與人疏遠的年輕人則是更可能是

2 齋藤認為……：Saitō Tamaki, 'Preface to the English edition', in Saitō Tamaki, 繭居族 *hikikomori: Adolescence without End*, trans. Jeffrey Angles (Minneapolis, MN: University of Minnesota Press, 2013), pp. 5–6.

出現在大街上。

齋藤認為，繭居族只是一個更普遍的問題的局部症狀，那個問題即是讓我們互相隔離的現代生活。印地安那大學東南分校害羞研究院院長卡爾杜奇（Bernardo Carducci）指出，美國亦有類似的現象，他稱之為「偏激型害羞」。[3]最可能具有這種害羞個性的是沒有朋友的年輕人，他們發現很難建立友誼，於是退避到幻想生活中，不把拒絕他們的人當成人看。在科羅拉多州利特爾頓哥倫拜恩中學，有一群叛逆的年輕人被稱為「軍用雨衣黑手黨」，就有這種容易受到冒犯的傾向，成員哈里斯（Eric Harris）和克萊博爾（Dylan Klebold）開槍打死老師與十二名同學。二〇〇七年，在美國心理學會一場會議上，卡爾杜奇指出，過去十年所發生的八起致命高中校園槍殺案中，兇手一概都是害羞的個性，而且憤世嫉俗。《時代》雜誌報導卡爾杜奇的觀察歸納時，所下的標題是：「當害羞會致命」。[4]

＊

「對人恐懼症」在日本很普遍，患者害怕人際關係，擔心自己的出現會惹毛他人，可能的理由包括過多的眼神接觸、臉紅、體味或放屁。這種情況在年輕男子之中尤其普遍，而這一類人最容易成為繭居族。

恐懼症是真實的感受，但也是我們思考討論這些感受的方式，讓我們把人類痛苦的錦緞裁成一塊一塊的拼布，可以命名，可以界定出一系列的症狀。相似類型的恐懼在不同歷史時期、不同地點出現，但是徵候起了微妙的變化，名稱也有所不同。在一個多世紀前，就已經有日本人被診斷出得了對人恐懼症，可直到一九八〇年，美國精神科學會《精神疾病診斷與統計手冊》第三版中，才增補了有幾分相似的「社交恐懼症」。

一九六〇年代中葉，在倫敦精神病學研究院和莫茲理醫院工作時，出身南非的年輕精神科醫師馬克思（Isaac Marks）率先診斷出社交恐懼症。馬克思回顧莫茲理醫院恐懼症案例，發現約莫有百分之八的患者對社交場合感到焦慮，成為關注焦點時會發抖。[5]當時，對於這種患者，最常見的診斷結果是廣場恐懼症，但他們的症狀其實不大符合廣場恐懼症。廣場恐懼症患者擔心身處於人群之中，更害怕被一大群人推擠或包圍，而非如同社交恐懼者害怕批判的目光。廣場恐懼症患者以女性居多，不過社交恐懼症不分男女，具有獨特的症狀，例如害怕在他人面前吃喝、嘔吐、臉紅、說話和寫字。[6]不過，馬克思的發現只是初步的，由於這些發現，社交恐懼症最後被納入美國精神科學會《精神疾病診斷與統計手冊》中，對這個

3　「偏激型害羞」：Bernardo Carducci, 'Shyness: the new solution', *Psychology Today*, January 2000, 40.

4　《時代》雜誌……：Alice Park, 'When shyness turns deadly', *Time*, 17 August 2007.

5　馬克思回顧莫茲理醫院恐懼症案例……：Isaac Marks, *Fears and Phobias* (London: Heinemann Medical, 1969), p. 113.

6　廣場恐懼症患者以女性居多……：Isaac M. Marks, 'The classification of phobic disorders', *British Journal of Psychiatry* 116 (1970), 383.

結果他是憂喜參半。

長久以來，《精神疾病診斷與統計手冊》在美國有很大的影響力，只有病人的診斷符合手冊上的定義，醫療保險才會給付治療費用。第三版的宗旨在於希望全球對精神病學有統一的標準，這個目標結果順利達成，手冊被譯為多種語言，成為全球精神疾病的標準參考書。害羞開始進入臨床術語的語彙，正式評量方法也出現了，比如「奇氏和巴氏羞怯量表」、「社交沉默量表」、「麥考斯基害羞量表」，各有一套詳盡的核對清單與分數，為害羞這個含糊不清的感受組合上了一層「可以量測」的亮光漆。例如，接受「麥考斯基害羞量表」鑑定者，會受邀對一些描述表示同意或不同意，像是「我不大說話」、「別人覺得我非常安靜」和「我是一個害羞的人」。

連恩（Christopher Lane）在著作《害羞：正常行為如何成為一種疾病》（*Shyness: How Normal Behavior Became a Sickness*）中指出，《精神疾病診斷與統計手冊》第三版的出版是一個關鍵時刻，精神病學出現生物醫學方面的轉變，認為精神疾病大體是一種需要用藥物治療的疾病。佛洛伊德學派自一九六〇年代就開始失勢，因為他們的治療方式似乎既耗時又耗力，而療效只不過是時好時壞。一九九三年，帕羅西汀（Paxil）在美上市，號稱可以緩解《精神疾病診斷與統計手冊》所描述的「社交焦慮失協症」。這款藥起初的研發目的是做為抗憂鬱藥，有一則廣告是這麼說的：「你知道對貓、對灰塵、對花粉過敏是什麼感覺，你會打噴嚏，你會發癢，你身體會生病。那麼，想像一下對人過敏是什麼感覺吧。」[7]

為了其他目的研發的藥品也很快重新布局，姑且移作他用。百憂解（Prozac）和樂復得（Zoloft）比較廣為人知的效用是抗憂鬱藥，但也被用來緩解社交焦慮。催產素（Oxytocin）也是如此，這種「擁抱荷爾蒙」原先是用來增加母子之間的親密關係。此外，還有一開始用來治療精神分裂症的思樂康（Quetiapine）。在製藥產業，這種重新替藥物和疾病配對的做法稱為「疾病品牌化」，批評者則稱為「疾病兜售」，也是想肅清社會中太過尷尬、內向或憂鬱者的不正常渴望。看來，在不幸者這片巨大的腹地上，對抗害羞的戰爭已經開闢了新前線。

*

科學史學家哈金（Ian Hacking）把似乎只在歷史特定時刻才冒出來的病症，比如社交焦慮症，稱為「暫時性的精神疾病」。他主張這些病在某種程度上屬於對話交流的產物，有了對話，它們才會被命名、被描述、被觀察。醫師透過診斷治療創造這些失調症，患者則在不知不覺中按照醫師處方來界定自己，從而形成了某種的迴路效應。但是，這並不代表暫時性

---

7 「你知道對貓……什麼感覺吧」：Christopher Lane, *Shyness: How Normal Behavior Became a Sickness* (New Haven, CT: Yale University Press, 2007), p. 124.

的精神疾病只是正在流行的分類學的結果，它們也是真真切切感受得到的折磨。精神疾病之所以是暫時性的，不只是因為我們替相同的感受找出新的名稱，也因為特定的感受找到了「生態棲域」，也就是在那特定時刻適合其繁榮成長的環境。[8]當表現的機會改變，徵候也會跟著改變。例如，在馬克思於一九六〇年代所發現的社交恐懼症患者之中，許多人害怕在公共場合寫字，祕書害怕不會速記，有人不敢走進銀行，擔心簽支票時手會發抖，而這些恐懼已經讓科技克服了。[9]

「世界上所有的害羞日後會變成什麼樣子呢？」一八〇七年，珍・奧斯汀在寫給姊姊卡珊德拉的信中就預料了。「隨著時間的推移，道德與自然疾病消失，新的道德與疾病取而代之，害羞與汗熱病讓位給自信與麻痺患者。」[10]大約一個世紀之前，精神飽受折磨的人會暈厥、痙攣或出現解離型漫遊症，如今他們得的是臨床憂鬱症、飲食失調或社交恐懼症。在每個時代，這些症狀都真實無比，引發的痛苦大抵也是這樣吧。

所有形式的精神疾病都存在一個連續體上，為了我們的理智，我們必須將它們視為常態。在我的人生中，我曾經多次迴避排隊，閃避人群，關在自己的辦公室中，不回應敲門聲，也不接起鈴鈴作響的電話。但是，從什麼時候開始，那些只是會引起悲傷的事情在無形中變成了病理現象？我經常在他人身上看到症狀——年輕人連續數週無法跨出住家大門門檻一步，想到走進擁擠的房間就喘不過氣來，想到在公共空間吃喝就不知所措——這些現象讓我想到，現代生活確實可能成為焦慮者和害羞者得以焦慮害羞的生態棲域。

一九九七年，英國心理學會在卡地夫舉辦第一場以害羞為主題的國際會議，津巴多擔任專題演講主講人，表示害羞正在成為一種流行病。他提到，在他史丹佛害羞調查中，確定為害羞者的人數增加了百分之六十，他擔心零溝通的「新冰河時代」就要降臨。他批評電子郵件、網路和手機營造出接觸的假象，出納員甚至也被自動提款機所取代，這些全都鬆動了偶然接觸的「社會膠水」。[11]他預料，到了二〇〇〇年時，一整天不跟任何人說話也是件容易的事了。

社團生活的衰退也是其他美國社會理論家著作中反覆出現的議題，比如普特南（Robert Putnam）、卡喬波（John Cacioppo）和特克（Sherry Turkle）。他們認為，寂寞是現代生活的病毒，在我們訂做的消費生活方式中滋長，這種生活方式使我們互相隔離，然後賣給我們廉價的科技必需品，減緩我們的痛苦。我們於是比過去更仰賴特克所說的那些取代活生生好友的「社交機械人」，[12]比如蘋果iPhone數位助理Siri，比如日本運用在老年護理的可愛小豎

---

8 「生態棲域」：Ian Hacking, *Mad Travelers: Reflections on the Reality of Transient Mental Illnesses* (Cambridge, MA: Harvard University Press, 2002), p. 81.

9 在馬克思於一九六〇年代……：Marks, *Fears and Phobias*, p. 153.

10 「世界上所有的害羞……痲痺患者」：Letter dated 8 February 1807, in Deirdre Le Faye (ed.), *Jane Austen's Letters* (Oxford: Oxford University Press, 2014), p. 124.

11 「新冰河時代……社會膠水」：Linda Grant, 'Silence of the sheepish', *Guardian*, 22 July 1997.

琴海豹，它能與人眼神接觸，受到輕撫時還能發出回應。我們正在形成一種半缺席的公民文化，「大家一起孤獨」，因為就算是在公共場合，我們的臉也埋在手機和平板後面，耳機讓我們聽不大清楚他人的聲響，我們垂下目光，透過在觸控螢幕上跳舞的拇指，與他方的朋友交談。在這個新機器時代，我們可以像控制生理鹽水點滴一樣，控制互相聯繫的總量。

＊

然而，這個科技所創造出來的新冰河時代，還有一個令人好奇之處。自由市場可能確實把我們變成原子般分裂的消費者，透過虛擬的方式購物、閱讀、互相傾聽、互相交談。又或者，我們不發一語走過商品架，在結帳櫃檯輸入密碼，聽從語音引導結帳。但是，市場也想要知道我們的一切，強調沒有什麼可以阻擋信息的自由流動，我們在電子公共廣場過著我們的私人生活，每個人都是光溜溜的，都是不知羞恥的。Facebook將這種網路自我暴露形式稱為「徹底透明」，輕鬆將我們的身分與購物紀錄連結在一塊，讓我們更容易成為廣告商的目標。

社交網絡和智慧型手機興起，暴露私生活成了一件正常的事。貼出自己酒醉的照片，或對世人更新自己變化無常的感情狀態——在幾年前，所有人都覺得做這種事很奇怪，而我至今仍舊覺得匪夷所思。就像實境秀節目《老大哥》（*Big Brother*）裡面好像真的忘了鏡頭存在的室友，使用社交網絡的人完全忘了，公共生活與私人生活是對立的，適合不同類型的言行。他們的預設模式是：儘管陌生人可以偷聽，這是自由流動的私人對話。

成年後，我大部分時候都巧妙避免去照鏡子，或看到自己在櫥窗上的倒影。我感覺像是火星人，掉入了有自拍棒和數位虛擬化身的新世界，使用Skype網路通訊時，螢幕角落小方框中我的人頭特寫叫我緊張不安。在這個美麗新世界中，真的有公民會這樣做嗎？——喜孜孜上傳自己的照片到交友軟體，讓陌生人對他們的照片選擇「喜歡」或「不喜歡」，像趕走蒼蠅一樣，滑動螢幕驅走不合格的追求者。這感覺好像夢遊走進一個奇特的空間，曾幾何時，我們習慣了個人隱私邊界這樣重大的重新劃分。

我是這樣安慰自己的：這是每個時代都有的自負，以為它徹底改變了一切。歷經大約十五萬年的演化，人類性格絕對能夠抵抗短程效應，新科技並沒有改變我們的天性，反而是繞著人類的天性來打造開發。網路上有許多人似乎沒有意識到自己處於公開場合，但也有人精心打造出刀槍不入的虛擬身分，這個身分絕對不會讓他的離線人生刺穿。現在反Facebook應用軟體也出現了，你可以發送匿名訊息給通訊錄上所有聯絡人，或是訊息讀過之後就會自動銷毀，就像電影《不可能任務》中那樣。網路帶來的其中一個教訓是，保持隱私與匿名的

---

12 「社交機械人」：Sherry Turkle, *Alone Together: Why We Expect More From Technology and Less from Each Other* (New York: Basic Books, 2011), p. 1. See also pp. 8–9.

願望具有良好的恢復能力，這個願望就算在網路上得到滿足，也不一定就讓我們變得更友善或更體貼。在我們的社會本能與從部落營火旁溜去獨自沉思的渴望之間，一定會有一股張力存在，對每個人來說，那張力的程度是不同的，但從第一個狩獵採集者走到洞穴後頭生氣開始，這張力就始終存在著。

第三版《精神疾病診斷與統計手冊》只用幾行字帶過社交恐懼症，但到了二〇一三年的第五版，相關篇幅擴展到七頁之多。雖然強調「符於標準的害羞」其「本身不是病態」——很難叫人心安的警語——手冊洋洋灑灑羅列出社交焦慮症的症狀，患者擔心「他或她被批評焦慮、脆弱、瘋狂、愚蠢、無趣、嚇人、骯髒或不討人喜歡」。異型疾病包括膀胱害羞症，又稱「害羞膀胱症候群」，也就是在公廁時如果有人在場就尿不出來。還有「選擇性緘默症」，一種在社交場合講話的特有焦慮。[13]

太驚人了，我們如今要用這種方式來專門診斷害羞者和焦慮者，不知道是不是就像憂鬱症病患對治療的反應比精神病人好，讓過度怕羞的人變得自信，總是比讓過度自信的人變得怕羞要容易一些——部分的原因是，羞怯的人更容易自我懷疑，所以一開始就對治療抱持著開放心態。有人狂妄到令人難以忍受的地步，如果藥廠真有一天決定把精力擴展到一個棘手許多的任務，也就是開發能誘發這種人適度害羞的藥物，我倒可以想出幾個我願意推薦去做臨床試驗的人選。

我曾經考慮請醫師替我開「帕羅西汀」抗抑鬱藥（在英國是健保給付藥物），但我現在明白我為何始終沒有這麼做。害羞所引發的悲哀是千真萬確的，協助他人緩和那種悲哀是高尚的目標，但為了社交焦慮症，為了覺得自己愚蠢、無趣或不受歡迎而吃藥，那感覺像是對風大吼，與雨爭執，感覺就像試圖找出一個方法來治癒「活著」這件事。

*

一九六〇年代末期，神經系統科學家薩克斯（Oliver Sacks）在紐約布朗克斯的「不治之症患者之家」貝絲亞伯拉罕醫院工作，他照顧的病人罹患了一九二〇年代盛行的「嗜睡症」，逾四十年的歲月都處於半清醒狀態。薩克斯用一般開給帕金森氏症患者的左多巴治療他們，結果出現了戲劇化的結果——他們居然脫離了僵直狀態。於是，對因為腦部創傷、藥物或手術而人格驟變的患者，薩克斯開始產生濃厚的興趣。娜塔夏．K是他其中一個病人，這位害羞的九旬老婦人，在神經系梅毒長期潛伏的影響下，擺脫了拘謹的個性，開始與年輕男子調情。另一個患者是沉默少語的研究化學家B夫人，由於腦癌之故，變成愛亂開玩笑的人。這些病例似乎指出，我們的個性很脆弱，因為它們完全受制於一個容易受損的脆弱東

13 「符於標準的害羞……選擇性緘默症」：American Psychiatric Association, *Diagnostic and Statistical Manual of Mental Disorders: DSM-5* (Washington, DC: American Psychiatric Association, 2013), pp. 206, 203, 207.

西——大腦。

不過，薩克斯的著作中有一個反覆出現的主題，那就是人人各有自己反常的方式，而疾病會順應我們的獨特特性。罹患昏睡性腦炎或僵直症等重症的患者，不容置疑仍舊還是他們自己，但無形的人格可以完全隱藏於有形的大腦之中，這是一個令人震驚的概念，因為人類大部分的歷史是不可思議的，甚至是逆天悖理的。然而，同樣令人震驚的是薩克斯所發現的重點：這一團居於雙耳之間一公斤半重的凝膠狀脂肪與蛋白質，可以讓我們維持一致的人格，而且對大多數的人來說，這個性格能夠維持一輩子。

薩克斯自己就是一個佐證，他自幼就會害羞，靠著幾個害羞者的老詭計（長期與人通信、沉湎於工作、藉酒裝膽）及一些較少人使用的策略來減輕孤獨。在一九五〇年代，年輕的他在英國喜歡騎摩托車，因為在肉體與機械的感官結合之下，摩托車提供一個逃脫自我意識的管道。另一個英式矜持受害人勞倫斯（T. E. Lawrence）也一樣，他喜歡騎著馬力十足的Brough Superiors機車，疾馳在糟糕的路面上。薩克斯發現機車族熱情好客，摩托車似乎「就算是在拘謹的英國，也能繞過障礙，為每個人帶來某種的社交自在與善良本性」。[14]一九六〇年代初，他居住在聖塔莫尼卡附近的瑪索爾海灘，開始過度彌補自己的害羞，如同阿特拉斯健身計畫廣告上那個四十多公斤的羸弱男子，他有過一段短暫卻狂熱的舉重運動員生涯。到了晚年，他在水中追求美妙的自我遺忘，天天獨自在長島海灣游泳好幾個鐘頭。

薩克斯的文章中充斥著自傳體的碎片，透露害羞如何妨礙了他的人生。他第一本著作討論被稱為肌躍症的不自主痙攣，但始終沒有付梓出版，因為他把唯一一份稿子交給該領域某位專家，結果對方不久就自縊了，而薩克斯羞於開口向他的遺孀把稿子要回來。他把自己在人際關係上的被動與他的腦炎患者相比，他們從來不會主動接觸別人，但接得住別人拋過來的球。薩克斯學手語時，發現食指會不停做出代表「可是」的交叉劍手勢。不過，如同瑞弗斯和考利等其他害羞醫師，他發現醫病關係具有結構特性，他能擺脫社交不安，與患者建立緊密的關係。

身為神經科學家，他把自己的害羞稱為一種「疾病」，喜歡去設想臨床的病因，比如伴隨他終身的面部識別能力缺乏症（或「臉盲症」），也就是認不出人，甚至連自己的倒影也無法分辨，只能根據輪廓來認人。他避免參加聚會，因為知道聚會容易導致尷尬的局面，像是忘了跟朋友打招呼，或是把陌生人當成朋友問候。臉盲症無疑讓害羞更加嚴重，因為人的面孔不像其他動物彼此十分相仿，辨識面孔（大多數的人這一點都很拿手）是社交生活基本構成要素之一。但是，薩克斯承認，他害羞的根源不只是來自精神，也來自心理。他說過，自從遭到精神變態的預科學校老師霸凌之後，有一部分的他覺得自己是「被禁止存在」。[15]

薩克斯還有一個更大的困境，那就是他希望有人了解他、有人認同他，卻又不確定這是

14—「就算是在拘謹……善良本性」：Oliver Sacks, *On the Move: A Life* (London: Picador, 2015), p. 73.

15—「被禁止存在」：John Heilpern, 'A fish out of water', *Independent*, 17 February 1991.

否能夠獲得允許。當英國媒體評論他的第一本書（談論偏頭痛）時，他同為醫師的父親看到兒子上報紙嚇壞了，因為當時做廣告可能會讓醫師從醫生名錄中除名。薩克斯多多少少同意他的父親，長久以來把「publish」（出版）誤讀成「punish」（懲罰）。[16]他個性中這種基本的矜持始終維持不變，即使一九六〇年代在加州相當魯莽地接觸了精神藥物也一樣。進入老年後，他說自己「很遺憾八十歲時還跟二十歲一樣會害羞到煩惱的地步」。[17]被診斷罹患眼癌後，他本該關上門大哭的，卻發現自己連獨處時也同樣羞於尖叫。

*

個人成長是我們這個時代迅速發展的行業，其指導原則是：個性是柔韌的，具可塑性，是可以學習、可以改變的一套技能。卡內基（Dale Carnegie）的徒子徒孫占據了書店「身心靈類」書櫃：《跟任何人都可以聊得來》（*How to Talk to Anyone*）、《跟任何人都可以聊得來2：從害羞變聊天王的退羞大全》（*Goodbye to Shy*）、《讓人印象深刻的藝術》（*Make Yourself Unforgettable*）、《點亮房間，讓人喜歡你》（*How to Light Up a Room and Make People Like You*）。它們賣的是從害羞重生的故事，描述人如何從抑鬱的孤獨者變成社交花蝴蝶，如同穿著如今過大的舊褲子興高采烈拍照的年度減肥明星，這是心理領域的浴火重生。害羞機構用「社交健身課程」一類的字眼，把調整個性說得像是去健身房一樣。在這種正面思考的模式下，我們必須「毀掉」或「征服」害羞。

但是，如果我從探索害羞者的人生中學到了什麼，那一定是我們的個性是不會做出這種一百八十度的大轉變。這本書提到的所有人，到了生命盡頭，仍舊跟生命初始時一樣害羞。他們找到了方法掩藏它，引導它，巧妙地招架它，或是與之共處，但害羞始終沒有離開過。我懷疑，如果我能像薩克斯一樣活到九十多歲，也只是找到更多方法來適應我的害羞罷了，就像口吃者學會避免使用特定的字彙一樣。

一九五九年，護士布萊特（Pamela Bright）出版《一日的盡頭》（*The Day's End*），描述在密德薩斯醫院癌症病房工作的情景。她注意到，病患用怎樣的方式過活，就會用怎樣的方式病逝——「咄咄逼人，害羞，幽默，感恩，厭倦，饒舌，武斷，他們都有話要說，然後就走了」。以自我為中心的人，到了最後也還是難以伺候，言行誇張，精神飽滿地用演說腔調交代遺言。謙遜的人會在午夜過後靜靜嚥下最後一口氣，不想打擾到人，「悄悄溜出人生，像野獸躡手躡足走入荒涼之地」。[18]當然，當人生即將結束，堅持害羞已經沒有意義，別人對你的看法也不重要了。當你的意識就要畫下句點時，何必還要覺得難為情呢？但是，話說

16｜「publish……punish」：Sacks, *On the Move*, p. 155.

17｜「很遺憾八十歲……煩惱的地步」：Oliver Sacks, 'The joy of old age', *New York Times*, 6 July 2013.

18｜「咄咄逼人……荒涼之地」：Pamela Bright, *The Day's End* (London: MacGibbon and Kee, 1959), pp. 163, 182.

回來，害羞從什麼時候開始有道理可言了呢？如果你是理性的，在對你可能有好處時，你早改掉了害羞的習慣。

我開始把害羞當成一種頑固的事實，就像薩克斯的病患的個性，即使是大腦病變或大腦腫瘤也不能將它徹底消除。我發現禪學式的接受是最佳策略，如果我乾脆同意害羞就是一個頑固的事實，如同招風耳或歪牙一樣，那我就能接受它。我決定了——套用軟體開發工程師的話——害羞是特徵，不是故障，我直接先假定，與陌生人談話之後，走開時我會有輕微的挫敗感。以往商店經常貼出消極又積極強硬的牌子，警告民眾別想要賒帳，按照這種方式，我大概應該要別上一個徽章，上頭寫著「請勿期待輕鬆愉快的交談，因為未能實現可能會得罪到你」。

如果我停止訓斥自己，症狀就會減輕，我可以開始多多關注世界，多多關注他人。越想害羞，害羞就會更嚴重，所以如果不去想它，情況也許不會變好，但也不會變糟。我竭盡所能抵抗它的同時，學會了與它共處，不以它為恥，也不暗地以它為榮。於是，對抗自己害羞的戰爭，簽下了一個不安的停戰協定。

既然暫時休戰，我起碼可以說我閃身躲開了繭居族的命運，沒有人需要用托盤把三餐留在我的房門口，或是請一個替代手足來哄我走出家門。我不再認為自己散發出某種令人反感的無形費洛蒙，偶爾也會有人看到我白天在公共場所走動。到了晚上，我可以跟人去參加聚會，然後獨自離開，不會有人害怕我會噙著眼淚猝然離去。如果有人敲我辦公室的門，我會去開門（大多數時候）；如果電話響了，我會接起來（通常）。

換句話說，我可以湊出一個過得去的正常人形象，因為我知道這是交易的一部分：就算偶爾覺得必須積攢每一分情緒努力才付得起，活著就是要納稅。而且，就像洗心革面的抽菸者，我會希望離開酒吧或餐館桌邊的老菸槍，飛快到外頭偷偷哈幾口寶貴的孤單毒品。有一次，我參加工作單位辦理的防火安全意識講座，講者告訴我們，進入任何建築物都應該留意緊急出口的位置，如此一來，警鈴響起時，我們才知道在匆忙中如何逃生。我心想，我本來就是這樣——總是一隻眼盯著門，早計畫好逃跑路線。

＊

「你不覺得害羞也可以當成我們的天賦嗎？」有個朋友跟我說，「我是說，它給了我們一個偏斜的觀點，一種看待世界的特別方式？」當時，我不以為然，但現在我開始同意她的觀點。在大多數時候，害羞是我們不想擁有的天賦，但天賦終究是天賦，伴隨而來的孤立感賦予了我們難能可貴的洞察力，我們如今難以想像少了這種洞察力要如何生活。

在優美的散文〈論生病〉（"On Being Ill"）中，伍爾芙提到生病經驗能粉碎「幻想——以為世界塑造完美，能反射每一聲呻吟；以為人類關係由於共同需求和畏懼緊密聯繫，一隻手腕抽搐，另一隻就會搖晃」。當我們生病時，我們成了「正規軍」的逃兵，旁觀軍隊為勇敢而徒勞的理想作戰時迴避或遺忘了我們。生病時，你會產生異己感，生病強迫我們靜止和孤立，讓我們明白在這個世界我們終究只能靠自己。在我們通常是健康的狀態下，我們保持友善的假面，努力「溝通、有教養、與人分享」。但是，在病中，「這種偽裝停止了」。[19]

然而，伍爾芙認為，疾病也開啟了「尚未發掘的國度」——一個可以磨煉、也可以具有創意的新意識領域。它們提醒我們，我們的生活建築在沙地上，到頭來什麼都不重要。困於無法穿透的悲傷泡泡裡的人經常說著同樣的話，那就是被迫踏出公共日常生活的慣例之外，他們看清楚了這些慣例的真相——一個集體變出的妄想。害羞提供一個低強度但較持久的狀態，使我們感覺從社交生活的深淵中被吊起來，側目看著一個似乎令人困惑的奇怪世界。

的確，就像疾病與悲傷一樣，它所帶來的疏離感可能會讓我們微微惱火，如同《蝴蝶夢》中那個無名的敘事者，想知道世界上有多少人像她「承受痛苦，接著又繼續承受痛苦，因為他們無法從自己害羞和矜持的網中掙脫，在盲目和愚蠢中，在自己面前築起一座掩飾真相的歪曲巨牆」。[20]但是，身在那堵歪曲的牆垣之後，也讓我們得以由外往內觀察社會世界，而那**就是**天賦——只要我們偶爾攀過牆頭，再次加入正規軍，繼續掌握住現實就行了。

*

關於害羞，我們仍舊拿不定主意。有人把它看成一種粗魯或自負的表現，有人認為，在社交生活虛情假意的困境中，那是敏感和睿智的標誌。我則慢慢覺得，害羞就是害羞，沒有什麼其他意義。害羞是一件稀鬆平常的事，從中無法推斷出什麼格外令人厭惡或高尚的人格品性。它容易與自我中心主義、自憐共存，同樣也容易與謙遜和貼心並列。害羞就是**存在**，是人類多樣性拼圖中的一塊，對害羞的全部研究教了我一件我早知道的事：人類行為是無比的豐富與古怪。

作家摩根（Elaine Morgan）在《演化的印記》中認為，人體有許多部分只是沒有目的的怪異演化過程的偶然殘留物。比方說，腰椎上讓我們能站立的那個扭結，就是一個演化過程中難看的補綴，導致我們的脊椎承受太大壓力就會滑脫移位。所以，大約四百萬年前我們類人猿祖先所做的決定——不再以四肢著地移動，而是直立起來站著——成了今天沒上班最常見的原因：下背痛。動物演化出某個特徵，使牠能在一種環境下茁壯成長，但在另一個環境中可能就起不了作用，演化生物學家稱這種現象為適應不良行為。

演化有一個普遍的迷思，就是它準確又有規律，有清晰的設計和目標，永遠在尋找解決生存問題的理想答案。其實，數十億年來的演化只做了一件事：把大自然變成一團美麗輝煌

---

19 「幻想……偽裝停止了」：Virginia Woolf, 'On being ill', in *Collected Essays: Volume Four* (London: The Hogarth Press, 1967), 196, 193.

20 「承受痛苦……歪曲巨牆」：Daphne du Maurier, *Rebecca* (London: Pan, 1975), p. 288.

的混亂，自然選擇很少會湊巧找到完美的解決方法，只是消除不可行的部分，最終給生存問題留下千千萬萬不同的解決辦法。也許，這就是害羞的全部：它只是解決這個問題的無數辦法之一。沒有人會說它是最好的解決辦法，我是絕對不會這麼說的。但是，它是**一個**辦法，是自然作家馬比（Richard Mabey）巧妙稱為存在之「過多潤飾」的一部分。[21]害羞是演化又一次的偶發事件，是人類奇異的內省能力的意外衍生，有一點像下背痛，它會隨著時間減緩，但易於復發，時強時弱，發作時像坐骨神經痛，一點預兆也沒有。

我想，沒有害羞，人可能會更快樂，就像不會背痛，或沒有粉刺、近視、靜脈曲張和頭皮屑等隨機缺陷，大家會更開心。但是，世界或許就會平淡一點，少了些創意，減了點趣味。大自然是一團混亂，但它具有短中抽長的巧妙能力，演化所遞增的修補確實有改善的效果，比方說，我們下背脊椎在過去一千年多年來逐漸增大，更能好好支撐它們必須承受的重量。如果——套用摩根的話——「直立行走的頭幾百年是最痛苦的」，[22]那麼，對害羞者來說也是一樣的，長期與它共存之後，我們應該學會了與它好好相處，甚至學會如何善用它。就像大自然世界需要泥炭沼澤和蚯蚓窩一類惹人嫌的東西來維持平衡，那麼世界或者也需要害羞的人——以及大膽的人，以及居於兩者之間所有類型的人——來構成保持微妙平衡的人類行為生態系統。

害羞只是我們意識的一部分——我們意識到我們與其他生物分享這個世界，與他們共存會尷尬，但這是無法避免的。如同英國林業專家蓮恩・波爾（Charles Lane Poole）在一九二

○年代初期的發現，連不會思考的物種似乎對此也略懂一點。在澳洲與當時澳洲統治的巴布亞紐幾內亞，他獨自進行大規模林木資源調查，儘管十多歲時就因為射擊意外改以鉤子取代左手，他仍舊勇於爬樹，而且很會爬，從來沒有科學家用他的方式探索過樹冠。

從雨林地面看上去，樹冠像是一團互相纏繞的藤蔓樹葉。但是，蓮恩・波爾發現，就算是一座林分結構完整的森林，樹冠的頂部也會有縫隙，相鄰的樹木頂芽會停止生長，彼此保留幾英尺的尊重距離。這種情形經常發生在同樣樹種之間，彷彿是為了自己著想，但也會發生在不同物種之間——在雨林中，每公頃的土地上，可能有數百種的物種。蓮恩・波爾是沒有絲毫英式矜持的豪爽人物，替這個現象想出了一個可愛的名字：樹冠羞避（crown shyness）。[23]

靠著飛艇投送的充氣研究平臺，科學家近年有充分機會停在樹梢探索雨林樹冠，但尚未解開樹冠羞避這個神祕現象的謎底。一個推測認為，這是隨風搖擺所造成的，風吹導致敏感的嫩芽尖端摩擦枯死。另一個猜測是，枝尖靠近其他葉子時會感覺樹蔭較多，於是停止成

21　「過多潤飾」：Richard Mabey, 'Life on Earth', in *In a Green Shade: Essays on Landscape* (London: Allen & Unwin, 1985), p. 128.

22　「直立行走……最痛苦的」：Elaine Morgan, *The Scars of Evolution* (London: Souvenir Press, 1990), p. 27.

23　樹冠羞避：M. R. Jacobs, *Growth Habits of the Eucalypts* (Canberra: Forestry and Timber Bureau, 1955), p. 128.

長，以增加自己的日照量。還有一種說法是，這是樹木避開食葉毛毛蟲和其他害蟲的方法，相當於我們擔心感染到他人的病菌，所以不願握手。但是，沒有人確定真正的答案，就像沒有人知道為什麼類似的現象會發生在大海裡的珊瑚礁。

當然，樹冠羞避是一個充滿擬人觀的隱喻，樹木和珊瑚其實彼此之間不會害羞，就如紫羅蘭也不是羞答答的。但是，馬比認為樹冠羞避是一個合適的隱喻，他說這個隱喻指出一個地球上生命的基本真理：務實，講求合作，並非如我們一般的想像，是由叢林法則的弱肉強食邏輯所支配。地球上超過半數的動植物物種在森林樹冠中生活，大多數相輔相成，尊重彼此空間。[24]生命並非毀滅競爭者，追求達爾文飽受曲解的「適者生存」概念，而是關乎協商以及適應環境。

我寧可選擇這樣來看待害羞。我們就像雨林的樹冠，我們害羞，因為知道我們與其他生物不同。而且，我們人類隨身攜帶罕見的自我意識，所以格外會注意到一件事：儘管我們需要親密關係，我們還是獨自面對著這個世界。人類大腦是已知宇宙中最複雜的東西，從一個大腦到另一個大腦是我們會經歷最困難的旅程，每一次的交談嘗試都會是一場賭博，不能保證對方能夠理解我們，甚至願意聽我們傾訴。既然有這些嚴格的現實存在，彼此之間有點害羞，難道不是可以原諒的嗎？

我一生都在抵抗一個觀念，就是害羞是讓我站在生命外緣看待生命的個人痛苦。這個感覺很早就有了，現在似乎也改變不了，因為再多的沉思熟慮似乎也無法將它從我腦中除去。

但是，起碼如今在比較清醒的時刻，我明白那是一個幻覺，害羞不僅是基本人性，也許甚至是一把鑰匙，能開啟對於受到關門自省這奇特能力拖累的群居動物「智人」的理解。害羞不是讓我與其他熱愛群居的人類疏遠的原因，而是連結我和他們的共同點。

24 一 但是，馬比認為樹冠羞避……Richard Mabey, *Fencing Paradise: Reflections on the Myths of Eden* (London: Eden Projects Books, 2005), p. 194.

致謝

感謝在本書寫作過程中所有幫助過我的人，他們提供閱讀資料、建議或與我討論內容，他們是：Jo Croft、Alice Ferrebe、Jim Friel、Elspeth Graham、Lynsey Hanley、Michael Moran、Wynn Moran、Jamie O'Brien、Joanna Price、Gerry Smyth、Sami Suodenjoki、Karolina Sutton、Lucinda Thompson和Kate Walchester。在利物浦中央圖書館、沃林頓圖書館和哲學學會聽我分享想法的聽眾，我同樣也謝謝你們。

Daniel Crewe委託我撰寫此書，在寫作初步階段提供大力支持。Cecily Gayford以親切的鼓勵和一絲不苟的編輯功夫，一路幫助到成書為止。我還要感謝Matthew Taylor細心的編輯，以及Profile出版社Penny Daniel、Andrew Franklin和Anna-Marie等人所有的幫助。

我所引用的大眾紀錄資料庫（The Mass Observation）資料，版權屬於大眾紀錄資料庫信託（Trustees of the Mass Observation Archive），承蒙他們允許轉載。